신행사전 001

개혁신학 용어 사전

_켈리 M. 캐픽 & 웨슬리 밴더 럭트

박경수(장로회신학대학교 역사신학 교수)
이상웅(총신대학교 조직신학 교수)
이재근(광신대학교 교회사 교수)
최주훈(중앙루터교회 담임목사)
감수

KB218687

Originally published by InterVarsity Press
as *Pocket Dictionary of the Reformed Tradition*
by Kelly M. Kapic and Wesley Vander Lugt.
© 2013 by Kelly M. Kapic and Wesley Vander Lugt.
Translated and printed by permission of InterVarsity Press, P.O. Box 1400, Downers
Grove, IL 60515, USA. www.ivpress.com.

This Korean translation edition © 2017 by rMaengⓔ
This Korean edition is translated by Song, Dongmin.
This Paperback edition published by 100 Publishing House, Goyang-si,
Gyeonggi-do, Republic of Korea in partnership with rMaengⓔ.
All rights reserved.

※ 문제 제기, 오탈자, 제안 등은 이메일(100@100book.co.kr)로 전달해 주시면
더 좋은 책을 만드는 데 큰 도움이 됩니다.

토드 케이픈과 제프 웨이검에게
내게 사랑과 열정, 겸손을 품은 신앙을
가르쳐 주심을 감사 드립니다.

켈리

내 부모님이신 게일런 밴더 럭트와 말라 밴더 럭트에게
개혁파 전통의 풍성함을 열렬히 옹호하고
일관되게 보여 주신 것에 감사하며

웨스

서문

우리는 모두 무언가를 알기 원하고, 또 다른 이들에게 자신을 알리기를 원합니다. 따라서 읽는 내용 혹은 듣는 내용을 이해하지 못하는 상황에 처하면, 우리는 금세 당황하게 됩니다. 그리고 이 점은 강의실에서든 저녁식사 자리에서든, 누구에게나 마찬가지입니다.

예를 들어 새내기 학생이 생물학 공부를 막 시작했을 때, 그 분야에서 쓰이는 용어와 배경 지식은 그 새내기를 쉽게 낙담하게 만듭니다. 일단 그 기술이나 과목을 익히고 나면 그때의 혼란스러웠던 느낌을 종종 잊어버립니다. 하지만 초심자에게는 그런 감정이 매우 강렬하게 다가옵니다. 그리고 그런 새내기 학생들을 가르치는 교사가 현명하다면, 배경 지식이 거의 없어서 모든 것이 낯설게 다가오던 시절 자신이 느꼈던 바를 되새깁니다. 그리고는 그런 기억을 염두에 두고, 필수적인 과학 이론과 전문 용어들을 설명하면서 기본적인 것부터 천천히 가르쳐 나가기 시작합니다. 이 과정의 목표는 학생들로 하여금 처음부터 복잡한 원리를 전부 터득하게 하거나, 그 용어들의 역사를 낱낱이 파악하게 하는 데 있지 않습니다. 오히려 기본적인 개요와 지침을 제시함으로써, 학생들이 그 분야에서 진행되는 대화에 참여할 수 있도록 이끌어 주는 데 있습니다. 조금의 시간이 흐른 뒤, 학생들은 현재 다루는 분야의 이론과 역사 속에 포함되는 조건과 복잡성, 논쟁들을 어느 정도 파악하고 그 영역을 더 깊이 파고들 역량을 갖추게 됩니다.

신학적 전통을 배우는 일도 대개는 같은 방식입니다. 어떤 이가 특정한 전통에서 양육되거나 훈련을 받은 경우, 그는 자신이 흔히 보고 들었던 내용을 쉽게 당연한 것으로 받아들이게 됩니다. 그러나 새내기의 경우, 그 모든 내용이 그를 압도하여 유익한 이해에 도달하는 길을 막는 장애물이 될 수 있는 것입니다.

개혁파 전통만큼 그 내용이 복잡하고 풍성하며, 또 다양한 신학적 전통은 드뭅니다. 이는 여러 세기에 걸쳐, 전 세계적으로 수많은 그리스도인들의 신앙을 뒷받침하고 육성해 온 가치 있는 문화적 유산입니다. 하지만 이 전통은 내부자와 외부자 모두에 의해 쉽게 오해되며 왜곡되고 있습니다. 한 예로 장 칼뱅은 때로 구세주처럼 취급되지만 때로는 악마처럼 간주되기도 하는데, 이 두 관점 모두 그릇되며 문제가 있는 것입니다. 우리가 이 전통을 이해하고 평가하기 위해서는 칼뱅에 관해 조금이라도 알아야 하지만, 칼뱅은 그저 한 인물일 뿐입니다. 그리고 개혁파 전통 역시 그의 글에 달린 각주에 불과한 것이 아니지요. 그 전통에는 훨씬 더 풍성한 내용이 담겨 있습니다.

이 작은 사전에서, 우리는 개혁파 전통 내의 중요한 인물과 운동, 용어에 관해 조금이라도 알고 싶은 이들에게 기초적인 자료를 제공하려 했습니다. 우리 생각에, 삼백 개 남짓의 항목이 수록된 이 사전은 종착지라기보다 하나의 출발점입니다. 우리는 여러분이 이 전통을 조금씩 이해하도록 돕고, 새로운 대화에 참여할 때 종종 생겨나는 혼란을 극복할 수 있게 인도하고자 합니다. 우리는 독자들이 이 책을 처음부터 끝까지 다 읽기보다, 아마도 조금씩 틈틈이 들여다 볼 것이라고 여깁니다. 그래서 우리는 각 항목에 대해 철저하고 완전한 정의를 제시하는 대신에, 초심자들이 압도당하는 일 없이 충분한 배경 지식을 얻을 수 있도록 간결하게 서술했습니다. 대부분의 항목이 75-150개 정도의 단어로 기록된 것은 바로 이 이유 때문입니다. 또한 우리는 이 사전의 다른 부분에서 등장하는 용어들을 설명하려고 말을 덧붙이기보다, 자체 항목이 있는 용어의 경우에는 별표(*)를 써서 표시했습니다. 그러니 그런 용어에 대해 더 자세한 정보와 설명을 듣고 싶은 독자들은 그 항목을 따로 살펴보기 바랍니다.

아울러 모험을 즐기는 독자는 이 책의 끝부분에 실린 더 자세한 참고도서 목록을 활용하기 바랍니다. 그 목록에는 개혁파 전통에 관한 전반적인 개론서들이 소개되어 있습니다. 그리고 16세기 초부터 현재에 이르기까지 본보기가 되는 고전적인 작품들도 추천해 놓았습니다. 우리가 이 책들을 소개하는 것은 독자들이 이 전통의 깊이와 넓이를 느낄 수 있게 하기 위함입니다. 이런 식으로, 학생들은 주요한 일차 문헌들을 통해 이 전통에 관한 내용을 읽어갈 뿐 아니라 이 전통의 핵심을 탐구할 수 있게 될 것입니다. 이렇게 심화된 독서를 촉진하는 데 이 사전이 도움이 되었으면 합니다.

감사의 말

우리는 이 책이 나올 수 있게 도와 준 여러 분들에게 감사의 말을 드리려 합니다.

나 켈리는 전에 내게 배운 학생들이 그리스도의 나라를 위해 자신의 은사를 사용하는 것을 보며 큰 기쁨을 느낍니다. 제가 삶에서 누리는 큰 특권 중 하나는 그들과 함께 학문적 작업을 수행할 수 있다는 것입니다. 그리고 이 책을 저술하는 동안, 다양한 수준에서 협력 작업을 진행할 수 있었습니다. 나는 특히 웨스가 기꺼이 이 작업에 참여해 준 것을 감사히 여깁니다. 그는 집필의 무거운 짐을 함께 나누어 지었으며, 이 책의 세부적인 구성뿐 아니라 문체와 내용 면에서도 탁월한 역량을 보여 주었습니다. 웨스는 자신이 유능한 신학자임을 입증했을 뿐 아니라, 기도와 격려로 나를 돕는 좋은 친구가 되었습니다. 이 책은 그가 쓴 첫 번째 책이겠지만 그의 마지막 책이 되지 않을 것이 분명하며, 나는 그 점에 관해 하나님께 감사를 드립니다. 그리고 이 책은 여러 측면에서 공동체의 작업물이었습니다. 나는 커버넌트 칼리지에서 이 집필 작업을 지원해 주셨음에 감사를 드립니다. 특히 전에 내게 배운 학생들인 캐머런 모런과 헤더 그린리 맥기번, 저스틴 보거, 브라이언 헤커, 그레이디 디킨슨과 지미 마이어스는 다양한 수준에서 많은 항목에 관한 조사와 초안 작성을 도왔으며, 그런 그들의 기여가 없이는 이 사전이 나올 수 없었을 것입니다. 이에 더해 내 동료 두 분이 친절하게 이 작업을 도와주었습니다. 윌리엄 테이트는 전체 원고를 읽고 귀한 의견을 들려주었으며, 윌리엄 데이비스는 상당수의 까다로운 항목에 대해 사려 깊은 조언을 제공해 주었습니다. 우리는 이렇게 도와준 모든 분들에게 깊은 빚을 지고 있습니다. 그리고 늘 그렇듯이, 내 가족인 태비더와 조나단, 마고에게 감사를 전합니다. 그들은 각자 자신의 방식대로, 신앙의 본질은 학문적 작업의 가치를 인정하지만, 그럼에도 신앙의 본질이 학문적 작업에 달려있는 것 또한 아니라는 점을 내게 일깨워 줍니다. 이 세 사람 모두가 내게 얼마나 귀한 선물인지요! 끝으로, 나는 이 책을 토드 케이픈과 제프 웨이검에게 헌정합니다. 두 분 모두 내가 새 신자였던 십대 시절, 내게 많은 관심과 노력을 쏟아 주셨습니다. 나는 토드의 사역을 통해 회심하게 되었으며, 그분은 내 마음속에 그리스도를 향한 열정과 전도의 기쁨, 신학 공부에 대한 애착심을 심어 주셨습니다. 그리고 제프는 자원봉사자로서, 벤과 폴, 버스터와 내 삶을 헌신적으로 돌보아 주셨습니다. 제프 씨 자신은 그가 원했던 교육적 목표에 도달하지 못했을지 모릅니다. 그러나 그분이 (그전에 교회를 다녀보지 않았던) 우리에게 사랑과 노력을 쏟아주신 결과, 수십 년이 흐른 지금 우리 가운데 세 사람은 신학교를 졸업했고, 또 그 중 두 사람은 박사학위를 받아 가르치고 있습니다. 그리고 다른 한 사람은 어려움에 처한 이들을 위한 도시 사역을 수행해 왔으며, 네 번째 사람은 해군 군목으로 종사하고 있습니다. 이 얼마나 하나님 나라에 속한 섬김과 사랑, 은혜를 뚜렷이 증언해 주는 일인지요. 청소년기의 나를 진지하게 이끌어 주신 것과, 믿음과 소망, 사랑의 기초를 알려 주셨던 것에 대해 두 분 모두에게 감사를 드립니다.

나 웨스는 켈리의 친절한 권유로, 이 작업에 참여할 기회를 얻게 된 것을 무한히 감사하게 여깁니다. 십여 년 전 켈리의 첫 강의를 들었을 때부터 이 사전을 함께 작업해 온 지금까지, 나는 그의 신학적 통찰력에 영감을 받아 왔고 그가 보여준 인격적 모범에 격려를 얻었습니다. 그리고 그가 보여준 우정을 감사히 생각합니다. 나는 켈리와 같이, 늘 소망과 사랑 속에서 모습을 드러내는 신앙에 관한 이해를 추구하는 신학자가 되기를 원합니다. 그리고 앞으로도 그와 함께 작업하면서 더 많은 것들을 배우게 될 기회가 있기를 바랍니다. 또한 나는 많은 항목들에 관해 귀중한 도움을 준 캐머런 모런과 헤더 그린리 맥기번, 저스틴 보거, 브라이언 헤커, 그레이디 디킨슨과 지미 마이어스에게도 감사를 전하고 싶습니다. 나는 이들이 인내심 있고 친절하게 특정 항목들의 세부 내용을 함께 논의해 준 것을 고맙게 여깁니다. 그들이 보태 준 노력의 결과로, 그 항목들은 더 정확하고 완전한 것이 되었습니다. 그리고 내 아내인 스테파니 역시 몇몇 항목에 관한 유익한 조언을 주었습니다. 그러나 무엇보다도 내 작업을 늘 격려하고 확고히 지지해 준 것에 대해 그녀에게 깊은 감사를 느낍니다. 그녀는 최상의 신학은 교회를 든든히 세움과 동시에 우리의 일상생활에 긴밀한 영향을 미친다는 점을 내게 늘 일깨워 주며, 내가 늘 발을 땅에 견고히 디디고 설 수 있도록 이끌어 줍니다. 스테파니는 하나님이 내게 주신 가장 큰 선물입니다. 그리고 끝으로, 내게 늘 예수님에 관해 알려 주신 부모님께 이 책을 헌정합니다. 두 분에게 개혁파 전통은 단순한 신념 체계가 아니라, 삶의 방식 그 자체입니다. 다양한 역경과 도전 속에서, 부모님은 하나님의 영광을 위한 열심을 품고서 그분의 주권에 확고히 헌신하는 모습을 보여 오셨습니다. 나는 그분들이 보여주신 신앙의 모범, 곧 성경에 뿌리를 박고 교리적으로 풍성하며, 창조세계에 관한 경이감과 호기심으로 가득 차 있으며, 끈기 있게 기도하시는 그 모습에 감사를 드립니다. 나를 신앙의 영역에서도 이끌어 주신 부모님이 계셔서 기쁩니다. 하나님이 두 분에게 복을 주시고, 늘 지켜 주시기를 기도합니다.

| 일러두기 |

1. 인명의 경우 성이 앞으로 배치되었습니다. 예) 루터, 마르틴

2. 수식어가 붙은 표제어의 경우, 항목에 따라 제일 중요한 개념이 앞으로 배열될 수 있도록 쉼표로 순서를 바꾼 경우도 더러 있습니다. 예) 재건주의, 기독교

3. 표제어가 여러가지 대안으로도 통용되는 경우에는 원표제어의 영문(라틴어) 표기 뒤에 추가로 나열했습니다.

4. 본문의 중 표제어가 등장할 경우, 오른쪽에 별표(*)를 붙였습니다(예: 칼뱅*). 별표된 어절이 표제어의 머리글자를 포함하지 않는 경우, 별표된 어절부터 머리글자까지 약간 굵은 글씨체로 표시하였습니다(예: *삼위일체 신학**).

5. 표제어나 본문에 특정 감수자의 의견이 반영된 경우에는 아래의 이니셜을 표기하였습니다. (가나다순)

   KP 박경수
   SL 이상웅
   JL 이재근
   JC 최주훈

6. 항목들 중 루터파에 대한 내용이 큰 폭으로 수정된 경우에는 해당 항목 끝에 **JC+**를 표기하여 구분했습니다.

7. 도서명의 경우 한국어로 출간된 것은 가급적 한국어 도서명과 출간정보를 넣었습니다.

1

39개 (신앙) 신조 Thirty-Nine Articles (1571) 로마 가톨릭과 아울러
유럽 대륙의 종교개혁*과의 연관 하에서, 잉글랜드 성공회*의 정
치적, 신학적 입장을 규정한 교리적 진술들의 모음. 온건하며 '중
도적인' 이 신조는 크랜머*의 42개 신앙 신조(1553)에 토대를 둔 것
으로, 다른 **신앙 고백서***들보다 소박한 형태를 띤다. 잉글랜드 성
공회 내에서 이 신조를 받아들이는 일은 더 이상 의무사항이 아니
지만, 이 신조는 여전히 성경의 가르침에 부합하는 것으로 간주되
고 있다.

95개 논제 Ninety-Five Theses (1517) #95개조 반박문 마르틴 루터*가
작성한 신학적이며 실천적인 명제들. 특히 면벌부*와 회개*, 죄*
의 용서 문제와 관련하여 당시 교회에서 통용되던 신앙과 관습에
이의를 제기하는 내용이 담겨 있다. 루터는 이 논제를 토론에 부치
려고 비텐베르크 대학 내에 게시했으며(정확하게는 비텐베르크 성교회
당 문이 맞음. 못질하여 게시한 장소**SL**), 널리 전파되고 논의된 이 논제는
신학적이며 교회적인 개혁을 진척시키는 촉매제가 되었다.

ㄱ

가시적 교회 교회*, 가시적/비가시적을 보라.

가톨릭 (종교)개혁, (로마) Counter-Reformation**KP** #반동 종교개혁 #대
항 종교개혁 #대응 종교개혁 #역종교개혁 #가톨릭 교회 개혁 로마 가톨
릭 교회를 그 내부에서 개혁하려 했던 움직임. 개신교 종교개혁*
과 구별되며, 결국에는 그에 대한 반발로 나타난 운동이다. 어떤
이들은 더 긍정적인 어감을 지닌 '로마 가톨릭 (종교)개혁'Catholic
Reformation을 선호하면서 이 명칭Counter-Reformation을 배척했다. 이
운동의 유래는 두 교황이 서로 자신이 정통임을 주장했던 14세기
의 '대분열'Papal schism까지 거슬러 올라갈 수 있지만, 그 개혁의 주
된 추진력이 생겨난 것은 16세기였다. 제5차 라테란 공의회(1512-
1517) 때부터 로마 가톨릭 교회의 구조와 삶의 방식을 개혁하기 위

한 몇 가지 계획안이 추진되기 시작했으며, 여기에는 평신도와 지위가 낮은 성직자*의 책무에 관한 것도 포함되어 있었다. 그리고 이런 추세는 공동의 규칙을 좀 더 엄격히 준수하려는 경향을 지닌 새로운 종교 단체들이 설립되면서 그 절정에 달했다. 그 단체들 가운데는 개혁과 선교* 활동의 선두에 서서 이끌었던 예수회Jesuits가 있다. 1545년부터 1563년까지의 기간에 여러 차례 회집되었던 **트렌트 공의회***는 로마 가톨릭 (종교)개혁 시기에 중대한 역할을 감당했다. 이 공의회에서는 개신교*와 구별되는 로마 가톨릭 교리*들을 성문화하고, 목회적 신실성과 교회의 권징*에 관련된 내부 개혁을 실행했다.

갈리칸 신앙 고백(문)(서) 프랑스 신앙 고백(문)(서)*를 보라.

개신교 Protestantism 개신교 종교개혁*을 통해 생겨난 것으로, 로마 가톨릭이나 정교회와는 구별되는 기독교의 전통. 이 용어 자체는 1529년에 열린 제2차 슈파이어 의회 때에 생겨났으며, 이것은 로마 가톨릭 측의 지도자들이 자신들의 교회에 맞서 항변protest을 제기하는 독일 내부의 연합 전선에 대응하기 위해 모인 회의였다. 16세기에는 이 용어가 루터파*를 다른 개혁 운동들과 구별하는 데 쓰였지만, 그 이후에는 매우 넓은 의미로 사용되어 16세기에 로마 가톨릭의 권세 남용에 맞섰던 '항변'을 통해 생겨난 모든 운동과 전통을 가리키는 말이 되었다. 이들 중에는 먼저 루터파와 개혁파 전통이 있었고, 이후 재세례파*와 침례교*, 오순절과 감리교 등이 생겨났다. 잉글랜드 국교회(성공회*)는 비록 칼뱅주의의 영향을 받기는 했지만, 개신교 내에서 그 위치가 때때로 논쟁이 되어 왔다. 이는 그 교파가 본래 개신교와 로마 가톨릭 사이의 중도 노선으로 마련되었기 때문이다. 개신교는 대개 성경의 고유한 권위, 이신칭의*, 만인 제사장설* 등의 핵심 신념과 연관된다. 그리고 유럽에서는 계몽주의의 영향으로 개신교 자유주의가 발흥했으나, 이후 칼 바르트*를 비롯한 학자들이 그 사조에 반발했다. 한편 북미 개신교의 경우, 개신교는 **청교도 운동***과 대각성* 부흥 운동 등의 다양한 흐름에 영향을 받아 형성되었다. 또 이런 흐름들 외에도 여러 다른 사조의 영향을 받은 결과, 미국의 개신교는 칼뱅주의*와 아르미니우스주의*뿐 아니라 복음주의*와 자유주의까지 뒤섞인 형태가 되었다.

개신교 종교개혁 Protestant Reformation 16세기 유럽에서 일어난 정치, 사회, 교회 분야의 개혁과 신학적 저항 운동. 종종 마르틴 루터*가 비텐베르크에 95개조 논제*를 게시했을 때 종교개혁이 시작된 것으로 간주하지만, 당시 개혁 운동은 신성로마제국 곳곳에서 이미 싹트고 있었다. 존 위클리프*와 얀 후스*를 비롯한 여러 개혁 성향의 인물들, 그리고 후스파Hussites, 롤라드파Lollards와 발도파Waldensians를 비롯한 몇몇 분파는 루터에 앞서 로마 가톨릭 교회의 교리와 행습에 이의를 제기했다. 그러나 좀 더 광범위한 개혁이 이루어지기에는 16세기 초반이 이상적인 시기였으며, 이때 개혁에 기여한 요소로는 로마 가톨릭 교회 내부의 부패 증가, 북부 르네상스 인문주의*의 영향, 구텐베르크의 인쇄술 발명, 급격한 사회경제적 변화 등이 있다. 이 단합된 개혁 운동은 종종 정치 지도자들의 격려와 육성 아래 추진되었으며(참조. '**관 주도형 종교개혁**'*), 교회 분야에서 그 운동에 참여한 중심인물로는 루터와 츠빙글리*, 칼뱅* 등이 있다. 한편 재세례파*를 포함한 **급진 종교개혁***은 종교개혁 운동의 주류와 구별된다. 이 급진적인 흐름은 세속 정부*를 향해 더욱 극단적인 태도를 취하는 동시에, 교리의 측면에서도 관 주도형 종교개혁자들과 이견을 보였기 때문이다. 종교개혁이 진행되면서, 관 주도형 운동과 급진적인 운동뿐 아니라 루터파*와 성공회*, 개혁파 전통 사이에서도 분열이 생겨났다. 루터파는 독일의 일부 지역과 스칸디나비아 반도에 퍼졌고, 성공회는 잉글랜드 내부와 아일랜드 일부에서 형성되었다. 그리고 개혁파는 보헤미아와 헝가리, 스코틀랜드, 저지대 국가들(오늘날의 네덜란드와 벨기에), 독일의 일부, 그리고 프랑스의 위그노*들 사이에 자리 잡았다. 따라서 개신교*의 발흥을 언급하는 것은 옳지만, 이는 하나의 통일된 움직임이 아니었다. 네덜란드*와 잉글랜드*, 독일*, 헝가리*, 아일랜드*, 스칸디나비아*와 스코틀랜드*, 그리고 스위스*의 종교개혁 운동이 각자 지녔던 고유의 특징을 인식하는 일 역시 중요하다. 이 개혁 운동으로 어떤 지역에서는 국교회가 세워졌으며, 다른 지역에서는 **가톨릭 (종교)개혁***을 통해 그 운동이 억제되거나 세속 권세의 보호 아래 개신교 집단들이 번성하기도 했다. 그러나 종교개혁은 사회정치적 현실에 철저히 얽혀 있었으므로, 개신교 세력과 신성로마제국 사이의 30년 전쟁(1618-1648)을 마

무리 지은 베스트팔렌 조약이 체결되기 전까지 이 시기 동안에는 지속적인 동요가 가라앉지 않았다. 실상 현재 유럽의 민족 국가들은 이 충돌을 통해 형성된 것으로, 각 국가의 지배적인 기독교 전통에는 종교개혁의 결과가 반영되어 있다.

개혁되는, 늘 *semper reformanda* #셈페르 레포르만다 '늘 개혁되는'을 의미하는 라틴어 어구. '개혁되었으며, 늘 개혁되는 교회'를 의미하는 에클레시아 레포르마타, 셈페르 레포르만다*ecclesia reformata, semper reformanda*의 축약된 형태이다. 이 어구는 1674년 요도퀴스 판 로덴슈타인Jodocus van Lodenstein이 출판한 경건 서적에 처음 언급되며, 그는 제2의 **네덜란드 종교개혁*** 시기에 활동한 주요 인물이다. 루터*와 칼뱅* 등 주요 종교개혁자들이 이 어구를 사용한 것은 아니지만, 이 어구는 종교개혁의 동력이 되었던, 성경에 따른 지속적인 개혁의 중요성을 정확히 표현하고 있다. 개혁신학자들은 판 로덴슈타인과 마찬가지로, 각 세대의 교회들이 선물로 받은 전통*을 존중하면서도 개혁을 이루어 가시는 성령님께 복종해야 한다고 주장한다. 그분은 성경의 규범적인 계시*에 나타난 진리를 깨닫도록 하나님의 백성들을 지속적으로 인도해 가시기 때문이다.

개혁신학 Reformed theology **개신교 종교개혁***으로 생겨난 독특한 신학 전통. 일반적으로 이 신학의 근원은 울리히 츠빙글리*와 장 칼뱅*으로 대표되는 **스위스 종교개혁***으로 거슬러 올라간다. 어떤 이들은 '튤립'*TULIP이라는 두문자어acronym를 사용하여 개혁신학을 아르미니우스주의*와 구별하지만, 이 '튤립'에 속한 일부 교리들이 표현되는 방식, 특히 대중적인 수준에서 표현되는 방식은 개혁파의 다수가 지닌 관점을 실제적으로 왜곡할 수 있다. 그리고 이 '튤립'에 속한 항목들에만 초점을 둘 경우, 이 전통의 다른 여러 핵심적인 특징이 경시되게 된다. 루터파* 등의 다른 종교개혁 전통과 함께, 개혁신학은 모든 신학과 신앙*생활의 근원이자 목표로서 하나님이 행하신 일들과 그리스도 안에 있는 은혜*를 우선시하는 다섯 개의 '오직'을 따른다('오직 믿음'*, '오직 은혜'*, '오직 성경'*, '오직 하나님께 영광'*, '오직 그리스도'*). 아래에 제시한 여덟 항목은 개혁신학이 지닌 고유한 특징들을 폭넓게 기술한 것이다.

첫째, 개혁신학은 정경적canonical이다. 성경은 하나님의 독특한 **특별 계시***로서, 모든 신학적 성찰의 표준 또는 규범이다. 하나님의 창조와 **일반 계시*** 역시 개혁신학에서 중요한 위치에 있지만, 신자들이 구원*과 삶을 위해 하나님을 아는 지식*을 얻는 데 성경은 으뜸가는 방편이 된다. 실제로 '개혁파'라는 명칭은, 무엇보다도 이 전통이 **하나님의 말씀***을 자신의 믿음과 실천에 더 충실히 반영하기 위한 개혁과 재구성에 늘 열려 있음을 나타내는 것이다.

둘째, 개혁신학은 창조 중심적creational이다. 이 전통은 삼위일체 하나님이 모든 것을 지으셨다는 진리를 중시하며, 창조 세계의 선함과 아름다움을 강조한다. 우리의 신체와 아울러 모든 '지상적인earthy' 것들을 포함한 이 물질 세계는 본질적으로 악한 것이 아니라, 영광스럽고 선하게 지음 받은 실재이다. 그리고 그 창조의 정점에는 **하나님의 형상***으로 지음 받은 인간이 있다. 바로 그런 관점 때문에, 개혁파 전통에서는 예를 들어 (직업) 소명(론)*과 **일반 은혜***의 역할, 환경에 대한 청지기적 자세, 생산성의 가치를 비롯하여 신체적인 피조물의 삶이 지닌 특징들을 늘 귀히 여긴다.

셋째, 개혁신학은 포괄적comprehensive이다. 이 전통은 이같이 창조를 명확히 강조하므로, 죄*와 구속의 교리들 역시 전인적인 방식으로 구성될 수밖에 없다. 죄는 선한 창조 세계를 파괴하고 변질시켰으며, 이에 따라 인간성 전체(지성, 의지, 감정, 신체)와 인간이 맺는 관계 전체(하나님, 이웃, 창조 세계와의), 그리고 우주 전체(이 우주 역시 구속을 바라며 신음한다)에 영향을 미쳤다. 개혁신학은 이렇듯 죄가 이 세상을 광범위하고 철저하게 변질시키고 있음을 인식한다. 이는 곧 그리스도인들은 하나님이 지으신 세계를 누리면서도, 내적으로나 외적으로 그 세계를 부패시키는 죄의 결과들에 저항하면서 긴장 속에 살아가야만 함을 의미한다. 이와 마찬가지로, 구속 역시 포괄적인 것으로 이해된다. 성부께서 성자를 통해, 그리고 성령에 의해 그분의 새 창조 사역을 수행해 나가시는 것이다. 죄가 모든 일에 영향을 미치듯이, 하나님은 그분이 지으신 세계 속에 있는 모든 균열과 상처 위에 자신의 사랑을 베푸시며 그분의 백성을 신적인 은혜의 움직임 속으로 이끌어 들이신다. 예수님이 죽은 자들 가운데서 몸으로 부활하셨으므로, 우리는 하나님이 행하시는 새 창조의 사역이 (우리의 지성을 밝히고 의지를 해방시키며, 감정을 일깨우는) 내적인 실재일 뿐 아니라 물리적이고 사회적이며, 우주적인 실재이기도 하다는 것을 안다.

이 새 창조의 사역은 아직 완성되지 않았지만, 그리스도인들은 예수님이 다시 오셔서 새 하늘과 새 땅을 다스리실 것이라는 소망을 품고 살아간다.

넷째, 개혁신학은 언약적covenantal이다. 영감된 **하나님의 말씀***인 성경은, 하나님이 자기 백성뿐 아니라 나머지 창조 세계와도 맺으신 언약 관계와 구속사*에 대하여 하나의 통일된 이야기를 제시한다. 이 언약의 드라마 내에는 여러 막이 있지만(창조, 타락, 이스라엘, 예수님, 교회, 새 창조), 일반적으로 개혁파 전통 내의 성경신학*은 그 막들 사이에 유기적 관계가 있다고 인식한다. 곧 그 각각의 막들은 그 드라마의 핵심인 역사적인 그리스도의 인격과 사역을 미리 드러내거나, 또는 그 핵심에서 뒤따라 나오는 것이다. 그리스도를 성경에 관한 이 언약적 독법의 중심에 놓음으로써, 우리는 구약과 신약 사이의 연속성과 불연속성을 모두 식별할 수 있다. 곧 성경 전체의 통일성을 존중하면서도, 서로 구별되는 각 부분의 특성을 둔화시키지 않게 되는 것이다.

다섯째, 개혁신학은 그리스도 중심적Christ-centered이다. 개혁신학은 하나님의 삼위일체 되심을 확고히 고백하는 한편, 성자의 중심성을 자주 강조한다. 이는 우리가 예배하는 분은 성부, 성자와 성령 하나님이시지만, 성부는 성자를 통해 가장 뚜렷이 계시되시며, 신자들은 성령의 교제를 통해 성자께 연합되기 때문이다. 그리스도는 하나님과 인류 사이의 위대한 중보자이시며, 하나님은 그분 안에서 자신을 가장 온전히 계시하신다. 오직 그리스도만이 거룩하신 하나님과 죄악된 인류 사이의 화목을 성취하시는 것이다. 이 그리스도 중심적인 이해의 틀을 상실하면 신학적인 사유와 목회적인 성찰이 왜곡될 위험이 있다. 그러므로 개혁파 전통은 예를 들어 **하나님의 주권***을 확인할 때, 종종 그리스도 중심적인 방식으로 그 진리를 체계화한다. 개혁자들은 주로 신적 본질에 관한 추상적인 가설과 형이상학적인 가정이나, 신의 능력으로 이룰 수 있는 것과 이룰 수 없는 것은 무엇인지에 관심을 쏟지 않았다. 오히려 그들은 하나님의 주권을 논할 때, 그 논의를 역사적으로 이 세상에 계셨으며 죽으셨다가 다시 살아나신 예수님께 결부시켰다. 우리가 하나님의 주권에 관한 논의를 이끌어가기 위해서는, 예수님이 십자가에서 흘리신 피와 눈물, 그리고 그분의 부활로 드러난

능력을 바라보아야만 한다. 만일 이 그리스도 중심적인 관점에서 벗어날 경우, 하나님의 주권에 관한 개혁파의 견해는 다른 핵심 교리들과 마찬가지로 쉽게 왜곡되며 문제 있는 것이 된다.

여섯째, 개혁신학은 조화를 추구한다concordant. 앞서 언급한 **언약 신학***과 구속사적 접근 방식에서, 하나님은 절대 주권자이시며 인간들은 그분 앞에서 참된 책임을 지닌다. 그러므로 어떤 이들의 초칼뱅주의*적인 관점과는 달리, 개혁신학은 일반적으로 구원과 섭리*에서 나타나는 하나님의 주권과 인간의 온전한 책임 사이에 신비로운 조화가 있음을 인정한다. 그리고 이는 원죄*와 변함없는 은혜의 필요성을 통해 이해된다. 예를 들어 신앙은 하나님이 주신 선물이지만, 그 믿는 일을 행하는 이는 하나님이 아니라 그분의 은혜로 그리할 힘을 얻은 인간인 것이다. 아울러 하나님은 그분이 명하신 바를 또한 이루어 주시므로, 이 조화의 역학은 **율법과 복음*** 사이에 독특한 관계가 있음을 함의한다. 하나님의 철저한 은혜는 그리스도인의 순종을 무가치하게 만드는 것이 아니라, 그에게 순종할 힘을 주며 또한 지속하게끔 이끈다. 개혁신학은 하나님의 행하심과 인간의 행위 사이의 신비로운 관계를 남김없이 설명하려 들지 않으며, 성경에서 확증되는 정도까지 양자를 모두 인정하려 한다.

일곱째, 개혁신학은 신앙 고백적confessional이다. 개혁신학은 보편적인 기독교 전통* 내에 자리 잡고 있지만, 일반적으로 스위스*와 독일*, 네덜란드*와 잉글랜드*, 스코틀랜드*의 종교개혁을 통해 생겨난, **하이델베르크 교리문답***과 **도르트 신조***, **벨직 신앙 고백서***와 **웨스트민스터 표준 문서*** 등의 **신앙 고백서***와 교리문답*이 지닌 독특한 특징들을 옹호한다. 개혁파 신앙 고백서들은 고전적인 정통 신조에서 발전된 것으로서 고전의 내용과 조화를 이루지만, 그 속에는 종교개혁의 기여점들 역시 반영되어 있다. 그런 점들 가운데는 칭의*와 성화*의 유기적 관계, 성찬에 있어 화체설*을 거부하고 기념설*이나 그리스도의 영적 임재설을 선호하는 특징, 선지자, 제사장과 왕이신 **그리스도의 삼중 직무***, **율법의 세 가지 용법***, 그리고 선택*과 양자됨, 하나님의 말씀인 성경에 관한 교리들 등이 포함된다. 이 신앙 고백서의 토대 위에서, 개혁신학이 최상의 형태로 표현될 경우 보편성과 독특성을 모두 간직할 수 있다.

여덟째이자 마지막으로, 개혁신학은 상황에 초점을 맞춘다 contextual. 이 전통은 하나님의 계시*와 그리스도의 주권을 각 문화적 상황 속에 있는 삶의 모든 영역에 연관시키려 한다. 그럼으로써 우리의 공적 예배*에서 일상의 일*에 이르기까지 모든 일이 그 영향 아래 놓이게끔 하려는 것이다. 달리 말해 개혁신학은 포괄적인 세계관*을 진술하며, 이는 창조와 경정, 신조와 신앙 고백서들에 대한 응답으로 생겨난 것이다. 동시에 그 세계관은 늘 구체적인 정황에 관심을 두며, 그리스도 안에 있는 하나님의 영광을 지향하는 방식으로 인간의 모든 사상을 해석할 뿐 아니라 그 영광에 모든 행위의 초점을 맞추는 것을 목표로 삼는다. 많은 이들이 개혁신학을 표현하고 실천하는 방식은 세 개의 다리로 지탱되는 의자에 비유될 수 있다고 여긴다. 이는 곧 교리와 경건, 문화적 참여이다. 개혁파 전통 내부의 각 흐름들은 이 중 어느 하나에 좀 더 비중을 두면서 '자신들의 신학'을 표현하지만, 대개의 경우 이 세 요소 모두 그 신학을 지탱하는 구조의 일부로 머무른다.

개혁에큐메니칼협의회 Reformed Ecumenical Council (REC) 1946년 '개혁 에큐메니칼 회의'Reformed Ecumenical Synod로 설립된 이 연합회는 개혁파 교회들의 국제적인 교류 모임 중 두 번째로 큰 것으로, 25개국에 있는 천이백만 명의 사람들이 가입되어 있었던 단체이다. 세계개혁교회연맹*WARC과는 달리, 이 단체는 고전적인 개혁파 신앙 고백서들에 확고히 헌신함으로써 결속을 다지려 했다. 그러나 많은 회원들이 점점 더 진보적인 태도를 취하면서 어려움을 겪게 되었다. 이 단체는 에큐메니즘*을 추구하는 다른 조직체들과는 달리 남아공의 아파르트헤이트 정책을 지지한 교회들의 회원 자격을 정지시키지 않았으며, 벨하 신앙 고백서*를 채택하자는 제안도 거부했다. 그리고 세계개혁교회연맹과는 달리, 세계교회협의회WCC에 대해 비판적인 태도를 취했다. 그러나 2010년에는 그 세계개혁교회연맹과 합병하여 세계개혁교회커뮤니언*WCRC을 이루게 되었다.

거룩성 holiness #거룩 #성결♪ 신적인 속성으로서, 이 성질은 하나님의 삼위일체적인 본질과 창조 세계를 향한 활동 모두에서 나타나는 그분의 순수성과 위엄을 나타낸다. 따라서 창조 세계의 어떤 부

분이 지닌 거룩성은 그것이 거룩하신 하나님과 맺은 독특한 관계
에 온전히 의존한다. 교회와 신자 개개인은 은혜*와 이신칭의*를
통해 그리스도와 연합*함으로써 거룩한 존재로 선언되며, 성령의
은사로서 주어지는 은혜* 안에서 더욱 거룩해져 간다('성화'* 항목
을 보라). 하나님의 선택*에 의해 구별된 모든 이는 그분의 효력 있
는 부르심*을 통해, 그분의 뜻을 성취하기 위해 한데 모이게 된다.
그들은 '성도'*saints로 불리며, 이는 '거룩한 이들'을 의미한다('만
인 제사장설'* 항목을 보라). 거룩한 이들로서, 하나님의 백성은 세
상으로부터 구별된 동시에 하나님을 사랑하며 다른 이들을 섬기도
록 구별되어 있다.

건축, 교회 architecture, church 중세의 교회 건물들은 신학적 의미를
지닌 구조와 이미지의 복잡한 체계를 통합적으로 드러낸 것이었으
나 16세기의 많은 종교개혁자들은 그런 표현방식에 이의를 제기
했다. 루터*는 참된 예배*에는 건물이 필요치 않다고 주장했으며,
칼뱅*과 츠빙글리* 등 다른 종교개혁자들은 기독교 예배를 드리는
데에는 단순한 형태의 집회장만으로도 충분하다는 점에 동의했다.
하지만 초기의 많은 개신교 회중들은 이전에 로마 가톨릭 교회당
으로 쓰였던 건물에서 예배를 드렸으며, 이때에는 종종 성자들의
조각상과 색유리에 새겨진 그림들을 제거하고 설교단을 더 중앙에
위치한 곳으로 옮겼다. 그리고 17세기 초반에 개신교*가 성장함
에 따라 새로운 개신교 교회당들이 건축되었으며, 이는 간소한 형
태의 시골 건물부터 영국의 건축가 크리스토퍼 렌Christopher Wren이
지은 바로크 양식의 화려한 건물에 이르기까지 다양한 양식으로
나타났다.

견인 성도의 견인*을 보라.

결혼 혼인*을 보라.

경건 piety 경건은 종종 거룩한 실천이나 영적 습관, 체험적인 종교
로 묘사되며, 많은 개혁파 신학자와 목회자, 평신도들에게 주된 관
심사가 된다. 그 대표적인 예로는 기도*와 금식, 성경 읽기와 자기
성찰에 전념할 것을 권면한 청교도*들의 경건 문학을 들 수 있다.
개혁파의 경건은 성경 중심적이며 선물로서 주어진 신앙*과 은혜*
에 뿌리를 둔 것으로, 복음주의* 내부의 다른 경건주의*적 흐름들
과 많은 공통점을 지니고 있다. 비록 개혁파 전통 내부의 각 집단

들은 개인의 거룩함*에서 **사회 참여***에 이르기까지 서로 다른 경건의 표현방식을 강조하지만, 참된 신앙의 열매로서 실천적인 경건의 필요성을 옹호하는 데에는 한 목소리를 낸다.

경건주의 pietism 넓은 의미에서 이 용어는 개인적인 헌신과 경건, 종교적 체험을 강조하는 기독교 내부의 운동을 가리킨다. 그러나 좀 더 구체적으로는 17세기 루터파* 내부에 존재했던 것으로, 필리프 야코프 슈페너Philipp Jakob Spener (1635-1705)와 A. H. 프랑케Francke (1663-1727)가 이끌었던 한 운동을 가리킨다. 이 운동은 소모임에 참여할 것과 자신의 성장을 위한 방편으로 개인적인 헌신을 추구할 것, 비인격적인 지성주의에 대항할 것을 신자들에게 권장했다. 개혁파 전통 내의 어떤 이들은 경건주의 운동이 지성에 해를 끼칠 정도로 체험을 강조한다고 여기지만, 다른 이들은 그 운동을 지적인 성장의 자연스러운 동반자로 이해한다. 이는 중생*을 드러내는 참된 표현이 바로 경건*이기 때문이다. 극단적인 형태의 경건주의는 율법주의나 주관주의로 이어질 수 있지만, 이 운동은 여전히 전 세계의 개혁파 공동체에 속한 이들이 개인적으로나 공동체적으로 성장하도록 자극을 주고 있다.

계시 revelation 하나님이 그분 자신과 그분의 뜻에 대해 알리시는 행위 또는 그 일을 통해 알게 하시는 내용. 여기에는 **일반 계시***와 **특별 계시***가 모두 포함된다. 하나님은 창조 세계와 인간의 양심, 그분이 역사 속에서 행하시는 일들, 성육신과 성경, 그리고 성령에 의한 구원*의 사역을 통해 자신을 다양한 방식으로 계시하신다. 역사적인 개혁파 전통은 하나님이 이 모든 영역에서 그분 자신을 계시하심을 옹호해 왔으나, 칼 바르트*를 비롯한 일부 개혁신학자들은 하나님의 계시이신 예수 그리스도께 초점을 맞추어 왔다. 그들에 따르면 그분은 결코 고정된 상태에 머무르지 않고, 역동적으로, 또 지속적으로 우리를 대면하신다.

계약 신학 federal theology **언약 신학***을 보라.

공동 기도서 **성공회 기도서***를 보라.

공동 예식서 Book of Common Order 스코틀랜드 장로교*회에서 사용된, 예배와 그 밖의 예식들에 관한 공식 지침서. 제네바에 머무르는 동안, 존 녹스*를 비롯한 몇몇 이들이 영어권 회중을 위해 『제네바 예식서』Genevan Book of Order를 작성했다. 이후 1562년 스코틀

랜드 교회는 그 책을 토대로 삼아 『공동 예식서』를 공식으로 편
찬했으며, 이 『공동 예식서』에는 공동 예배*와 성례*, 기도*, 혼
인*, 장례식, 임직*과 그 밖의 예식들에 관한 절차가 수록되어 있
다. 1645년에 열린 스코틀랜드 교회의 총회에서는 **웨스트민스터
총회***에서 만든 *Directory for Public Worship*을 약간 수정된 형태
로 채택했고, 그리하여 그 문서가 『공동 예식서』를 대체하게 되었
다. 이후 장로교의 발전과정에서 각 교단이 예식 관련 지침서를 만
들 때마다 이 문서들을 견본으로 삼았으며, 그러한 지침서들은 대
개 『교회 예식서』*Book of Church Order* 또는 그저 『예식서』*Book of Order*
로 불린다.

공로 merit 인간의 선행*에 대해 하나님이 베푸시는 호의나 상급. 이
개념은 이신칭의*와 성화*를 둘러싼 종교개혁 논쟁의 중심에 있
었다. 중세 교회 내의 여러 집단에서는 은혜의 교리*들을 시인하
면서도, 하나님은 성경에 약속하신 대로 자선 행위와 같은 선행에
대해 상을 베푸신다고 가르쳤다. 그러나 개신교는 죄*의 만연성과
신앙*의 본질, 선행하는 은혜*를 근거로 삼아 인간의 공로는 하나
님의 호의를 얻을 방편이 되지 못한다고 주장했다. 또한 그들은 교
황이 성인들*saints의 보상 받지 않은 공로를 다른 이에게 넘겨주는
면벌부*의 근거로서 그 사상을 활용하는 것에 반대했다. 한편 적
절히 이해된 공로의 개념은 개혁파 구원론*의 중요한 부분을 차
지하며, 이는 특히 그리스도께서 이루신 순종*의 공로가 신자에게
전가된다는 점에서 그러하다.

공재설 consubstantiation #공체설**KP** 공재설은 성찬*이 거행되는 동안
그리스도의 몸과 피가 성찬과 함께 공존하는 방식을 설명하는 교
리이다. 일반적으로 공재설은 루터 성찬이론으로 알려져 있지만,
이는 사실이 아니다. 공재설은 중세 후기 유명론자로 알려진 스코
투스John Duns Scotus, 오컴William of Ockham, 제르송Jean Gerson, 아일Pierre
d'Ailly로 거슬러 올라가는데, 로마 가톨릭의 화체설을 반박하기 위
한 이론으로 제시되었고, 루터는 이런 설명방식 일부를 비유적으
로 수용했을 뿐이다. 예를 들면, 쇠를 불 속에 집어넣으면 쇠와 그
열기는 하나가 되지만, 쇠는 여전히 쇠인 채로 남는다는 비유가 대
표적이다. 공재설에서 빵과 포도주는 그리스도의 참된 몸과 피가
되지만, 동시에 빵과 포도주의 겉모습과 본성은 그대로 남는다. 이

는 유명론적 사유방식이다. 기독론적 설명을 덧붙이면 이 교리에
는 그리스도의 편재*가 필연적이다.**JC+**

관(료) 주도형 종교개혁 magisterial Reformation #관 의존형 종교개혁 #관원 협력형 종교개혁**JL** #관제적 종교개혁**SL** 급진 종교개혁*과는 달리,
세속 정부*(관료)와 긴밀한 유대관계를 형성했던 개신교 종교개
혁*의 지류. 루터*는 한편으로 자유를 보호하고 이단을 억제하는
일*jus reformandi*과, 다른 한편으로 교회 자체를 돌보는 일*cura religionis*
을 서로 구별했다. 그리하여 그는 세속 권력자들이 교회의 사안을
통제하는 것에 반대하면서도, 개혁의 추진을 위해서는 자주 독일
의 제후들에게 도움을 청했다. 그리고 츠빙글리*는 교회와 취리히
시의회 사이에 훨씬 더 강력한 유대관계를 구축하려 한 반면, 그의
사후에 지도자가 된 불링어*는 그 관계를 약화시켰다. 또 칼뱅*은
세속 지도자들의 역할이 중요함을 확언했지만, 그들 또한 한 사람
의 시민으로서 교회의 회원에게 요구되는 책임들을 감당해야 한다
고 주장했다. 1534년 이후 잉글랜드에서는 군주가 교회의 수장이
되어 개혁을 주로 이끌었지만, 의회나 토머스 크랜머* 같은 교회
지도자들도 중요한 역할을 감당했다.

교리 doctrine 성경에 계시된 하나님과 구원*의 드라마에 관한 교회
의 가르침. 이 가르침에는 전통*과 경험, 문화적 맥락이 적절히 반
영되지만, 그 조건들의 지배 아래 놓이지는 않는다. 교리를 규정된
명제나 서술된 경험으로 보는 입장과는 대조적으로, 개혁과 전통
은 교리를 하나님과 그분의 말씀* 및 그분의 세계에 대한 믿음으
로 여긴다. 이 믿음은 기독교적인 신앙*과 삶에서 생겨나며, 또 그
신앙과 삶을 인도하는 신념이 된다. 통상적으로 이 교리들은 주제
별로 체계화되고, 신앙 고백서*를 통해 요약된다. 그 신앙 고백서
는 서로 다른 공동체들을 결속시키며 올바른 신앙과 실천의 경계
를 이룬다.

교리문답**KP** catechism #요리문답 #신앙교육서 이 명칭은 '말로써 가르
치다'를 뜻하는 그리스어 동사 카테케오*katēcheō*에서 유래했다. 이
는 종교적 훈육에 쓰이는 기독교 교리*의 개요로서, 질문과 대답
의 형태로 제시된다. 이 훈육의 관습 자체는 훨씬 오래되었지만,
이 특수한 명칭과 그 형태는 종교개혁기의 마르틴 루터*에 의해
처음 보급된 것이다. 그 목적은 니케아 신경과 십계명, 주기도문과

성례*를 비롯한 교리적 주제들에 관해 독특한 문답식의 해설을 제시하려는 데 있었다. 더 간결하거나 짧은 교리문답은 대개 아이들에게 암송시킬 목적으로 작성되었으며, 내용이 더 방대한 교리문답은 심화된 학습을 위한 것으로 종종 부모들과 교회 지도자들이 그 대상이 되었다. 개혁파에서 작성한 교리문답 중에 가장 중요한 **본보기로는 제네바 교리문답*과 하이델베르크 교리문답***, 그리고 **웨스트민스터*** 대소교리문답이 있다. 이중 웨스트민스터 대소교리문답의 경우, 니케아 신경 대신에 웨스트민스터 신앙 고백서*에 토대를 두고 있다.

교육 education 종교개혁*은 자국어 성경 번역*, 학교와 신학교의 설립, 교리문답*의 작성과 꾸준한 사용 등을 추진하여 성직자*와 평신도 교육에 광범위한 영향을 미쳤다. 기독교 교육의 발전과 평신도의 문해력 향상에 기여한 그 밖의 요소 가운데는 인쇄물의 보급과 에라스무스* 등의 인문주의* 학자들이 끼친 영향도 포함된다. 토머스 차머스*를 비롯한 많은 개혁파 목회자들은 학교 운영과 자신이 담당한 교구민들의 교육에 아낌없이 헌신해 온 것으로 알려져 있다. 그리고 개혁파 교육기관들은 일반적으로 교양 교육과 세계관* 형성에 힘쓰는 특징을 지닌다.

교의신학 dogmatic theology 교회*가 성경에 근거하여 고백하는 신학의 주제 또는 영역loci을 체계적으로 요약하고 해설하는 학문. 성경신학*과 조직신학*, 철학적 신학과 역사신학 등의 다른 분과들에 관련하여 교의학이 지니는 위치는 중요한 토론의 주제가 되어 왔다. 그러나 개혁파 전통의 경우, 일반적으로 교의신학은 헤르만 바빙크*가 "신적인 권위와 교회의 고백"이라 부른 것들의 결합에 관해 논한다는 점에 동의한다. 달리 말해, 교의신학은 주의 깊게 체계화되었을 뿐 아니라 신앙 고백서*에 토대를 둔 방식으로 기독교 신앙의 진리들을 제시하는 것이다. 장 칼뱅*의 『기독교 강요』(CH북스, 2015)와 자카리아스 우르지누스*의 『**하이델베르크 교리(요리)문답*** 해설』(CH북스, 2016)은 교의신학의 초기 형태를 보여준다. 또한 19세기에 하인리히 헤페Heinrich Heppe는 16세기와 17세기 개혁신학*의 유명한 요약집인 『개혁파정통교의학』 _Reformierte Dogmatik_(CH북스, 2007)을 편찬하여, 그 전통에서 다양한 주제를 다룬 방식에 관해 견본을 제시했다. 지난 두 세기에 저술된 건설적인 개혁파 교의학의 주된 본보기로는 헤르만 바빙크의 『개혁교의학』*Gereformeerde Dogmatiek*(부흥과개혁사. 2011) 과 칼 바르트*의 『교회교의학』*Kirchliche Dogmatik*(대한기독교서회. 2003-), G. C. 베르카우어*의 *Studies in Dogmatics* 등이 있다.

교황제 papacy 로마 교황을 가시적인 교회*의 수장으로 삼는 교회 정치제도.* 이 제도는 장로 직분*에 근거를 둔 제도(장로교*)나, 주교 직분에 근거를 둔 제도(주교제 교회주의*)와는 구별된다(다만 후자와는 관련성이 있다). 로마의 주교는 '다리 건설자'를 뜻하는 '폰티프'the pontiff, 또는 '아버지'를 뜻하는 '교황'the pope으로 불린다. 그는 가장 높은 지위에 있는 주교로서, 오류가 없는 최상의 권위를 로마 가톨릭 교회 위에 행사하는 자이다. 그리고 이 권위는 베드로가 로마의 첫 주교로서 으뜸가는 지위를 취했던 데서 유래한다. 그러나 마르틴 루터*는 면벌부* 판매를 권한 남용으로 간주하고 '오직 성경'*이 교리*의 원천임을 옹호하면서, 최종적으로 교황의 교령과 전통*을 거부했다.

교회, 가시적/비가시적 church, visible and invisible #가견적/비가견적 교회 가시적 교회는 예수님께 대한 신앙을 고백하며 지역 교회에 참여하는 이들을 가리키며, 이 중에는 그 신앙을 지닌 것처럼 가장하는 자들도 포함된다. 그러나 비가시적 교회는 하나님의 선택*과 그리스도와의 연합*으로 참된 그리스도인이 된 이들을 가리키며, 이는 오직 하나님만이 온전히 아시는 집단이다. 몇몇 개혁파 신앙고백서*에서는 가시적 교회와 비가시적 교회가 부분적으로만 상응함을 밝히면서, 예수께서 다시 오실 때까지는 가시적 교회 안에 신자와 불신자가 뒤섞인 채로 있게 되는 이유를 설명한다. 그런 한편으로, 개혁신학*은 구원의 확신*(곧 자신이 비가시적 교회에 속한다는 확신)을 얻는 일과 더불어 가시적 교회의 일치와 순결을 추구하는 일의 중요성을 종종 강조해 왔다.

교회론 ecclesiology 교회*(그리스어로는 에클레시아*ekklēsia*)와 그 신학적 본성, 예배*와 그 구성원에 관해 탐구하는 분과. 여기에는 교회 정치제도*와 직분*, 목회적 돌봄에 관련된 실제적 문제들이 포함된다. 그에 관한 고백이 사도신경과 니케아 신경에서 배열된 위치 때문에 교회는 종종 성령론*의 표제 아래서 논의되며, 그 본질은 교회의 표지들에 의해 결정된다. 교황제를 거부한 관 주도형 종

교개혁*의 지도자들은 신조에 담긴 단순한 정의로 되돌아감과 아울러 성경의 중심성을 강조했다. 그들은 비가시적 교회의 실재를 가시적으로 드러내는 설교*와 성례*에 중점을 두었다. 마르틴 루터*는 세속 정부* 등이 지닌 현세적 권위와 이신칭의*의 복음에 근거한 교회의 영적 권위를 서로 구별하기 위해, 두 왕국* 개념을 발전시켰다. 그리고 장 칼뱅*은 선택*의 교리를 언급하면서 교회의 본질이 성도*의 영적 교제에 있음을 강조하고, 나아가 하나님의 섭리*에 교회의 근거를 두었다. 또한 **급진 종교개혁***자들과 재세례파*는 주로 사도행전에서 찾아볼 수 있는 행위와 관습에 따라 교회를 정의했다. 한편 현대적 교회론의 한 흐름은 프리드리히 슐라이어마허*의 사상을 따라 종교적 경험에 초점을 두어 왔으며, 칼 바르트*는 교회가 신학적 성찰의 과제를 수행할 때 기도*의 필요성을 강조했다. 그러나 이 서로 다른 강조점들 가운데서도, 성령과 말씀의 임재 및 활동은 개혁파 교회론의 근본적인 추진력으로 남아 있다. 이는 그 각각의 초점이 성례에 있든, 설교와 예전*에 있든, 기도와 친교에 있든, 또는 교회의 선교*에 있든 모두 마찬가지이다.

교회의 권징 권징*, **교회의**를 보라.

교회일치주의 에큐메니즘*을 보라.

구속사 redemptive history 하나님이 그분의 백성을 구속하거나 구원하신 일들로서, 성경에 기록된 일련의 사건들. 윌리엄 퍼킨스*의 『황금사슬: 신학의 개요』*A Golden Chain*(킹덤북스. 2016)에서 조나단 에드워즈*의 미완성작인 『구속사』*A History of the Work of Redemption*(부흥과 개혁사. 2007)에 이르기까지, 개혁파의 관점에서 창조 이후 진행되어 온 하나님의 구속 행위를 개관한 작품들은 예수님의 십자가 죽으심과 부활에 중점을 두어 왔다. 성경 계시*의 유기적, 점진적인 성격을 염두에 두는 한편 이 사건들을 중심으로 역사를 구성하려는 관심이 생겨난 것은 부분적으로 역사비평 방법론과 세대주의*의 발흥에 대응하기 위해서였다. 이중 역사비평은 과학적, 역사적 분석을 통해 성경 해석을 파편화시킨 한편, 세대주의는 하나님이 행하신 일들을 서로 분리되는 세대들로 과격하게 구분 지은 것이었다. 하지만 이들과는 달리, 게할더스 보스*와 헤르만 리덜보스* 같은 학자들은 현대 학문의 성과를 흡수하면서도 개혁신학*의 정합성을 희생시키지 않는 성경적이며 언약*적인 신학의 토대를 놓았다. 이 같은 방식으로, 구속사적 접근법에서는 성경의 정경*에서 어떻게 발전적이면서도 통합적인 관점이 제시되는지를 드러내려 한다.

구원론 soteriology 구원*의 교리*를 다루는 조직신학*의 분과. 이 분과에서는 그리스도께서 이루신 일이 지닌 구원의 의미를 해명함과 더불어 그 일을 선택된 이들에게 적용하시는 성령의 사역을 강조하며, 따라서 기독론*과 성령론*에 긴밀히 연관되어 있다. 개혁신학*에서 하나님의 은혜로운 목적과 작정*은 그리스도의 삼중 직무 수행을 통해서 실현되며, 이때 행사되는 그분의 주권*은 **일반 은혜**와는 구별되는 형태를 지닌다. 따라서 구원의 순서*를 규명하며 때로 '튤립'*이라는 명칭에 결부되는 특정 교리들과 함께, 이 영역의 중심 주제는 '오직 은혜'와 '오직 그리스도', 이신칭의*가 된다. 아우구스티누스주의*를 옹호한 종교개혁자들은 로마 가톨릭 신학이 펠라기우스주의*를 따르는 것은 적절치 못하다고 비판하고, 신인 협력주의*를 거부하면서 독력주의*를 선호했다. 인류는 원죄*의 상태에 있으며, 그들의 의지는 속박*bondage of the will되어 있다. 그리하여 공로*를 획득할 가능성도, 하나님의 호의를 얻을 가능성도 완전히 배제된다. 따라서 의*의 회복은 능동적이며 수동적인 예수 **그리스도의 순종**의 공로가 전가*됨을 통해서만 일어날 수 있다. 개혁파 정통*은 **오직 믿음**을 통해 의를 받아들이게 된다는 루터파*의 원칙에 동의하면서도, 성화*에 관해 더 역동적인 견해를 밝힌다. 그들이 종종 주장하는 바에 따르면, 하나님이 이루신 구원과 그리스도인이 자신의 자유를 선행*에 활용할 것이라는 기대 사이에는 불가분의 연관성이 있다. 그분의 백성을 향한 하나님의 효력 있는 부르심*은 설교*와 성례*를 통해 **하나님의 말씀***이 전달됨으로써 이루어지며, 이 일을 가능하게 만드시는 분은 성령님이시다. 그리고 이렇게 부르심을 받은 이들은 역시 성령님께 힘입어, **그리스도와의 연합** 안에서 경건*한 삶을 살아가게 된다. 신자들이 품은 구원의 확신*은 그런 삶 속에서 더 온전해지며, 그들은 죄 죽임*과 기쁨에 찬 순종을 통해 **하나님의 형상**을 더욱 회복해 가게 된다.

구원의 순서(오르도 살루티스) ordo salutis #구원의 서정 '구원의 순

서'를 뜻하는 라틴어 표현. 그리스도께서 이루신 사역의 유익을 성
령님이 그분과 연합*한 이들에게 적용하실 때 나타나는 것으로 여
겨지는 논리적 순서를 가리킨다. 이 순서에 일반적으로 포함되는
요소들 가운데는 선택*, 효력 있는 부르심*, 중생*, 신앙*, 회개*,
칭의*, 양자됨, 성화*, 견인*과 영화*가 있다. 16세기부터 개혁신
학자들은 하나님의 영원한 작정*과 이후 그분이 시간 속에서 일하
시는 방식에 관한 자신들의 이해에 기초하여 이 개념을 발전시켰
으며, 17세기의 루터파 신학자들은 그 개념을 매우 엄밀하게 정교
화했다. 하지만 이런 순서의 기본 개념은 **황금 사슬***이 서술되는
로마서 8:29-30 등의 성경 본문으로 거슬러 올라갈 수 있다. 그 정
확한 순서와 함께 어떤 구원의 요소가 그 안에 포함되어야 하느냐
에 관하여는 논쟁이 있지만, 개혁신학자들은 각 요소가 **그리스도
와의 연합***에서 발생하는 결과임에 전반적으로 동의한다.

구원의 확신(신앙의 확신) assurance of salvation (assurance of faith) 구
원*을 이루실 하나님의 능력과 그분의 약속에 관한 확신. 이는 곧
은혜에 관한 개혁파의 다른 교리*들, 곧 선택*과 **성도의 견인*** 등
의 교리에서 흘러나오는 확신이다. 장 칼뱅*과 같은 일부 종교개
혁자는 그리스도인의 삶에 의심과 불안이 존재함을 인정하면서,
성령의 은사로 주어지는 객관적 확신을 주관적 또는 심리적인 확
실성과 주의 깊게 구별했다. 그러나 다른 이들은 참된 신앙*의 증
표는 절대적인 확실성에 있다고 주상했으며, 이 때문에 **트렌트 공
의회***에서는 이 입장을 취하는 이들이 지닌 '불경건한 자신감'을
비판했다. 조나단 에드워즈*는 그의 저서 『신앙감정론』*A Treatise*
Concerning Religious Affections(부흥과개혁사. 2005)에서 어떤 이가 선택받았
음을 나타내는 무오한 증표는 없지만, 거룩함*은 참된 신앙(곧 중
생*)을 보여주는 주된 표지가 된다고 주장했다.

구 프린스턴 신학 프린스턴 신학*을 보라.

구학파 장로교 장로교*, **구학파**를 보라.

권징, 교회의 church discipline #교회치리ᴶᴸ 후기의 개혁파 **신앙 고백
서***들에서 개괄적으로 언급된 세 가지 교회의 표지*들 중 하나. 교
회에서 임명된 지도자들이 기독교인들의 행실을 규제하는 행위를
가리킨다. 종교개혁자 울리히 츠빙글리*는 위정자들이 사회적 영
역과 교회적 영역 모두에서 권징의 책임을 이행한다고 주장한 반

면, 장 칼뱅* 같은 이후의 종교개혁자들은 교회 내에서 권징을 시
행할 임무를 장로들에게 부여했다. 교회 권징은 반드시 부정적인
뜻을 지닌 용어는 아니며, 본질적으로 기독교의 제자도와 동일한
의미를 지닌다. 이는 그 제자도 속에는 불순종을 바로잡는 측면도
자연히 포함되기 때문이다(마 18:15-20). 죄를 범한 자가 신실한 권면
을 거부할 경우, 교회 권징은 성찬* 참여의 정지를 거쳐 마지막에
는 회개*를 고집스레 거부하는 자들에 대한 출교로 이어진다.

규정적 원리 regulative principle 공적 예배*에서 허용 가능한 요소들
은 성경에 지시되거나 '규정되어' 있다고 여기는 원리. 루터파*와
성공회*는 성경에서 금지하지 않은 것은 무엇이든 허용 가능하다
는 '규범적 원리'normative principle를 따르지만, 규정적 원리에서는
성경이 분명히 명령한 것이나 그 속에서 뚜렷한 예를 찾아볼 수 있
는 것, 또는 그 내용에서 필연적으로 추론되는 것만을 예배의 요소
로 삼을 것을 요구한다. 이 규정적 원리를 적용할 때, 개혁파 신학
자와 목회자들은 예배의 성경적 요소와 상황적인 맥락을 구분하는
일을 중요히 여긴다. 예를 들어 일부 보수적인 개혁교회들은 예배
시의 악기 사용을 금지하지만, 대부분의 교회는 이 원리를 그런 식으
로 엄격하게 해석하지 않았다. 이는 그 교회들이 성경적인 요소들
을 더 광범위한 것으로 간주하고, 상황에 따른 변형도 더 폭넓게
나타난다고 여겼기 때문이다.

그룸바흐, 아르굴라 폰 Grumbach, Argula von (c. 1492-c. 1563) 독일 귀
족들에게 루터*와 종교개혁*을 옹호한 일로 유명한 독일의 종교
개혁자. 바바리아의 가난한 귀족 집안에서 태어난 그녀는 막시밀
리안 황제의 여동생을 섬기는 시녀로 훈련 받으면서, 독일어를 읽
고 쓰는 법을 배웠다. (그녀와 정기적으로 편지를 주고받은) 루터
를 비롯한 종교개혁자들의 저서를 읽은 후, 그녀는 독일어 성경 지
식을 활용하여 종교개혁자들에 대한 성직자*들의 공격을 논박했
다. 그녀가 로마 가톨릭 교회를 비판하면서 그녀의 남편은 행정관
의 직위를 잃게 되었으며, 이후 그녀는 공적으로나 사적으로 비난
을 감수했다.

그리스도와 문화 *Christ and Culture* 이 어구는 1951년 H. 리처드 니
버*가 저술한 책 제목인『그리스도와 문화』(한국기독학생출판부, 2007)에
서 유래하였다. 이후 기독교와 그것이 속한 문화 사이의 관계를 기

술하는 어구로 사용되었다. 원래 니버는 존재할 수 있는 다섯 가지 관계 유형을 제시했으며, 이는 (예를 들어 아미시 공동체에서 실천되는) '문화와 대립하는 그리스도'와 (주류 교단들에서 흔히 볼 수 있는) '문화에 속한 그리스도', (로마 가톨릭의 전통적 접근 방식인) '문화 위의 그리스도', (루터파*에서 많이 따르는) '문화와 역설적 관계에 있는 그리스도', 그리고 '문화의 변혁자인 그리스도'이다. 니부어는 칼뱅주의*를 이 마지막 유형에 포함시켰으나, 분류를 지나치게 단순화했다는 비판을 받았다. 이는 문화를 대하는 신실한 자세에 관해, 개혁파 전통 내부에도 다양한 관점이 존재하기 때문이다. 한편으로 두 **왕국*** 사상에서는 종종 교회를 특히 거룩한 사안들에 연관된 기관으로 간주하고, '세속적', 또는 문화적인 관심사들을 폭넓게 논하거나 정치적 영향력을 끼치는 일을 주저하곤 한다. 그러나 다른 한편으로, 신칼뱅주의*는 문화의 각 영역이 얼마나 죄*로 왜곡되었든지 간에, 그 모든 영역을 하나님의 창조 질서가 구현되는 장소이자 그분의 구속 활동이 진행되는 무대로 해석하고 있다. 개혁파적 흐름의 양끝에 놓인 이 두 사상 모두 (직업) 소명(론)*을 존중한다. 그러나 전자는 교회*의 영성(교리), 말씀*과 성례*에 의한 선교*, 하나님이 자신의 백성에게 주시는 특별 은혜*, 그리고 주위의 문화와는 구별되게 살아갈 책임을 강조하는 반면, 후자는 **사회 참여*와** 총체적 선교, **일반 은혜*와** 문화적 갱신 또는 변혁의 가능성을 강조하는 성향을 보인다. 이 사안을 해석하는 관점은 다른 여러 주제와도 관련성을 지니며, 그 속에는 **율법과 복음*의** 관계, 교육*의 목적, **자연 신학*의** 가능성, 성령론*의 범위, 기독교적 경건*의 본질 등이 포함된다.

그리스도와의 연합 union with Christ 이 어구는 구원*의 전 영역, 곧 신자들이 그리스도의 삶과 죽음, 부활과 승천, 좌정과 영화를 통해 주어지는 유익에 참여하며 누리게 되는 모든 과정을 묘사하는 표현으로, '그리스도와의 하나 됨'identification with Christ이라고도 한다. 장 칼뱅*은 칭의*와 중생*의 토대로서 그리스도와의 연합을 강조했지만, 신자들이 하나님의 본질에 존재론적으로 참여한다는 안드레아스 오시안더*의 견해에는 반대했다. 이는 성령님이 신자들과 그리스도 사이를 이어주는 끈이 되시기 때문이다. 이처럼 존 오웬*을 비롯한 이후의 개혁신학자들도 이 교리*의 삼위일체적 구조

를 강조하고, 세례*는 그리스도와의 언약적 연합의 표징임을 확언
했다.

그리스도의 삼중 직무 threefold office of Christ #~삼중직 그리스도가 수
행하신 선지자와 제사장, 왕의 세 역할을 지칭하는 어구. 라틴어로
는 무누스 트리플렉스munus triplex이다. 그분은 지상에서 사역하는
동안에 이 세 역할을 성취하셨으며, 지금도 계속 수행하고 계신다.
개별적으로, 또 집합적으로 이 세 직무는 그리스도가 하나님과 인
류 사이의 중보자이시며 이스라엘의 이야기와 소망의 성취이심을
나타낸다. 이 직무들을 처음 언급한 것은 초대 교회의 역사가인 에
우세비우스(유세비우스)Eusebius이며, 이후 장 칼뱅*이 『기독교 강요』
(CH북스, 2015)에서 이 직무들에 관한 설명을 좀 더 발전시켰다. 또한
하이델베르크 교리문답*은 그리스도의 삼중 직무를 그리스도인
의 직업과 선교*에 연관시킨다. 이는 성령님이 그리스도인들을 훈
련시켜, 예수님이 시작하신 하나님 나라*의 일에 참여하게 하시기
때문이다.

그리스도의 순종, 능동적이며 수동적인 obedience of Christ, active and
passive (라틴어식 표현인 오베디엔티아 악티바obedientia activa와 오베
디엔티아 파시바obedientia passiva로도 언급되는) 이 '능동적이며 수동
적인 순종'은 그리스도의 완전한 의*를 가리키며, 특히 전가*의 교
리에 관련된다. 인류의 불순종과는 달리, 그리스도는 이 지상에 계
시는 동안에 온전한 순종을 나타내 보이셨다. 그리하여 그분이 도
덕법을 완전히 준수하신 일은 그분의 능동적인 순종으로, 또한 그
분이 기꺼이 감내하신 죽음(그분의 수난)은 대개 그분의 수동적인
순종으로 언급된다. 개혁신학*에서는 그분의 능동적인 순종과 수
동적인 순종 모두가 칭의*를 위해 우리에게 전가된다. 이 '위대한
교환'great exchange에서 신자들의 죄는 그리스도께 전가되고, 그분
의 의는 신자들에게 전가되는 것이다.

그리스도의 편재 ubiquity of Christ 마르틴 루터*의 기독론*에서 유
래한 표현. 이 개념에 따르면, 하나님의 편재성은 예수님이 승천하
실 때 그분의 인성에도 전달되었다. 루터는 예수님이 하늘에 좌정
하신 후에는 성부의 편재성을 공유하신다고 주장하고, 그분의 인
성을 신성의 바닷물 속에 떨어진 한 방울의 맑은 물로 묘사한다.
이 편재성은 루터파*의 성찬* 이해인 실재설*의 토대가 된다. 그러

나 개혁파 전통은 그리스도의 두 본성이 혼동되는 일을 피하기 위해 이 견해를 거부했다("칼뱅주의의 '밖에서'"*). 칼뱅*은 예수님이 물리적으로 다시 오실 것에 비추어, '하나님의 오른편'을 실제 장소로 해석하면서 그분의 신체적인 존재성을 온전히 보존하려 했다. 이에 따라 개혁파 전통에서는, 일반적으로 예수님의 온전한 인성을 손상시키는 일을 피하려 한다. 이 때문에 루터파의 고전적인 성찬 이해에 등장하는 '편재'와 '속성의 교류' 개념을 개혁파 신학에서 수용하기 힘들었다.**JC+**

근본주의 fundamentalism 흔히 전투적인 보수주의로 규정되는 근본주의는 제1차 세계 대전 직후 현대주의 또는 자유주의 개신교*에 맞서는 운동으로 생겨났다. 이 운동의 이름은 1910년부터 1915년까지 출판된 열 두 권의 글 모음집 *The Fundamentals*에서 유래한 것으로, 그 모음집의 발간 목적은 기독교의 핵심 교리*들을 옹호하고 성경 비평에 대항하며, 사회주의와 다원주의 등의 문화적 운동을 비판하고, 전도*와 선교*를 장려하는 데 있었다. 처음에 근본주의자들은 문화의 주도권을 쥐기 위해 투쟁했으나, 1925년의 스콥스 재판 the Scopes Trial 이후 그 전략이 바뀌기 시작했다. 이 재판에서 윌리엄 제닝스 브라이언 William Jennings Bryan은 학교에서 진화를 가르치는 일을 금지시키는 데 성공했지만, 이후 지적으로 편협하고 옹졸한 인물로 조롱을 받았다. 긴박해지는 상황 속에서, 근본주의자들은 자유주의적인 교단을 떠나서 독자적인 조직과 연합체를 구성하는 데 좀 더 초점을 맞추기 시작했다. 그들은 종종 특수한 형태의 천년설*을 내세우면서 이 전략을 합리화했다. 개혁파 전통 내의 많은 이들은 근본주의와의 제휴를 경계했지만, 양측의 관심사가 겹치는 부분도 분명히 있었다. 예를 들어 J. 그레스앰 메이첸*은 그의 책 『기독교와 자유주의』 *Christianity and Liberalism*(복있는사람, 2013)에서 근본주의의 입장과 유사한 교리적 관심사를 표현하고, 자유주의적인 주류 교단들에 대한 보수적인 대안으로 웨스트민스터 신학교와 정통장로교회 Orthodox Presbyterian Church의 설립을 주도했다. 그런데 메이첸과는 달리, 근본주의자들은 종종 특정한 정치적 견해와 사회적 태도를 거부하는 것을 마땅한 일로 여기면서 메이첸은 그럴 필요가 없다고 여겼던 관습들을 비난했다(한 예로 메이첸은 금주법을 지지하지 않았다). 하지만 근본주의자들의 일반적인 신념과는 대조적으로, 개혁파 전통 내의 많은 이들은 점점 늘어나는 신복음주의자들과 함께 에큐메니즘*과 가난한 자를 위한 **사회 참여***, 지적인 엄밀성을 존중해 왔다.

급진 종교개혁 radical Reformation #근원적 종교개혁♪ '**좌익**'the Left Wing, 또는 '제3의 종교개혁'Third Reformation으로도 알려진 이 운동은 16세기에 시작되었으며, 여기에는 로마 가톨릭 교회에도, 루터*와 츠빙글리*, 칼뱅*의 **관 주도형 종교개혁***에도 속하지 않은 넓은 범위의 종교개혁자들이 포함된다. 이 급진 종교개혁에 속한 이들은 대략 재세례파*와 신령주의자들spiritualists, 복음적인 합리주의자들evangelical rationalists의 세 집단으로 분류될 수 있다. 또 각 집단의 내부에는 여러 차이점이 존재하지만, 이 집단들 사이의 공통 요소로는 강한 종말론적 열심과 신비주의적인 성향, 신자에게 베푸는 세례*와 국가에 대한 극단적인 태도 등이 있다. 이 운동의 주요 지도자들 가운데는 토마스 뮌처*와 카스파 슈벵크펠트Caspar Schwenckfeld, 그리고 안드레아스 보덴스타인 폰 칼슈타트*가 있다.

기념설 memorialism 성찬*은 그리스도의 희생을 기념하는 행위일 뿐이라는 믿음. 울리히 츠빙글리*는 미사*의 거행에 담긴 제사의 개념과 더불어 성찬*의 빵과 포도주에 그리스도가 실제로 임재하신다는 주장이나 그 빵과 포도주의 본질이 바뀐다는 화체설*을 강하게 거부했다. 그 대신, 그는 성례*를 단순히 회중 안에 존재하는 신앙*의 징표로 여기는 해석을 옹호했다. 그런 이유에서 그는 회중의 성찬 참여와 자국어 예배를 강하게 주장했으며, 그가 개정한 예전*에서는 기념의 행위가 뚜렷이 강조되었다. 츠빙글리*파의 이 상징적인 견해는 지금도 많은 개혁교회에 영향을 미치고 있다.

기도 prayer 하나님이 우리의 말을 듣고 응답하시리라는 확신을 품고, 그분의 뜻에 겸손히 복종하는 마음으로 모든 소원과 감사를 하나님 앞에 가지고 나아가는 행위. 이렇게 이해할 때, 기도는 사제에게 바치는 고백이나 성인들*saints에게 아뢰는 간구를 통해서가 아니라 오직 그리스도를 통해, 그리고 성령님에 의해 하나님께 드리는 것이 된다. 개혁파 전통에서는 성경을 기도의 본보기로 활용하는 일을 매우 강조하며, 시편과 주기도문은 그 좋은 예가 된다. 아울러 즉흥적인 것이든 짜임새가 있는 것이든, 단체적인 것이든 개인적인 것이든 간에 다양한 형태의 기도 역시 권장된다. 개혁신학자들은 기도는 하나님이 그분의 주권적인 의지와 섭리*를 이루어 나가시는 중요한 방편이며, 그 핵심에는 깊은 신비가 있음을 인정한다.

기독론 Christology #그리스도론 조직신학*의 핵심 영역으로, 그리스도의 인격과 사역에 관해 논하는 분과. 교회는 예수 그리스도를 하나님이신 동시에 사람이신 분으로 고백하며, 그분의 삶과 죽음, 부활과 승천이 우리의 구원을 위해 지닌 의미를 소중히 간직한다. 개신교는 전통*을 따라 칼케돈 신조의 관점에서 성경을 해석하면서, 그리스도의 신성과 인성이 한 인격 안에서 온전히 연합되었다고 본다. 그들이 정통 **삼위일체 신학***을 따르면서 그리했던 것과 같이, 종교개혁자들은 '**오직 성경**'*에 대한 관심을 유지하고 성경 정경*의 증언에 따라 예수님에 관한 믿음을 표현하면서도 전통에서 물려받은 이 교리*를 간직했다. 마르틴 루터*는 그리스도가 십자가에서 고난 당하실 때 하나님이 "우리를 위해" 계시되셨다고 선언했다. 그는 올바른 신학적 성찰은 모두 '**십자가의 신학**'* theologia crucis이며, '**영광의 신학**'* theologia gloriae과는 대립된다고 보았다. 그리고 장 칼뱅*은 특히 요한의 신학에 의존하여 그리스도를 **하나님의 말씀***으로 해석했다. 또한 그리스도의 사역이 지닌 신적인 측면과 인간적인 측면을 구분지은 그의 이해는 이후 개혁파 정통*의 관점을 형성하게 되었다. 이런 이해는 고대적 전통의 일부였지만, **그리스도의 편재***를 선호했던 루터파*는 이 구분 방식을 조롱조로 "**칼뱅주의의'밖에서'**"*라고 불렀다. 현대에는 프리드리히 슐라이어마허*나 칼 바르트* 같은 개혁파 사상가들이 그리스도의 인격적인 정체성을 구원론*에 결합시켜 다루었으며, 그런 논의들은 종종 빌립보서 2장에 기록된 찬송시의 흐름에 따라 진행되었다. 그 본문에서는 그리스도가 자기를 비우신 희생의 정당성을 하나님이 인정하심으로써, 그분의 인격적 정체성이 드러나게 된다.

ㄴ

나라, 하나님(의) kingdom of God 하나님의 통치 또는 다스림. 일반적으로 많은 종교개혁자들은 아우구스티누스*적인 전통을 따라

하나님 나라와 세상 나라를 구별했다. 이때 전자는 그분의 은혜*
로 교회를 다스리시는 그리스도의 통치를, 후자는 세속 정부*의
통치를 가리킨다. 그러나 이후의 개혁신학자들, 특히 아브라함 카
이퍼*를 비롯한 신칼뱅주의*자들은 온 창조 세계를 아우르는 하
나님 나라의 통합성을 강조하고, 세속 국가와 교회를 그리스도의
보편적인 통치 아래 놓인 개개의 영역으로 간주했다. 그리고 종말
론*의 측면에서도 서로 다른 견해들이 있다. 특히 그리스도의 천
년*왕국 통치가 이미 시작되었는지, 아니면 그리스도가 문자적으
로 이 땅에서 통치하시게 될 때를 여전히 기다려야 하는지 여부를
두고 그 나라에 관해 서로 견해가 다르다.

네덜란드 종교개혁 Dutch Reformation 이는 네덜란드 개신교*의 성장
과정을 가리키는 표현이다. 그 과정은 종교적 개혁뿐 아니라 정치
적 개혁과도 깊이 맞물려 있었다. 처음에 네덜란드인들은 루터파*
에 상당한 관심을 보였으나, 1521년부터 로마 가톨릭 신자인 황
제 카를 5세가 이단 금지법을 시행하면서 그 확산이 중단되었다.
16세기 중엽에는 특히 남부 지방의 평민들 사이에서 재세례파*
가 뿌리를 내렸다. 카를과 그의 아들 펠리페 2세의 치하에서 천 명
이상의 개신교인들이 신앙 때문에 목숨을 잃었지만, 1540년대부
터는 칼뱅주의*를 옹호하는 움직임도 서서히 자라나기 시작했다.
그리고 핍박 아래서 생겨난 이 개혁교회에서, 스페인 제국의 지배
를 벗어나 정치적, 종교적 자유를 쟁취하려는 지도자들이 일어났
다. 1572년, 오렌지의 윌리엄 공(침묵공 윌리엄: 오라녀의 빌럼 공: William of
Orange; William the Silent)의 지휘 아래 한 무리의 반란군이 북부 지역
의 주들을 점령하고 의회의 성격을 지닌 전국 회의States-General를
수립했다. 1579년에 공식적으로 연합한 이 주들은 위트레흐트 동
맹을 맺고 개혁교회를 자신들의 공식 교회로 확립했으나, 종교적
인 관용도 제한적으로 이루어졌다. (곧 다른 종교적 전통의 실천을
공적으로는 금지했으나, 사적으로는 허용했다.) 17세기 초반에는
아르미니우스*를 추종하는 항론파*가 일으킨 논쟁 때문에 그 새
로 정착된 안정 상태가 흔들렸으며, 그들은 일시적으로 그 관용 정
책에서 배제되었다. 그러나 결국에는 그들도 다른 개신교도들, 로
마 가톨릭교도들, 유대인들과 함께 자유를 얻게 되었다. 이는 17세
기 말엽에 가서 그들 모두에게 네덜란드 내에 공적인 예배* 처소

를 세우는 일이 허용되었기 때문이다. 한편 이 초기의 네덜란드 종교개혁은 나더러 레포르마치Nadere Reformatie, 또는 '제2의 네덜란드 종교개혁'Dutch Second Reformation과는 구별되어야 한다. 후자의 경우는 주로 17세기와 18세기 초반에 이루어진 것으로, 개혁의 범위를 삶의 모든 영역으로 확대시키는 데 초점을 둔 운동이었다.

네빈, 존 윌리엄슨 Nevin, John Williamson (1803-1886) 미국의 신학자, 교수로서 필립 샤프*와 함께 머서스버그Mercersburg 신학을 창시한 인물. 프린스턴 신학교 졸업 후, 네빈은 웨스턴 신학교의 신학 교수로 재직하다가 머서스버그의 독일 개혁신학교the German Reformed Seminary에 합류했다. 그는 독일계 개혁파의 정신을 따라 부흥 운동과 **프린스턴 신학*** 모두 반대하면서, 독일 관념론과 미국의 개혁신학*을 독특하게 결합시킨 사상을 제시했다. 그 결과로 생겨난 머서스버그 신학은 **하이델베르크 교리문답***에 의존하며, 그리스도의 사역이 아니라 그분의 인격에 의해 속죄*가 성취된 것으로 이해하고, 실질적인 에큐메니즘*을 지향함과 아울러 부흥 운동을 비판하며 성례*에 초점을 두는 특징을 지닌다.

노예 의지 의지의 속박*을 보라.

녹스, 존 Knox, John (1513-1572) #존 낙스 **스코틀랜드 종교개혁***의 중요한 지도자였던 인물. 해딩턴Haddington 출생으로, 세인트앤드루스St. Andrews에서 공부하고 1536년에 로마 가톨릭 사제로 안수 받았다. 순교자 조지 위샤트George Wishart의 영향으로 개신교를 받아들인 그는 오 년간 잉글랜드의 한 회중을 돌보았고, 그 뒤에는 박해를 피해 스코틀랜드로, 다시 제네바로 피신했다. 그리고 그곳 제네바에서 그는 칼뱅*의 문하에서 공부하면서 잉글랜드인들의 회중을 섬겼다. 이후 스코틀랜드로 돌아온 녹스는 대담한 개혁과 격렬한 설교로써 자신의 신학적 관점을 제시하여, 1560년 스코틀랜드 의회가 교황제*를 거부하고 그가 다른 이들과 공동으로 작성한 **스코틀랜드 신앙 고백서***를 채택하는 데 영향을 미쳤다.

농민 전쟁 Peasants' War (1524-1526) '농민 반란'the Peasants' Revolt이라고도 불리는 이 일련의 폭동은 독일 지역에서 일어났으며, 귀족들의 잔혹한 진압으로 끝이 났다. 이 운동은 주로 봉건제의 쇠퇴기에 농민들이 겪은 사회적, 경제적 곤경 때문에 생겨난 것으로, 그들이 내건 기치에는 양심의 자유와 **만인 제사장설***을 비롯한 종교개혁*의 몇몇 주제가 포함되어 있다. 처음에 마르틴 루터*는 이들에 게 공감하는 태도를 보였지만, 1525년 5월에 가서는 귀족들에 대한 지지를 선언하면서 그 운동을 강하게 비난했다. 그 결과, 많은 루터파* 지도자들은 두 왕국* 신학에 근거하여 세속 권세에 수동적으로 순종할 것을 설교하게 되었다. 그러나 개혁파 교회와 지도자들은 그리스도와 문화*의 관계에 대해 그들과는 다른 이해를 품고, 사회적 관심사에 좀 더 적극적으로 관여하면서 사회 참여*에 나설 것을 주장하는 경향을 보였다.

뉴비긴, 레슬리 Newbigin, James Edward Lesslie (1909-1998) 스코틀랜드 교회에서 파송된 인도 선교사로서 세계교회협의회the the World Council of Churches (WCC)의 부총무를 역임했으며, 마침내는 남인도교회의 마드라스 주교가 된 인물. 그의 저서 가운데는 중요한 책들이 많지만, 그중에서도 특히 은퇴 이후 출간한 몇몇 저서는 기독교와 서구 문화의 관계에 관한 분석서로서 영향력 있는 것들이다. 그는 현대성이 종교를 사적인 행위로 규정하고, 진리를 과학적 방법론 아래 부당하게 종속시켰다고 주장했다. 또한 그는 진리를 알기 위해서는 인격적이며 담대한 헌신이 요구됨을 강조하고, 기독교의 공적 성격을 요약적으로 제시하면서 복음에 깊이 물든 윤리*가 어떤 것인지를 보여 주었다. 그의 에큐메니즘* 지향적인 활동으로 세계교회협의회의 선교* 사역이 확장되었으며, 영국교회협의회the British Council of Churches의 '복음과 우리 문화'The Gospel and Our Culture 프로그램 역시 확대되었다.

니버, H. 리처드 Niebuhr, H. Richard (1894-1962) #리차드 니부어 예일 대학 신학대학원에서 삼십 년 이상 가르쳤던 미국의 신학자. 동시대의 여러 개혁신학*자들처럼, 그 역시 19세기 자유주의 신학에 깊은 영향을 받았으면서도, 한편으로 그 사상에 불만을 느꼈다. 그는 현재의 사회적 가치들과 신앙*의 역사적인 본성 사이의 관련성에 관해 광범위한 저술을 남겼다. 아울러 그는 바르트*와 마찬가지로 역사 속에서 말씀하시며 행동하시는 하나님의 자유를 역설하고, 기독교의 증언이 어떻게 인간 사회를 변화시키는지를 강조했다. 그는 자신의 형인 라인홀드 니버*와 함께 복음주의*의 정치관과 문화관에 엄청난 영향을 미쳤으며, 그의 책 『그리스도와 문화』*Christ and Culture(한국기독학생출판부, 2007)에는 아우구스티누스*와 조난단 에드워즈*의 전통에 따라 정치신학을 다시 성찰하려는 현대적인 시도가 담겨 있다.

니버, 라인홀드 Niebuhr, Reinhold (1892-1971) #라인홀트 니부어 H. 리처드 니버*의 형이며, 유니언 신학교의 실천신학 교수(1928-1960)로 재임한 인물. 그는 개혁신학*의 정치적인 목소리를 회복시켰으며, 자신의 기독교 현실주의Christian realism를 통해 20세기 정치사상에 영향을 미쳤다. 1920년대에 그는 디트로이트의 한 교회를 섬기는 목회자로서 정치적으로 활발히 활동했으며, 1930년대에는 유럽에서 전파된 **변증법적 신학***에 자극을 받았다. 그리고 그런 가운데서, 그는 인간의 사회적 체험, 특히 그 고통에 관해 신학적으로 더 견실한 해석을 숙고하기 위해 신학적 자유주의를 벗어나게 되었다. 그는 교회가 주요한 사회 문제들에 관여할 것을 촉구했으며, 이는 마틴 루터 킹 주니어와 디트리히 본회퍼*를 비롯한 중요한 인물들에게 영향을 미쳤다.

ㄷ

대각성 운동, 1차와 2차 Great Awakenings, First and Second 18세기와 19세기 초반 미국에서 일어난 두 차례의 부흥 운동. 1차 대각성 운동(1735-1743년경)은 조지 휫필드*와 조나단 에드워즈* 등의 신학자와 목회자들이 이끌었으며, 전통적인 개혁신학*을 따른 것이 이때의 특징이었다. 2차 대각성 운동(1795-1830년경)을 이끈 이들이 누구인지는 덜 명확하지만, 다만 이때에는 예일 대학의 교수 너새니얼 테일러Nathaniel Taylor의 신학과 신학파 장로교*, 그리고 찰스 피니 Charles Finney의 설교가 큰 영향을 미쳤다. 그들의 설교*에서 드러나듯이, 전반적으로 2차 대각성 운동의 목회자와 신학자들은 인간의 **자유 의지***와 구원*에 관해 좀 더 아르미니우스주의*적인 관점을 품고 있었다.

대리 형벌론 penal substitution 그리스도가 죄인들을 대신하여 십자가에서 죽음으로써, 죄*의 형벌을 치르고 그 죄의 세력을 무너뜨렸다고 주장하는 속죄* 이론. '대신 속죄설'vicarious atonement로도 알려져 있다. 이 이론에서는 죄의 형벌은 죽음이므로, 그리스도는 그분

을 믿는 이들을 대신하여 자신의 생명을 희생하심으로써 그들이
받아야 할 대가를 온전히 치르셨다고 주장한다. 그리스도의 죽으
심이 우리의 구원에 지닌 의미에 관해서는 다양한 속죄 이론과 은
유들이 있지만, 많은 개혁신학자들은 이 대리 형벌설을 성경적인
구원론*의 핵심으로 여긴다.

대브니, 로버트 루이스 Dabney, Robert Louis (1820-1898) #댑니 구학
파*의 신학을 지지하고 신학적 자유주의와 정치적 자유주의 모두
에 격렬히 반대했던 미국 남장로교의 신학자. 댑니는 유니언 신
학교를 졸업한 이후 그 학교에서 가르쳤으며, 그의 책 *Lectures
in Systematic Theology*를 통해 신학 교육*에 큰 영향을 미쳤다.
또한 남북전쟁 기간에는 남부 연합 측의 장군 T. J. '스톤월' 잭슨
"Stonewall" Jackson의 부관으로 복무하고, 이후 그 장군의 전기를 집필
했다. 그의 신학적 작업은 사람들의 기억 속에 남아 있지만, 그가
옛 남부 측을 지지했던 일과 그 저술 속에 인종차별적 요소가 담긴
일은 논란이 되어 왔다.

대사(부) 면벌부*를 보라.

도덕률 폐기론ᴶᴸ antinomianism #반율법주의ᴶᴸ '율법에 맞서'를 뜻하
는 라틴어에서 온 표현으로, 그리스도인들은 복음에 대한 신앙*으
로 자유를 얻었기에 율법에 대한 어떤 의무에도 매이지 않는다는
신념이다. 이 용어는 그리스도인의 삶에서 율법이 차지하는 위치
에 관한 요한 아그리콜라Johann Agricola와 필립 멜란히톤*, 마르틴 루
터* 사이의 논쟁에서 생겨났다. 루터는 '오직 믿음'*과 '오직 은혜'*
를 강조하면서 율법을 경시한다는 비판을 받았으나, 1539년에 쓴
*Against the Antinomians*에서 율법과 복음*이 대립하지 않음을 역
설함으로써 그 논쟁을 종결지으려 했다. 또한 장 칼뱅* 등의 다른
종교개혁자들 역시 율법의 세 가지 용법*이 지닌 유익을 옹호했
다. 그러나 율법이 지속적인 의의를 지니는지에 관한 논쟁은 종교
개혁* 이후까지 지속되었으며, 이는 17세기 뉴잉글랜드의 청교도*
앤 허친슨Anne Hutchinson의 사례 등에서 보게 되는 바와 같다.

도르트(도르드레흐트) 회의와 신조 Dort (also Dordrecht), Synod and
Canons of (1618-1619) 네덜란드의 도르드레흐트에서 열렸던 네덜
란드 개혁교회의 전국적인 회의. 야코부스 아르미니우스*의 추종
자들 때문에 벌어진 논쟁을 해결하려는 데 그 목적이 있었다. 이

회의에서는 각 나라의 여러 대표자들과 함께 **하이델베르크 교리문답***과 **벨직 신앙 고백서***를 사용하기로 확정하고, 다섯 개의 신앙 조항, 곧 도르드레흐트 신조를 작성했다. 이 신조에는 죄*에 대해 그리고 구원*을 이루시는 **하나님의 주권***에 대해, 항론파*의 것과는 구별되는 교리들이 담겨 있다.

도여베르트, 헤르만 Dooyeweerd, Herman (1894-1977) #도예베르트 네덜란드의 신칼뱅주의* 철학자. 암스테르담의 자유대학교를 졸업하고, 이후 사십 년간 그곳에서 법학 교수로 가르쳤다. 그는 주로 아브라함 카이퍼*의 영향 아래, 자신의 정치철학과 우리 삶의 전 영역을 지배하는 창조 세계의 양상들에 관한 기초 이론을 발전시켰다. 그의 사상은 여러 학문 분야와 관련해서 깊은 함축적 의미를 지니며, 개혁파 전통의 (전제주의*를 비롯한) 변증학*, 세계관*에 입각한 사유, 학제적인 교육에 지속적인 영향을 미쳤다. 도여베르트의 가장 독특한 유산 중 하나는 『개혁파 철학』*Philosophia Reformata*이라는 학술지이다. 이는 1935년에 그가 디르크 볼렌호븐 Dirk Vollenhoven과 함께 창간한 것으로, 이 잡지를 통해 삶의 모든 영역에 걸친 비판적 사유를 향한 그들의 열정이 계속 이어지고 있다.

독력주의 monergism #단독설 #독력설 구원*의 서정 전체에 걸쳐 하나님이 유일한 행위자가 되심을 확언하는 견해. 개신교의 '**오직 은혜**'* 원리에서 파생되는 것으로, 신인 협력주의*synergism와는 반대된다. 그 구원론*적인 함의 때문에, 이 견해의 주창자들은 이신칭의*의 순수성을 유지하면서 모든 형태의 펠라기우스주의*, 특히 선행*의 공로*성에 관한 주장을 거부하려 한다. 하나님의 행위가 지닌 우선성은 개혁파의 성화*론과 그 강력한 성령론*에서도 유지되지만, 다만 이 주제들은 인간이 하나님의 은혜*에 응답해야 할 필요와 그 타당성을 보존하는 방식으로 서술된다.

독일 종교개혁 German Reformation 독일어권 지역들에서 개신교*가 교회적, 정치적 세력으로 자리 잡게 된 과정. 이 개혁은 1517년 마르틴 루터*가 95개 논제*를 공표하면서 시작되었으며, 슈말칼트 전쟁 이후 아우크스부르크 화의和議가 체결되면서 확립되었다(1555). 그리고 30년 전쟁 이후 베스트팔렌 조약 체결로 재차 확정되었다(1648). 신성로마제국의 정치 세력들 안에서 종교개혁이 발생함에 따라, **제국 회의***는 종교적 토론의 중요한 장이 되었다. 루터가 아우크스부르크 청문회(1518)와 보름스 제국의회(1521)에서 확고한 태도를 취하면서 이 개혁의 추진력이 유지되었으며, 이는 그의 신약 성경의 독일어 번역*(1522)과 독일어 미사* 작성(1526)을 통해 지속되어 갔다. 그리고 농민 전쟁*(1524-1525)은 급진 종교개혁*과 관 주도형 종교개혁*을 갈라놓는 분기점이 되었다. 루터를 비롯한 다른 이들은 개혁과 관료 정치 사이의 긴밀한 유대관계를 옹호했으며, 아르굴라 폰 그룸바흐*는 독일 귀족들을 향해 그런 입장에서 종교개혁을 변호한 인물 중 하나였다. 같은 시기에 스위스 종교개혁*도 진전되고 있었지만, 마르부르크 회담*(1529)에서 성찬*에 관해 서로 의견이 충돌하면서 개신교*의 일치에 대한 희망은 무너지게 되었다. (그러나 1536년 비텐베르크에서 다시 츠빙글리파와 루터파*는 하나가 되기로 합의했다.ᴶᶜ) 그리고 1530년에는 슈말칼트 동맹이 구축되었다. 이는 개신교를 받아들인 독일 주들의 정치적 연합체로, 종교적 정체성을 스스로 선택할 자유를 각 지역에 보장하는 데 그 목적이 있었다. 또한 이 시기에는 필립 멜란히톤*의 아우크스부르크 신앙 고백서*(1530)와 루터의 슈말칼트 신조* 출판(1537)을 통해, 루터파의 정체성이 더욱 뚜렷이 규정되어 갔다. 루터파가 많은 독일 주들의 개신교적인 정체성을 지배했지만, 중요한 예외로 라인 강의 남쪽 유역에는 개혁파를 따르는 지방이 있었다. 이는 그 지방이 마르틴 부처*와 카테리나 쉬츠 첼*이 사역한 스트라스부르와 가까운 곳에 있었기 때문이다. 장 칼뱅*은 그곳에서 벌어진 몇몇 논쟁에 참여했으며, 자카리아스 우르지누스*는 하이델베르크에서 독일 개신교의 일치를 위해 활동했다.

두 왕국 two kingdoms #두 왕국론 하나님이 두 가지 방식, 또는 '두 왕국'을 통해 이 세상을 다스리신다는 가르침. 이 교리는 아우구스티누스의 『신국론』De Civitate Dei과도 관련이 있으나, 루터파*의 사상에 더 확고히 뿌리를 두고 있다. 하나님은 세속 사회 또는 그분의 현세적이며 '지상적인 왕국'을 법의 강제력으로 통치하시지만, 그분의 영원하고 '영적인 왕국'과 교회는 **특별 계시***와 복음, 은혜*로써 다스리신다. 대다수의 신칼뱅주의*자들은 **영역 주권***의 관점을 따라 하나님의 통치를 이와 다르게 해석하지만, 다른 개혁신학자들은 교회*의 영성(교리)을 옹호하면서 루터파의 견해와 좀 더 유사한 관점을 받아들인다.

래티머, 휴 Latimer, Hugh (c. 1485-1555) #휴 라티머 잉글랜드의 종교개혁자. **사회 참여***와 기독교적 경건*을 강조했던 설교*자로 알려져 있다. 케임브리지 대학을 졸업한 후 사제가 된 그는 이후 1520년대에 개신교에 동조하여 로마 가톨릭 교회의 미움을 샀으나, 헨리 8세의 마음에 들어 1535년 우스터의 주교로 임명되었다. 하지만 그 왕이 개신교*의 확산을 금지한 '6개 조항'을 제정하자, 그는 그 직책에서 물러나야만 했다. 그는 에드워드 6세의 치하에서 큰 인기를 누렸으나, 로마 가톨릭 신자인 메리 튜더가 왕위를 계승하게 되면서 1555년에 순교를 당했다.

램버스 신조 Lambeth Articles (1595) #람베스 신조 대주교 존 휘트기프트John Whitgift의 지도 아래, 잉글랜드 성공회*의 칼뱅주의자들이 작성한 아홉 개 항목의 진술문. 예정*과 **성도의 견인***에 관한 그들의 믿음을 명확히 정의내리고 있다. 이 문서는 공식적인 신조로 여왕의 승인을 얻지 못했지만, 이후 **아일랜드 신조***(1615)에 삽입되었다.

러더퍼드, 새뮤얼 Rutherford, Samuel (1600-1661) #사무엘 루터포드 스코틀랜드의 신학자이며 정치 이론가였던 인물. 그는 그리스도와 누리는 깊은 친교의 의미를 풍성히 설명하면서 통찰력 있는 목회적 권고를 제시한 자신의 『새무엘 러더퍼드의 서한집』Letters(CH북스. 2002)과 왕권신수설에 대한 비판서인 Lex Rex(『법과 군주』 혹은 『법이 왕이다』)로 잘 알려져 있다. 1620년대에 정부의 방침에 불순응하는 이들nonconformist의 편에 선 이후, 러더퍼드는 1636년 자신이 섬기던 앤워스Anworth 교구에서 애버딘Aberdeen으로 추방되었다. 그리고 1638년에는 스코틀랜드 언약도*의 일원이 되어 앤워스로 복귀했으며, 1639년 세인트앤드루스 대학에 있는 세인트 메리 칼리지의 신학 교수가 되었다. 이후 1643년에는 **웨스트민스터 총회***에 사절단으로 파견되었고, 1647년 스코틀랜드로 돌아왔다. 병으로 세상을 떠나기 전, 왕위에 복귀한 찰스 2세가 반역의 혐의로 그를 소환했지만 그는 이를 거부하고 숨을 거두었다.

로이드 존스, 데이비드 마틴 Lloyd-Jones, David Martyn (1899-1981) 웨일스 출신의 설교자, 저술가이며 의사였던 인물. 그는 의학 수업을 마치고 몇 년간 의사의 업무를 성공적으로 수행한 뒤 작은 웨일스 교회의 목회자가 되었으며, 이후 런던의 웨스트민스터 채플에서 G. 캠벨 모건Campbell Morgan과 함께 사역하도록 청빙을 받았다. 1943년 모건이 은퇴한 뒤 로이드 존스는 1968년에 은퇴하기까지 그 교회의 목회자로 섬겼으며, 강해 설교*와 영국의 기독학생회InterVarsity Fellowship(지금은 UCCF가 되었다)를 이끈 일로 유명해졌다. 1966년 런던에서 열린 영국 복음주의 연맹the Evangelical Alliance의 총회에서, 그는 복음주의적인 교회들을 향해 신학적으로 자유주의적인 교회들이 속한 교단을 떠나서 복음주의적인 교회들끼리 연합할 것을 촉구했는데, 이 일은 아이러니하게 존 스토트John Stott를 비롯한 성공회* 내의 복음주의 지도자들이 그와 갈라서는 계기가 되었다.

루터, 마르틴 Luther, Martin (1483-1546) **독일 종교개혁***을 이끈 영향력 있는 지도자. 아이슬레벤Eisleben에서 소규모의 광산업에 종사하던 이의 아들로 태어났다. 그는 1501년 에르푸르트Erfurt 대학에 입학했으며, 4년 뒤 학업을 마쳤다. 그리고 아버지의 뜻을 따라 법대에 진학하려는 계획을 품었다. 그런데 전해지는 이야기에 따르면 그 공부를 시작하기도 전에 여행하다가 모진 폭풍우를 만났으며, 이때 두려움에 빠져 이렇게 울부짖었다고 한다. "성 안나여, 나를 도우소서! 내가 수도사가 되겠나이다." 이후 그는 곧 에르푸르트에 있는 아우구스티누스 수도회의 수도원에 들어갔다. 그러나 그저 성 안나에 대한 서약 때문에 성직자*가 되려고 결정한 것은 아니었다. 그는 이미 죽음의 문제와 하나님 앞에 바르게 서는 일에 관해 깊이 고민하고 있었으며, 그 고민은 그의 인생에서 오랫동안 지속되었다. 그리고 1512년에는 에르푸르트에서 비텐베르크로 옮겨 그 대학의 신학 교수가 되었다. 한편 이곳에서 루터는 면벌부*를 판매하던 도미니코 수도회의 수사 요한 테첼Johann Tetzel과 충돌하게 되었다. 루터는 그 면벌부 판매를 복음의 가르침과 참회의 참뜻을 훼손하는 일로 여겼다. 그리하여 그는 1517년 10월 31일 마인츠 대주교에게 자신이 쓴 **95개 논제***를 제출하고, 같은 내용을 비텐베르크 성의 교회당 문에도 붙였다. 이 항의문은 로마에도 전달되었지만, 처음에는 명확한 조치가 취해지지 않았다.

이에 앞서 1513년에, 루터는 유명한 '탑 체험'을 겪었다. 이때 그가 로마서 1:17을 통해 얻은 결론은 곧 칭의*는 **오직 믿음***을 통해 이루어지며, 이 칭의는 우리 자신의 선행*이 아니라 선물로 주어진 그리스도의 의*에 근거한다는 것이었다. 5년 후 그는 요한 판 에크Johann van Eck와 논쟁을 벌였으며, 그 과정에서 루터는 자신이 교황*과 공의회도 오류를 범할 수 있다고 믿는다는 것을 시인했다. 이에 교황은 1520년에 루터가 자신의 주장을 철회하지 않으면 파문당할 것이라고 선언하는 교서를 발표했다. 하지만 루터는 주장의 철회를 거부할 뿐 아니라, 교황이 내린 그 교서까지 불태워버렸다. 그 결과 그는 보름스 제국의회에 소환되었으며, 자신의 주장을 철회할 기회가 다시 주어졌으나 재차 거부했다. 한편 그가 비텐베르크로 돌아오는 길에, 작센의 선제후 프리드리히가 사람들을 보내어 바르트부르크Wartburg 성으로 그를 붙들어갔다. 그리고 그곳에서 그는 격분한 로마 가톨릭 교회 지도자들의 손에 넘어가지 않게 보호를 받았다. 이 성에 머물면서 루터는 왕성하게 집필하고 독일어 성경 번역*에도 착수했으며, 이 역본은 1534년까지 그와 동료들에 의해 계속 개정되었다. 한편 1522년에 그가 바르트부르크를 떠난 직후, 그의 개혁 운동은 새로운 문제에 직면했다. 뮌처*와 칼슈타트*를 비롯한 다른 종교개혁자들은 더욱 과격한 개혁을 추구했고, 이후 독일에서 일어난 **농민 전쟁***도 루터의 가르침을 근거로 옹호되었던 것이다. 루터는 이 과격하고 극단적인 주장들을 비난했으나, 그의 가르침이 그런 움직임들과 결부됨으로써 그의 평판이 훼손되었다.

　　루터는 구원*에 관해 인간에게는 손상되지 않은 **자유 의지***가 있음을 주장한 에라스무스*의 책 『자유 의지에 관하여』*On the Freedom of the Will*(두란노아카데미, 2011)의 내용을 논박하기 위해, 자신의 가장 유명한 저서 중 하나인 『노예 의지에 관하여』*On the Bondage of the Will*, 1525(이 두 저작물은 두란노아카데미에서 『루터와 에라스무스: 자유의지와 구원』(2011)이라는 제목 하에 한 권으로 편집하여 한국어로 출간함)를 집필했다. 또 1520년대 후반에는 성찬*에 관한 논쟁에 깊이 개입하게 되었으며, 이 논쟁은 루터의 실재설*과 츠빙글리*의 기념설* 사이에서 해결점을 찾으려 했던 **마르부르크 회담***(1529)에서 절정에 이르렀다. 이어 1530년대에는, 로마 가톨릭 측의 황제 카를 5세와 합의를 이루려는 의도로 작성된 **아우크스부르크 신앙 고백서***와 이후의 **슈말칼**

트 신조*를 통해 루터파*의 입지를 굳히는 일에 관여했다. 그리고 거의 이십 년에 이어진 건강 악화로 인하여, 그는 1546년에 숨을 거두었다.

루터교 신앙 고백서 *Book of Concord* (1580) 루터파* 신학의 핵심을 이루는 일곱 문서의 모음집. 이 모음집에는 황제 카를 5세에게 그 **신앙 고백서***를 제출한 해의 50주년을 기념하여 **아우크스부르크 신앙 고백서***(1530)가 다시 수록되어 있으며, 루터*의 두 교리문답*(대/소교리문답)과 **슈말칼트 신조***도 포함되어 있다. 이 모음집은 범교회적인 규범을 제시하려는 목적으로 편찬되었으나, 여기 담긴 모든 문서를 전세계 루터교회가 공동으로 받아들이고 있는가에 대해서는 논란의 여지가 있다. 다만 루터파 교리를 개혁신학*의 것과 구분 짓는 측면에서는 이 모음집이 주된 문서로 남아 있다.

루터파 Lutheranism #루터주의 #루터교 #루터란 마르틴 루터*와 그의 계승자인 필립 멜란히톤*, 마르틴 켐니츠Martin Chemnitz와 요한 게르하르트Johann Gerhard 등의 가르침을 따르는 기독교 전통. 로마 가톨릭 교회는 특히 칭의* 교리*를 비롯한 핵심 사안들에 관해 의견 충돌을 빚은 후, 루터와 그 추종자들을 파문했다. 맨 처음에 그들을 '루터파'로 부른 것은 바로 그들을 이단으로 간주한 이들이었다. 덴마크와 노르웨이의 루터파 교회들은 1531년 이후에 작성된 **신앙 고백서***들을 공식적으로 채택하지 않았지만, 『**루터교 신앙 고백서**』* Book of Concord(1580)에는 루터파 신앙 고백서의 표준이 담겨 있다. 역사적으로 루터파는 종교개혁의 '오직'에 관한 구호들('오직 믿음'*, '오직 은혜'*, '오직 성경'*, '오직 하나님께 영광'*, '오직 그리스도'*)을 고수하면서도, 다음의 측면들에서는 칼뱅주의*와 다른 입장을 취해 왔다. 곧 성찬* 시에 그리스도의 몸과 피가 공재*한다는 견해와 "칼뱅주의의 '밖에서'"*에 맞서 그리스도의 인성이 편재*한다는 견해, **율법과 복음***이 뚜렷이 분리된다는 견해 등이다. 이런 차이점에도 불구하고 근래에는 루터파 내부에 로마 가톨릭교, 개혁교회와 좀 더 긴밀히 유대하려는 노력이 있어 왔으며, 여기에는 1999년 루터교 세계연맹the Lutheran World Federation이 칭의* 교리에 관해 로마 가톨릭 교회와 공동 발표한 선언문도 포함된다. 그리고 루터파 내부에서 일어난 경건주의* 등의 움직임도 개혁파* 전통에 영향을 미쳐 왔다. 여전히 루터파는 덴마크와 스웨덴, 노르웨이와 아이슬란드의 국교이며, 핀란드와 독일, 미국과 캐나다에도 확고히 자리 잡고 있다. (스웨덴과 노르웨이는 아주 최근에 루터교를 국교로 지정한 것을 철회했다.그럼에도 불구하고 전국민의 95% 이상이 루터교인이다.**JC**)

리덜보스, 헤르만 Ridderbos, Herman (1909–2007) #리델보스 #리더르보스**JL** 네덜란드 개혁교회GKN에 속해 있었던 네덜란드의 신학자. 20세기 개혁파 성경신학*의 형성에 큰 영향을 미쳤다. 그는 F. W. 흐로헤이드Grosheide 아래서 박사 논문을 썼으며, 잠시 목회자로 사역한 뒤 1943년에 네덜란드 캄픈 신학교의 신약학 교수로 임명되었다. 그곳에서 사십 년간 재직하면서, 그는 하나님 나라*와 종말론*을 그 핵심에 둔 구속사*적 성경 해석을 제시하여 특히 미국 쪽에 많은 영향을 미쳤다. 그는 수많은 저서를 남겼지만, 그중에서도 가장 지속적인 기여를 남긴 책들로는 흥미로운 바울 신학 해설서와 『하나님 나라』The Coming of the Kingdom(솔로몬. 2008), 그리고 요한복음에 관한 신학적 주석이 있다.

마르부르크 회담 Marburg Colloquy (1529) #마르부르크 회의 독일과 스위스의 신학자들이 성찬*에 관한 논쟁을 해결하려고 모였던 사흘간의 회합. 헤센의 필리프Philip 백작은 통일된 개신교 전선을 구축하기 위해 이 회합을 소집했고, 이를 통해 개혁 운동의 정치적 정당성이 확보되기를 기대했다. (독일 측의) 루터*는 성찬 제정의 말씀을 문자적으로 해석해야 하며, 그리스도의 말씀대로 성찬 시에 믿음 가운데 실재하신다고 주장했다. 이에 반해 (스위스 측의) 츠빙글리*는 그 말씀은 상징이나 은유로서 해석되어야 한다고 주장했다. 양측 모두 연합의 징표로서 열다섯 개 조항의 마르부르크 신조에 서명했지만, 이 가운데 그리스도의 실재(설)에 관한 마지막 조항을 두고 의견의 불일치가 지속되었고, 양 진영간의 일치는 결렬되었다.**JC+**

만인 제사장설 priesthood of all believers #만인사제주의 #전 신자 제사장

주의 #전 신자 사제설^{JL} 그리스도가 속죄*를 이루신 결과, 모든 그리
스도인이 직접 하나님께 나아가 그분과 교제할 수 있게 되었다는
믿음. 이 속죄를 통해, 모든 신자는 예수님 안에서 성령님에 의존
하여 성부 하나님께 나아가도록 허용되었다. 곧 확신을 품고 찬양
을 드리면서, 또 용서를 구하고 그분의 이름으로 선을 행하면서 하
나님 앞에 나아갈 수 있게 된 것이다. 종교개혁자들은 하나님과 그
분께 간구하는 자들 사이에서 사제들이 중개자의 역할을 맡는다는
로마 가톨릭의 가르침과 관습에 맞서, 이 원리를 강조했다. 개혁파
전통은 성직자*로 임직*된 이들의 고유한 역할을 옹호하면서도,
교회를 각자 하나님과 균등한 관계를 맺고서 세상을 향해 그분을
대변하는 제사장들의 무리로 여긴다.

말씀 하나님의 말씀*을 보라.

메이첸, J. 그레스앰 Machen, J. Gresham (1881-1937) #그레섬 #그레샴
#메이천 20세기 초반에 근본주의*-현대주의modernist 논쟁을 주도
했던 장로교 신학자. 그는 미국 신학이 점점 더 현대적이며 자유주
의적인 것이 되어 갈 무렵, **프린스턴 신학***을 굳건히 옹호했던 인
물 중 하나였다. 프린스턴 신학교의 신약학 교수였던 그는 보수적
이며 근본주의적인 장로교*를 보존하려는 뜻을 품고 그곳을 떠나
웨스트민스터 신학교를 세웠으며, 그의 이 의도는 그의 책『기독
교와 자유주의』Christianity and Liberalism, 1923(복있는사람, 2013)에 잘 표현
되어 있다. 그가 장로교 독립 선교부the Independent Board for Presbyterian
Missions를 지지하여 목사의 직무가 정지된 뒤, 그는 1936년의 정통
장로교회the Orthodox Presbyterian Church 설립을 도왔다.

멜란히톤, 필립 Melanchthon, Philipp (1497-1560) #멜랑히톤 마르틴 루
터*의 가까운 벗이자 동료였던 이로 기억되는 독일의 종교개혁자.
그는 비텐베르크 대학의 그리스어 교수로 부임한 뒤 루터의 영향
을 받게 되었다. 1521년에는『신학 총론』Loci Communes(CH북스, 2000)
을 출간했는데, 이는 종교개혁* 교리*를 체계적으로 진술한 최초
의 문헌이다. 그는 종교개혁 시기 내내 가능한 한 연합을 이루려고
애썼지만, **마르부르크 회담***에서는 츠빙글리*에 맞서 루터의 편
에 섰다. 일부 교리적인 측면에서 그가 신학적으로 그가 루터와 각
을 세운 것에 관해서는 논란이 있지만, 그는 여전히 루터파*의 발
전에 중심 역할을 한 인물로 남아 있다. 이는 **아우크스부르크 신앙**

고백서* 작성과 독일 전역에 걸친 교육* 개혁에서 그가 감당한 역할에서 잘 드러난다.

면벌(부) indulgences #면죄(부) #대사(부) 교회에서 판매했던 보증서로, 그리스도인들이 죄 사함 받은 후에 범한 죄*들에 대해 연옥*에서 겪는 일시적 형벌을 단축시켜 주는 것으로 여겨졌다. 16세기의 로마 가톨릭 신학에 따르면, 이런 특전은 통상적으로 돈을 비롯한 소유물을 바침으로써 획득할 수 있었다. 이는 교회에는 '공로의 보고'Treasury of Merit에 출입할 공식적인 자격이 있었기 때문이다. (당시 교회는 '공로의 보고'로 이해되었고, 이 창고를 열고 닫을 수 있는 권세가 베드로를 통해 계승되는 사제권에 있다고 보았다.**JC**) 그 보고 안에는 그리스도의 희생이 지닌 여분의 공로뿐 아니라, 마리아와 성인들*saints이 축적한 공로*도 담겨 있었다. 루터는 (그의 95개 논제*를 비롯한 글들에서) 이 가르침에 완강히 반대했다. 이는 다른 문제들 가운데서도, 이 가르침은 특히 회개*하면서 하나님의 권위에 의존해야 할 필요성을 약화시켰기 때문이다. (『천주교 용어집』(한국천주교주교회의. 2017)에서는 "사회에서 흔히 사용하는 '면죄부'라는 용어는 잘못된 번역"이라고 지적함.—편집자주; 이 증서는 연옥에서 받을 형벌을 감형하는데 목적이 있기 때문에 면벌부라는 용어가 더 정확함. 루터 당시 발행된 증서는 사상 초유의 면벌부로서 "마리아를 강간한 죄도 용서하는 강력한 효력"(테첼)이 있다고 홍보했는데, 이는 곧 감형의 문제가 아니라 죄를 없애는 것과 동일한 의미이기 때문에 루터의 95개조 논제와 연결지어 말할 땐 '면죄부'도 가능한 용어임. 로마 가톨릭에선 보통 '대사'라고 부르고, 루터 당시의 대사는 '전대사'라고 구분해서 부름.**JC**)

면죄(부) **면벌(부)***를 보라.

몰트만, 위르겐 Moltmann, Jürgen (1926-) 독일의 신학자. 제2차 세계대전 중 전쟁 포로가 된 상태에서 기독교로 회심했다. 그의 초기 저서에서는 신학을 희망의 관점에서 규정하며, 이에 따라 종말론*과 신앙*의 실천이 강조된다. 튀빙겐 대학의 조직신학* 교수로서 (1967-1994), 그는 열렬한 정치적 활동가였으며 에큐메니즘*의 성향을 띤 개혁신학*을 발전시켰다. 그의 후기 저서들에서는 십자가에서 계시된 하나님 나라*의 본질에 관한 자신의 통찰을 좀 더 발전시키는 가운데, 이 세상과 관계를 맺으면서 삼위일체로서 고난 당하시는 하나님의 사랑에 초점을 둔다. 그는 하나님과 창조 세계의 연대성과 아울러 교회가 **사회 참여***에 헌신할 것을 강조하면서, 명쾌한 설득력이 담긴 어조로 논쟁적인 주장을 펴고 있다.

무조건적인 선택 Unconditional election **선택*** 참조.

무천년설 amillennialism **천년설*** 참조.

문화 culture **그리스도와 문화*** 참조.

뮌처, 토마스 Müntzer, Thomas (c. 1489-1525) 급진 **종교개혁***의 지도자. 묵시적이고 천년설*적인 가르침을 통해 폭력적인 반란을 선동한 것으로 알려져 있다. 젊은 독일인 신학자였던 그는 루터*의 추천으로 츠비카우Zwickau의 목사가 되었다. 이곳에 있는 동안, 그는 중세 신비주의에 깊은 영향을 받아 전투적이며 고난을 강조하는 종말론*적 신학을 설파했다. 그리고는 재세례파* 집단의 지도자가 되어, 세속 지도자와 종교 지도자들 모두를 불경건한 대적으로 여기면서 농민 전쟁을 이끌었다. 그러나 1525년에 끝내 사로잡혀 재판을 받고, 반란에 가담한 죄목으로 처형되었다.

미사 mass 예배*를 마칠 때 쓰는 말로서, '보냄을 받는다(가라!)'는 뜻의 라틴어 *이타 미사 에스트ita missa est*에서 온 표현. 이 용어는 로마 가톨릭의 예전* 전체를 가리킨다. 이 예전의 중심 행위는 성찬*의 시행이며, 이 행위는 전통적으로 제사의 모티프를 통해 해석되어 왔다(사제 중심주의*). 그리고 화체설*의 가르침은 사제의 기도*의 행위(축성)를 통해 빵과 포도주가 실제 그리스도의 몸과 피로 변하는 방식을 설명하는 데 쓰인다. 종교개혁*기 무렵에 많은 예전은 그저 라틴어로 진행되는 구경거리에 불과한 것이 되었으며, 점차 성직자*들만이 그 예전에 실제로 참여할 수 있게 되었다.

미학, 신학적 theological aesthetics 아름다움과 예술에 관한 신학적 서술. 종교개혁*은 **성상 파괴***에 힘쓴 것으로 잘 알려져 있지만, 그 운동을 통해 신학적 미학에 관한 독특한 접근법이 생겨나기도 했다. 개혁파 미학은 대체로 시각보다 청각을, 이미지보다 말씀을, 외적인 감각보다 내적인 감각을, 그리고 명상보다 활동을 중시한다. 그리고 그 미학의 다른 요소 가운데는 죄*의 실상과 더불어 은혜*의 기적을 묘사하는 데 쏟는 관심, 일상생활과 (직업) 소명*을 존귀한 것으로 높이려는 태도, 그리고 이 진리들을 소박하게 제시하는 자세 등이 포함된다. 개혁파의 신학적 미학에 중요한 영향을 미친 두 인물은 조나단 에드워즈*와 아브라함 카이퍼*이다. 에드워즈는 아름다움의 토대를 하나님의 본성과 행위에 두었고, 카이퍼는 예술을 하나님의 선한 창조 세계 내의 고유한 영역*으로 간주하면서 칼뱅주의*에는 독특한 미학이 담겨 있다고 주장했다.

믿음 신앙*을 보라.

바르멘 선언(문) Barmen Declaration (1934) 칼 바르트*의 주도 아래, 독일의 바르멘에서 발표되었던 고백교회의 신앙 선언문. 이 문서에서는 예수 그리스도가 **하나님의 말씀***으로서 주권자 되심과 교회와 국가의 역할이 서로 구별됨을 주장하고, 독일 개신교회 내부의 신학적 탈선과 점점 더 독일 나치 정부에 충성하려는 움직임에 저항했다.

바르트, 칼 Barth, Karl (1886-1968) #카를 바르트♫ 스위스의 영향력 있는 신학자이며 **변증법적 신학***의 지도자였던 인물. 특히 자유주의 신학에 반대하면서 그리스도의 중심성을 강조하고, 계시*에 관한 새로운 접근법을 제시한 것으로 알려져 있다. 그는 스위스 자펜빌Safenwil의 공동체를 섬기는 목회자로서 자신의 사역을 시작했다 (1911-1921). 이 기간을 거치면서, 자신이 훈련받았던 프리드리히 슐라이어마허*의 개신교 자유주의 전통을 대하는 그의 태도가 극적으로 바뀌었다. 1914년에 그의 옛 은사들은 제1차 세계 대전을 선포한 독일 황제에게 정치적 지지를 보냈으며, 이에 바르트는 그 은사들과 관계를 단절했다. 또 나아가 그는 자유주의 신학이 자신의 사역에 적절한 도움이 되지 못함을 발견하고, 성경을 연구하게 되었다. 그리고 이 연구는 1918년에 출판한 『로마서 주석』(복 있는 사람, 2017)에서 그 정점에 이르렀다. 그 책이 놀라운 관심을 끈 후, 바르트는 괴팅겐 대학의 개혁신학 담당 교수로 임명되어 학문 활동을 시작했다. 이후 뮌스터 대학과 본 대학 교수를 역임했으며, 그 과정에서 그의 신학이 성숙해 갔다. 이 시기에 그는 에밀 브룬너*를 비롯한 몇몇 신학자와 함께 *Between the Times* (1922-1933)라는 정기간행물을 창간했으며, 이는 변증법적 신학의 시작을 알리는 일이었다. 그러나 독일에서 벌어지는 문화적 사건들에 관한 견해차가 커져가고, 또 바르트가 **자연 신학***을 거부하게 되면서 이 모임은 결국 해체되었다. 바르트는 독일의 정치 문제에 점점 더 깊이 관여했으며, 1934년에 발표된 **바르멘 선언문***의 주된 작성자가 되었다. 그 이듬해에 히틀러에 대한 충성 서약을 거부하여 본 대학에서 해임된 후, 그는 고향 바젤로 돌아가 남은 생애 동안 그 대학에서 가르쳤다. 1932년부터 그는 여러 권으로 나뉜 자신의 대표작 『교회 교의학』Kirchliche Dogmatik(대한기독교서회, 2003-)을 집필하기 시작했다. 이 작품의 주된 특징은 기독론적 초점과 하나님의 자유의 우선성, 선택*에 관한 독특한 견해와 아울러 **신앙의 유비***analogia fidei를 중요하게 다루고 있다. 그는 남은 생애를 이 작품 저술에 쏟았으나, 끝내 완성하지는 못했다. 그럼에도 이 책은 대단히 영향력 있는 작품으로 남아 있으며, 어떤 이들은 바르트를 지난 이백오십 년 사이에 활동한 가장 중요한 신학자 중 하나로 간주한다.

바벨론 포로(기) Babylonian Captivity #바벨론 유수 이 어구는 고대 유다의 백성이 바벨론 제국에 칠십 년간 포로로 잡혀 있었던 기간을 나타내며, 교황*들이 정치적 이유 때문에 로마로 복귀하지 않고 프랑스의 아비뇽에 머물렀던 1309-1377년의 기간을 가리키는 데에도 인상 깊게 사용되었다. 또한 마르틴 루터*의 논문 제목인 『교회의 바벨론 감금』On the Babylonian Captivity of the Church(컨콜디아, 2003, 『말틴 루터의 종교 개혁 3대 논문』에 수록됨)와 이 어구를 혼동해서는 안 된다. 그 논문은 로마 가톨릭 교회가 부패한 교황권과 성례 제도에 '사로잡힌' 것을 비판하는 글이다.

바빙크, 헤르만 Bavinck, Herman (1854-1921) 네덜란드 개혁교회에서 개혁신학*이 부흥하는 데 기여한 네덜란드의 목회자이자 신학자. 그는 프라네커르에서 이 년간의 목회 사역을 마치고 캄펀 신학교에서 조직신학*을 가르쳤으며, 이후에는 아브라함 카이퍼*의 뒤를 이어 암스테르담 자유대학에서 가르쳤다. 그가 남긴 저서 가운데 가장 영향력 있는 것은 네 권으로 구성된 『개혁교의학』Gereformeerde Dogmatiek(부흥과개혁사, 2011)이다. 그는 이 작품에서 철학적이며 사회적인 사안들을 비판적으로, 때로는 우호적으로 논하면서 성경의 우선성을 옹호한다. 바빙크와 카이퍼 사이에는 견해차도 있었지만, 온 세상을 아우르는 기독교와 더불어 신학과 삶의 전 영역 사이의 연계성에 관한 열심을 서로 공유했다.

바젤 신앙 고백(문)(서) Basel Confession (1534) 1532년에 오스발트 미코니우스Oswald Myconius가 완성하고, 1534년 바젤시 의회에서 채택한 신앙 고백서. 이 간결한 문서는 요하네스 외콜람파디우스Johannes Oecolampadius가 작성한 초안에 토대를 두었다. 마르틴 부처*의 지지를 받은 이 문서는 개신교 신앙의 기본 신조를 옹호하는 것이었으며, 그 안에는 성찬*에 관한 루터*와 츠빙글리*의 입장을 중재하려는 시도가 담겨 있었다.

반 틸, 코넬리우스 Van Til, Cornelius (1895-1987) #코닐리어스 밴 틸 네덜란드 개혁파에 속한 신학자이자 철학자, 장로교인. 변증*에 관한 전제주의*적 접근법으로 잘 알려져 있다. 그는 네델란드의 흐로트하스트Grootegast에서 태어났으며, 미국에서 교수로 사역하면서 생애를 보낸 인물이다. 일 년간 칼빈 신학교에서 루이스 벌코프* 아래서 수학한 후, 그는 프린스턴 신학교에 편입했다. 이곳에서 그는 자신의 학업을 마쳤으며, 게할더스 보스*와 친한 관계가 되었다. 프린스턴에서 잠시 가르친 뒤, 반 틸은 점차 밀려오는 자유주의의 흐름을 염려하던 J. 그레스앰 메이첸*을 비롯한 학자들과 함께 웨스트민스터 신학교의 설립에 참여했다. 이후 그는 이곳에서 사십오 년간 조직신학*과 변증학을 가르쳤다.

반율법주의 **도덕률 폐기론***을 보라.

반(反) 종교개혁 **가톨릭 (종교)개혁***, (로마)를 보라.

발도파^KP, SL Waldensians #왈도파 #월도파 12세기 이탈리아의 로마 가톨릭 교회 내에서 생겨난 운동. 그 창시자는 발데스Valdes라는 인물이며, 영어식으로는 '피터 월도'Peter Waldo로 부른다. 그는 회심* 이후 자신의 재산을 전부 가난한 이들에게 나눠 주고, 설교* 활동을 펼치면서 다른 이들의 자선에 의존하여 살기 시작했다. 1179년에 교황은 월도와 그의 추종자들이 성직자*의 허락 없이 설교해서는 안 된다는 조건 아래 그의 활동을 허가했다. 그러나 몇 년 후 이 규칙을 어기자, 그들은 정통 신앙을 고백하는 이들이었음에도 불구하고 이단자로 간주되어 출교 당했다. 중부 유럽 전역에 흩어진 발도파 중 많은 이들은 개신교 종교개혁*과 유대관계를 형성했으며, 그리하여 이 운동은 다른 개신교 집단들에 상당 부분 흡수되었다. 그러나 잔존한 발도파는 적은 수였으며, 오늘날에도 이 분파의 이름을 간직한 몇몇 교회가 여전히 남아 있다.

배교 apostasy 이전에 고백했던 신앙*을 의도적으로 거부하고 버리는 일. 개혁신학*은 배교에 관한 성경의 경고를 진지하게 받아들이며, 자신의 백성에게 신실한 순종과 인내를 명령하시고 또 그리할 힘을 주시기 위해 하나님이 그 경고를 방편으로 사용하신다고 본다. 따라서 실제적이고 철저한 배교의 가능성은 **성도의 견인***과 상충하는 것으로 여겨지지 않는다. 그보다도, 배교는 겉으로만 신앙을 고백하고 가시적 교회*에 참여했던 이들이 말로나 행동으로 그 신앙을 거부하면서 자신의 내적 상태를 공공연히 드러낼 때 나타나는 현상이다.

백스터, 리처드 Baxter, Richard (1615-1691) 수많은 저서를 남긴 잉글랜드의 청교도* 목회자. 백스터는 키더민스터Kidderminster에 있는 직조공들의 마을 공동체에서 거의 이십 년간 사역했으며, 그곳에서 그는 "죽어가는 자로서 죽어가는 이들에게" 말씀을 전했다. 거의 독학으로 학문을 깨친 그는 혼자서 성경을 읽다가 회심하게 되었다. 그는 잠시 크롬웰의 군대에서 군목으로 종사했으며, 질병에서 회복된 후 키더민스터로 돌아가 저술에 집중했다. 거의 이백 권에 달하는 그의 저서 중에는 『성도의 영원한 안식』The Saints' Everlasting Rest. 1650(평단아가페. 2011)과 『참된 목자』The Reformed Pastor. 1656(CH북스. 2016)가 포함된다. 전자는 그가 심각한 질병에 시달리는 중에 쓴 경건 서적으로 많은 사랑을 받았으며, 후자는 목회자들이 빠지기 쉬운 태만의 모습들에 관해 경고하는 책이다. 그리고 이외에도 당시 논란을 불러일으켰던 칭의*에 관한 논문 등의 몇몇 논쟁적인 작품이 있다.

버니언, 존 Bunyan, John (1628-1688) #번연 잉글랜드의 왕정과 성공회* 체제가 복구되던 시기에 활동한 청교도* 설교자이며 저술가. 허가 없이 설교한 혐의로 투옥된 기간에, 잘 알려진 작품 『천로역정』Pilgrim's Progress(CH북스. 2015)을 집필했다. 이 책은 기독교적인 우화로서, 그리스도인의 삶에 관한 청교도적 접근 방식을 대중적인 필치로 이해하기 쉽게 소개하고 있다. 그는 이외에도 육십 권이 넘는 책을 출판했으며, 여기에는 영적인 자서전 『죄인의 괴수에게 넘치는 은혜』Grace Abounding to the Chief of Sinners(CH북스. 2016)도 포함된다. 이 침례교* 설교자의 저서들은 영국 본토와 미국 식민지 모두에서 인기를 끌었으며, 칼뱅주의*와 청교도 신학의 확산에 중요한 역할을 감당했다.

버스웰, J. 올리버 Buswell, J. Oliver (1895-1977) 미국의 신학자, 목회자이며 교수였던 인물. 미국 정통장로교 교단the Orthodox Presbyterian Church(1936)과 미국 성경장로교 교단the Bible Presbyterian Church(1937)의 설립에 중요한 역할을 감당했다. 그는 일리노이 주 휘튼 칼리지의 총장으로, 이후에는 커버넌트 신학교의 학장으로 재임했으며, 널리 알려진 저서로는 『기독교 조직신학』Systematic Theology of the Christian Religion(웨스트민스터출판부, 2005)이 있다. 굳건한 근본주의*자였던 그는 금주를 주장하고 세대주의*적인 『스코필드 주석 성경』Scofield Reference Bible을 옹호하면서, 당대의 다른 개혁신학자들과 종종 견해차를 보였다. 그러나 지금도 널리 존경 받는 이유는 그가 개혁신학*의 원칙을 고수하면서 동시에 미국 장로교*를 신실하게 이끌었기 때문이다.

번역, 성경 translation, biblical 성경을 각 나라 말로 번역하는 일. 원전으로 돌아가자는 인문주의*의 신념(아드 폰테스*)이 이 작업에 영향을 미쳤으며, 또한 '오직 성경*'을 향한 열심과 만인 제사장설*도 이 일의 진행에 자극을 주었다. 종교개혁* 이전에도, 존 위클리프*는 성경 원문을 자신의 모국어로 번역하는 일에 지치지 않고 노력했다. 그 이후에 루터*가 번역한 독일어 성경은 놀라운 문학적 성취를 거두었고, 종교개혁과 독일 문화 전반에 깊이 기여한 것으로 칭송되었다. 또한 루터의 작업은 역사상 가장 중요한 영어 성경 번역자이며 주된 종교개혁자였던 윌리엄 틴데일*에게도 영향을 미쳤다. 신약의 경우, 제네바 성경Geneva Bible, 1557의 상당 부분과 킹 제임스 성경King James Version (KJV), 1611의 90퍼센트 정도가 틴데일의 작업에서 나온 결과물이다. 또 1536년에 그가 작업을 끝마치지 못한 채로 처형되지 않았더라면, 구약의 경우도 그러했을 것이다. 정확한 성경 번역과 주해는 개혁파 목회자와 신학자들이 교육*을 시행하는 데 기본적인 토대가 되었다. 이들 중 많은 이들은 큰 규모의 번역 사업에 관여했으며, 이는 지금도 그러하다.

벌코프, 루이스 Berkhof, Louis (1873-1957) #뻘콥 네덜란드계 미국인 개혁신학자. 네덜란드에서 태어났으나 어린 시절 미국으로 이주했다. 프린스턴 신학교의 B. B. 워필드*와 게할더스 보스* 밑에서 몇 년간 공부했으며, 기독개혁교회the Christian Reformed Church에서 목사로 임직되었다. 몇 년간 목회 경험을 쌓은 후, 그는 칼빈 신학교에서 성서학과 조직신학*을 가르쳤다. 그리고 이후에는 1944년에 은퇴하기까지 그곳의 총장으로 봉직했다. 그가 남긴 학문적 저서 중 가장 영향력 있는 것으로는 『벌코프 조직신학』Systematic Theology, 1938(CH북스, 2017)이 있다. 이 책은 개혁파 스콜라주의* 체계에 많이 의존하고 있으며, 개혁신학*의 요약본으로 광범위하게 받아들여지고 활용되었다.

베르미글리, 피에트로 마르티레 Vermigli, Pietro Martire (Peter Martyr) (1499-1562) #피터 마터 버미글리 피렌체 출신의 인문주의자이자 개신교 신학자. 그는 아우구스티누스 수도회에 가입한 뒤 파두아Padua에서 스콜라 철학을 공부했으며, 1525년 임직*을 받은 후에는 개혁적 성향을 지닌 이탈리아의 여러 로마 가톨릭 측 인물들과 협력했다. 1542년에 종교 재판을 받게 된 그는 스트라스부르로 피신하여 마르틴 부처*를 만났으며, 이곳에서 구약을 가르치게 되었다. 그리고 1548년에는 크랜머*의 초청에 따라 잉글랜드로 떠났으며, 잉글랜드*의 종교개혁을 주창하면서 중요한 영향을 미쳤다. 하지만 1553년에 메리 튜더가 왕위를 계승하게 되면서, 그는 스트라스부르로 돌아와야만 했다. 자신의 생애 동안, 베르미글리는 여러 성경 주석을 포함하여 수많은 저서를 출판했다. 그의 사후에는 한 권으로 이루어진 그의 글 모음집 Loci Communes(신학 총론)이 편찬되었으며, 이 책은 열 번이 넘게 판을 거듭하여 인쇄되었다.

베르카우어, 헤르트 코르넬리스 Berkouwer, Gerrit Cornelis (1903-1996) 신학자이며 네덜란드 개혁교회GKN 내부의 에큐메니즘* 운동을 이끌었던 지도자. 그는 아브라함 카이퍼*와 헤르만 바빙크* 모두에게 영향을 받았으며, 암스테르담 자유대학의 조직신학* 교수로 강의하면서 당시에 펼쳐져 있던 자유주의와 신정통주의, 스콜라주의*의 미로를 헤쳐 나갔다. 그는 열여덟 권으로 이루어진 Studies in Dogmatics(열네 권으로 영역되었다)를 출판했으며, 그 외에도 칼 바르트*의 신학에 대한 공감어린 비평서와 로마 가톨릭 신학에 관한 몇 권의 저서를 집필했다. 이는 그가 에큐메니즘에 관련된 대화의 전문가였음을 입증하는 것이다.

베르코프, 헨드리쿠스 Berkhof, Hendrikus (1914-1995) 네덜란드의 개혁신학자. 처음에는 목회자로 사역하다가, 이후 드리베르헌

Driebergen에 있는 개혁교회 신학교의 학장으로 봉직했다. 그리고 1960년에는 레이던 대학의 교의신학*과 성경신학* 교수로 임명되었다. 이곳에서 21년간 가르치면서, 그는 '엄격한 전통주의'와 '방향을 잃은 현대주의modernism' 사이에서 중도 노선을 추구했다. 베르코프는 칼 바르트*의 영향을 받았지만, 특히 상황적인 기독론*을 주장하면서 그의 방법론을 벗어나게 되었다. 이 교리는 다른 교리*들과 함께, 1979년에 그가 저술한 『교의학 개론』Christelijk Geloof, 1986년 개정(CH북스, 1999)에 가장 명확히 표현되어 있다.

베자, 테오도르 Beza, Theodore (프랑스어: Théodore de Bèze; 라틴어: Theodorus Beza) (1519-1605) #테오도르 드 베즈 제네바의 사역과 전반적인 개혁파의 운동 모두에서 칼뱅*의 동료이자 후계자였던 프랑스의 칼뱅주의 신학자. 그는 원래 로마 가톨릭 교회에 속한 인문주의*자였으나, 개혁파 문헌들을 읽기 시작한 후 결국 1548년에 제네바로 피신했다. 그러나 그곳에서 할 일을 찾지 못한 그는 로잔에서 그리스어를 가르쳤다. 그리고 1558년, 칼뱅*은 새로 설립된 제네바 아카데미의 교수직을 그에게 맡겼다. 1564년 칼뱅이 사망하자 베자는 제네바 개혁파 교회의 실질적인 지도자가 되었으며, 특히 성찬*에 관해 루터파*와 논쟁을 벌였다. 전반적으로 그는 칼뱅과 동일한 신학적 입장을 취했지만, **타락 전 예정***supralapsarian predestination 등의 일부 교리*는 수정하고 발전시켰다. 또 그는 교리적인 세부사항에 관심을 보임으로써, 개혁파 스콜라주의*의 성장을 위한 토대를 놓았다.

벨기에 신앙 고백(문)(서) **벨직 신앙 고백서***를 보라.

벨직 신앙 고백(문)(서) Belgic Confession (1561) 원래는 1561년 귀도 드 브레Guido de Brès가 프랑스어로 작성했던 **신앙 고백서***. 1562년 네덜란드어로 번역된 이 문서는 1566년 안트베르펀에서 네덜란드 개혁교회에 의해 채택된 후, 개혁파 전통의 교리 표준 가운데 하나가 되었다. 프랑스 신앙 고백서*처럼, 이 문서 역시 스페인 왕 펠리페 2세에게 보낸 관용의 호소문에 토대를 두고 있다. (당시에는 벨기에라는 국가는 존재하지 않았고, 벨지카는 저지대를 의미하므로 벨기에 신앙 고백서는 옳은 용어가 아님.**SL**)

벨하 신앙 고백(문)(서) Belhar Confession (1982) 남아프리카 공화국의 네덜란드 개혁선교교회the Dutch Reformed Mission Church 신학자들

이 아프리칸스어로 작성한 선언문. 이 **신앙 고백서***는 아파르트헤이트 정책에 반대하며, 일치와 화해, 사회 정의를 복음의 핵심 요소로 간주한다. 남아프리카 연합개혁교회the Uniting Reformed Church in Southern Africa에서 이 문서를 신앙 고백서의 표준으로 채택한 후, 미국 개혁교회the Reformed Church in America 등의 다른 교단들에서도 이 문서를 채택했다.

변증법(적) 신학 dialectical theology #변증 신학 때로는 '신정통주의'로도 불리는 이 광범위한 운동은 칼 바르트*와 에밀 브루너*, H. 리처드 니버*와 라인홀드 니버* 등의 다양한 신학자들에 의해 표현된 것으로, 하나님에 관한 성찰이 그저 인간성에 관한 분석으로 축소되어 버릴 수 있는 가능성에 이의를 제기했다. 어떤 이들의 견해에 따르면, 이 인간론적 초점은 프리드리히 슐라이어마허*가 창시한 개신교 자유주의가 안게 된 내재적인 문제점이었다. 여기에 이의를 제기한 많은 이들은 하나님의 근본적인 타자성을 강조하면서, 하나님의 역사적 행위(**하나님의 말씀***의 계시*)와 인간의 역사적 실존(성경의 기록) 사이를 구분했다. 그리스도의 십자가에서 나타났듯이, 하나님이 자신을 계시하실 때 그분은 또한 자신을 은폐하신다. 우리는 눈에 보이는 세계 안에서 눈에 보이지 않으시는 분을 파악하는 일에 담긴 긴장을 신앙*으로 지탱할 때에만 하나님을 아는 지식*을 얻을 수 있다.

변증학 apologetics 기독교를 옹호하는 일에 관련된 이론과 실천을 나타내는 용어. 개혁파 전통 내에서는 수많은 변증 과제들이 인식되어 왔으며, 그 가운데는 기독교에 대한 반론에 응답하며 이단적인 주장에 대응하는 일, 신학적 체계들이 이성적인 정합성을 지님을 보이는 일, 신앙의 타당성에 대한 증거를 제시하는 일, 의심을 완화시키고 전제들을 탐구하는 일 등이 포함된다. 그러나 이 전통의 핵심에 있는 것은 칼뱅*과 바르트* 등의 신학자들이 품었던 확신으로, 이는 곧 변증적인 논의에서 최종 권위를 지닌 것은 인간의 이성이 아니라 하나님의 삼위일체적인 계시*라는 신념이다. 개혁파의 변증 방법론에는 고전적 변증과 철학적 변증, 전제주의* 변증과 세계관*적 변증 등이 있으며, 각각 B. B. 워필드*와 헤르만 도여베르트*, 코넬리우스 반 틸*과 프랜시스 쉐퍼*에 의해 주로 옹호되었다.

보라, 카타리나 폰 Bora, Katharina von (1499-1552) 마르틴 루터*의 아내가 된 독일인 수녀. 수녀로 생활하던 그녀는 루터를 비롯한 종교개혁자들의 신학이 옳음을 확신한 후, 수녀원에서 비텐베르크로 탈출했다. 이어 1525년에 루터와 결혼하고 종교개혁에 적극적으로 관여하게 되었다. 그녀는 자신의 가정과 농장, 양조장과 다른 재산을 잘 관리하면서 재정적인 안정을 유지했다. 또한 그녀는 매우 잘 알려진 종교개혁자의 아내로서 개신교인들이 가정생활에 관해 긍정적인 견해를 품도록 이끄는 데 기여했다. 그 두 사람에게는 여섯 자녀가 있었으며, 그중 넷은 어른이 되기까지 생존했다.

보스, 게할더스 Vos, Geerhardus (1862-1947) #게하르두스 보스 미국에서 가르친 네덜란드 태생의 신학자. 해석학과 성경신학*에 끼친 영향으로 잘 알려져 있다. 보스는 네덜란드에서 태어났으나, 열아홉 살 되던 해에 가족과 함께 미국으로 이주했다. 그리고 그의 아버지는 미시간 주의 그랜드래피즈에 있는 기독개혁교회의 목회자가 되었다. 보스는 (칼빈 신학교의 전신인) '테올로히서 스코올'Theologische School(신학교)과 프린스턴 신학교에서 공부하고, 독일에서 대학원 과정을 마쳤다. 그는 1893년까지 '테올로히서 스코올'에서 가르쳤으며, 그 이후에는 프린스턴 신학교의 성경신학 교수가 되었다. 프린스턴에 재직하는 동안, 그는 성경에 제시된 종말론적인 구속의 이야기 내에서 신학이 유기적이며 점진적으로 진전해 나간다는 점을 강조하면서 자신의 성경신학을 발전시켰다.

보스턴, 토머스 Boston, Thomas (1676-1732) 스코틀랜드 교회의 목회자이자 신학자. **언약 신학***에 공헌한 일과 스코틀랜드 교회 내부의 매로우 논쟁the Marrow Controversy에 관여한 일로 잘 알려져 있다. 이 매로우 논쟁에서, 그는 스코틀랜드 교회 내부의 율법주의적인 경향에 맞서 확고한 은혜*의 신학을 주장하는 데 힘을 쏟았다. 그가 출간한 저서 중 가장 유명한 것으로는 『인간 본성의 4중 상태』 Human Nature in Its Fourfold State(부흥과개혁사, 2015)가 있으며, 이 책은 지금도 인쇄되고 있다. 또한 그의 신적 영감에 관한 연구와 언약에 관한 이중적 관점 역시 잘 알려져 있다. 전에 요하네스 코케이우스*가 언약에 관해 삼중적인 관점을 주장했던 것과는 대조적으로, 그는 행위 언약과 은혜 언약의 이중적 관점을 제시했다.

보편적 부르심 **부르심***, **보편적**을 보라.

보헤미아 형제단 Bohemian Brethren 종교개혁 이전, 얀 후스*의 영향 아래 생겨난 운동. 이는 평신도들의 성찬* 참여와 공동체적인 성경 해석을 요구하는 운동이었다. 이 형제단은 15세기 중반에 구체적인 움직임을 형성했으며, 발도파*와도 유대 관계가 있다. 이 운동은 농촌 공동체의 삶을 이상적인 것으로 장려했고, 16세기에 이르러서는 칼뱅주의*의 영향도 받았다. 이 형제단은 특히 성경 번역*(1579-1593)을 통해 체코어의 발전에 중요한 기여를 남겼지만, 심한 박해에 시달렸으며 폴란드를 중심으로 몇몇 망명 공동체를 형성했다. 17세기의 억압 이후에 살아남은 이들은 1721년 헤른후트 Herrnhut에서 루터파* 경건주의*자들과 한 무리를 이루고, 모라비아 교회로 흡수되었다.

복음주의 evangelicalism 복음적evangelical이라는 단어는 '좋은 소식'을 뜻하는 그리스어 단어 유앙겔리온euangelion에서 유래한 것으로, 종교개혁* 시기에는 이신칭의*와 '오직 은혜'*의 견지에서 예수 그리스도의 복음을 회복하려는 개신교의 노력과 연관되어 있다. 그러나 개신교* 내부의 독특한 운동으로서 복음주의evangelicalism는 18세기 영국과 미국 식민지의 부흥운동 속에서 생겨났다. 그 운동은 경건주의*와 청교도 운동*에 뿌리를 두고 성장했으며, 존 웨슬리와 찰스 웨슬리 또는 칼뱅주의*인 조지 휫필드*와 조나단 에드워즈* 같은 목회자와 신학자들의 영향을 받았다. 흔히 복음주의의 핵심 특성을 규정할 때 성경에 대한 헌신, 그리스도와 그분이 이루신 속죄*의 중심성, 회심*과 영적 체험의 우선성, 그리고 행동 지향적인 태도를 들며, 마지막의 이 태도는 설교*와 전도*를 통한 복음 전파와 **사회 참여**를 통한 복음의 증언으로 표현된다. 대각성* 기간에 있었던 '새로운 빛'*파와 '오래된 빛'*파 사이의 논쟁에서 나타났듯이, 개혁파 전통 내의 지도자와 교회들은 여러 지점에서 복음주의와 동일한 입장을 취하기도 하며 또 상이한 입장을 취하기도 했다. 이렇게 지지와 의심이 뒤섞인 모습은 20세기에 신복음주의neo-evangelicalism가 근본주의*의 대안으로 부상하던 때에도 뚜렷이 드러났다. 개혁파 전통 내의 일부는 이 새로운 복음주의의 에큐메니즘*과 행동 지향적 태도, 세계관*적인 성향을 수용한 반면, 다른 이들은 그 운동의 신조적 환원주의와 비교파적 정신, 그리고 반反전통적인 성향을 경계했다. 오늘날 개혁파 전통 내의 많은 이들이 복음주의의 핵심 특성을 공유하지만, 어떤 이들은 그 운동의 현재 형태와 제휴하기를 거부하고 있다. 그리고 또 다른 이들은 복음주의의 강조점들을 긍정적으로 받아들이면서도 개혁파적 독특성을 유지하자고 주장한다.

본회퍼, 디트리히 Bonhoeffer, Dietrich (1906-1945) 독일 루터파* 목사이며 신학자였던 인물. 독일과 미국에서 광범위한 신학 훈련을 받은 뒤, 히틀러가 권력자로 부상하던 시기에 베를린 대학에서 조직신학* 강사 겸 교목으로 근무했다. 1934년에 그는 자신의 신학에 지속적인 영향을 미친 칼 바르트*와 함께, 독일 나치 정부*에 반대하면서 **바르멘 선언문***에 서명했다. 그리고 런던에서 목회자로, 뉴욕의 유니언 신학교에서 교수로 잠시 사역한 후, 본회퍼는 독일로 돌아와 저항 운동에 동참했다. 그는 그 결과로 체포되었으며, 이 년 후 서른아홉 살의 나이로 처형되었다. 그는 루터파 사상가였지만, 그의 신학적 저서들은 개혁신학*의 여러 특색을 공유하고 있다. 『나를 따르라』*Nachfolge*(복있는사람. 2016), 『성도의 공동생활』*Gemeinsames Leben*(복있는사람. 2016)등의 좀 더 실천적인 저서들은 복음주의*권 내부에 큰 영향을 미쳤다.

부르심, 보편적인 universal calling #보편적 소명⨌ 회개*하고 신앙*을 따르라는 초청으로, 모든 이에게 주어지는 보편적 또는 일반적인 부름. 각 개인을 구원*으로 이끄는 하나님의 효력 있는 부르심*과는 구별된다. 장 칼뱅*은 **하나님 말씀***의 설교*를 통해 전달되는 외적인 부르심을 언급하는 데 이 용어를 사용했다. 다만 그에 따르면 이 부르심은 거부될 수 있으며, 효력 있는 부르심이 동반되지 않는 한 구원을 성취할 수 없는 것이었다. 때로 이 용어는 '복음의 값없는 제시'the free offer of the gospel라는 어구로 표현되며, 이는 그 복음이 아무 차별 없이 모든 이에게 전달됨을 의미한다. 또한 이 용어는 하나님이 **일반 계시***와 섭리*를 통해 자신의 인격과 임재를 모든 이에게 드러내시는 일을 지칭할 수도 있다.

부르심, 효력 있는 effectual calling #유효적 소명 #효과적인 부르심 선택된 이에게 하나님이 베푸시는 특별한 내적 부르심. 거부될 수 있는, 온 인류를 향한 하나님의 보편적인 부르심*과는 대조를 이룬다. 일반적으로 이 효력 있는 부르심은 **구원의 순서***에서 두 번째의 사건으로 간주되며, 이 서정은 곧 성부 하나님이 구원*을 베푸시기 위해 그분의 백성을 **그리스도와의 연합***으로 부르시는 과정을 가리킨다. 그리고 이 연합은 성령님에 의해 가능하게 된다. 그러므로 하나님은 선택된 이들을 초청하여 그분께 회개*와 신앙*으로 응답하게 하시며, 그들이 그렇게 응답할 수 있도록 효과적으로 역사하신다. 이는 그렇게 하지 않으시면, 죄*로 죽은 상태인 그들은 그분께 가까이 나아올 수 없기 때문이다.

부처, 마르틴 Bucer, Martin (1491-1551) #부서 #부써 독일 남부 출신의 **개신교 종교개혁**자. 마르틴 루터*의 영향 아래, 도미니코 수도회를 떠나 종교개혁에 합류했다. 스트라스부르로 옮겨온 후 중요한 지도자가 된 그는 스위스의 개혁파와 루터파* 사이의 성찬*에 관한 논쟁을 해결하려 했으며, 마침내 필립 멜란히톤*과 합의를 이루었다. 브리튼 섬으로 망명한 후, 그는 케임브리지 대학의 교수가 되어 에드워드 6세의 교회 개혁을 도왔다. 그가 끼친 영향은 특히 『성공회 기도서』*에 잘 나타난다.

부패 전적 타락* 참조.

북미 장로교 및 개혁교회협의회 North American Presbyterian and Reformed Council (NAPARC) 미국과 캐나다 내의 보수적인 장로교단과 개혁교단들의 연합회. 이들은 성경의 권위와 아울러 **하이델베르크 교리문답***과 벨직 신앙 고백서*, 도르트 신조*와 웨스트민스터 표준 문서*에 표현된 교리*에 대한 공통적인 헌신을 기반으로 삼아 협력한다. 이 협의회의 목적은 공동 연구 위원회의 설립과 선교*, 구제 활동, 기독교 교육*의 추진 등을 비롯한 여러 영역에서 각 교단 사이의 대화와 협력을 촉진하는 데 있다.

불가항력적인 은혜 은혜*, **불가항력적인**을 보라.

불링어, 하인리히 Bullinger, Heinrich (1504-1575) #불링거 1531년 울리히 츠빙글리*의 후계자로 지명된 스위스의 주도적인 종교개혁자. 제1, 제2 스위스 신앙 고백서*의 주된 저자였으며, 성찬* 문제에 관해 개혁파 지도자들 사이의 일치를 추구했던 것으로 알려져 있다. 불링어는 쾰른Cologne에서 교부들과 루터*, 멜란히톤*의 글을 읽은 뒤 종교개혁에 헌신하게 되었다(1519-1522). 1523년 초 카펠에 있는 시토회 수도원 학교의 교장이 된 후, 종교개혁의 진전을 도우면서 다수의 성경 주석을 저술했다. 1529년에는 고향인 브렘가르텐 교회의 목회자가 되었으나 이후 취리히로 피신했고, 죽을 때까지 그곳에 머물렀다.

브라클, 빌헬무스 아 Brakel, Wilhelmus à (1635-1711) 네덜란드의 신학자이며 목회자였던 인물. 그는 네덜란드의 레이우아르던Leeuwarden 부근에서 사역하던 목회자 가정에 태어났다. 프라네커르 아카데미를 졸업한 그는 1659년 목사로 임직되고, 오십 년간 네덜란드 북부의 여러 교회를 섬겼다. 생애 말엽에 그는 *The Christian's Reasonable Service*를 저술했다. 이 책은 여러 권으로 구성된 학술서로서 널리 영향을 미쳤으며, 그 내용 면에서는 확고한 신학과 목회적인 관심이 독특한 조화를 이룬다. 그 사역과 저술 활동을 통해, 그는 제2의 네덜란드 종교개혁Nadere Reformatie의 주된 대표자로 기억되고 있다.

브룬너, 하인리히 에밀 Brunner, Heinrich Emil (1889-1966) #브루너 스위스의 신학자. 당시 유럽을 지배하던 자유주의 신학에 맞서, 칼 바르트*와 함께 신정통주의적인 **변증법적 신학***을 주창했다. 그는 취리히 대학의 조직신학*과 실천신학 담당 교수였으며, 전 세계의 주요 대학을 순회하면서 강연 활동을 펼쳤다. 그는 바르트와 신학적으로 거의 같은 입장을 취했지만, **자연 신학*** 문제에 관해서는 의견 충돌을 빚었다. 이는 그가 하나님의 계시*는 예수 그리스도의 인격 너머로 확장된다고 주장했기 때문이다. 브룬너는 바르트와 마찬가지로 여러 권의 저서를 출간했으며, 그중 세 권으로 구성된 *Dogmatics*가 특히 주목할 만하다. 이 책에는 개혁신학*에 관한 그의 접근 방식이 요약되어 있을 뿐 아니라, 교회일치를 향한 그 특유의 관심이 반영되어 있다.

블뢰쉬, 도널드 Bloesch, Donald G. (1928-2010) #블러쉬 경건주의* 전통에서 성장한 미국 신학자. 상황 신학contextual theology, 성경신학*과 활발히 소통하는 모습을 보여주었다. 그는 더뷰크Dubuque 신학대학에서 35년간 교수로 봉직했으며, 처음에는 복음주의 신학의 갱신, 특히 연합 그리스도의 교회the United Church of Christ 내부의 영적 갱신에 관해 글을 썼다. 그는 바르트*와 브룬너*의 영향을 깊이 받았으며, 자신의 원숙기에 일곱 권으로 구성된 *Christian Foundations*을 집필했다. 이 책들에서는 주관적인 신앙*과 객관적인 계시* 사이의 역동적인 상호 작용의 토대가 하나님의 행위에 있음을 강조한다. 예를 들어, 그는 계시를 성경 본문의 명제 자체와 동일시하는 것이나 주해를 역사적 탐구로 축소시키는 일에 반대했다.

비가시적 교회 교회*, 가시적/비가시적을 보라.

비아 모데르나 *via moderna* 라틴어로 '새로운 길'을 뜻하는 중세의 신학 운동. 이 중세 후기 스콜라주의 운동은 14세기와 15세기에 가브리엘 비엘Gabriel Biel과 오컴의 윌리엄William of Ockham의 영향 아래서 발달했다. '비아 모데르나' 운동의 신학적인 핵심 쟁점은 칭의* 이해에 관련되어 있었다. 이 학파의 지지자들은 하나님과 인류가 맺은 언약의 관점에서 구원론*을 이해했다. 그들의 견해에 따르면, 하나님은 '자신들의 최선을 다함으로써'by "doing their best" 그 언약의 조건을 성취하는 이들을 받아주시는 것이었다. 마르틴 루터*는 이 운동을 일종의 펠라기우스주의*로 여겨 거부하고, 대신에 *'비아 안티쿠아*'*를 지지했다.

비아 안티쿠아 *via antiqua* 라틴어로 '옛 길'을 뜻하는 중세의 신학 운동. 현대의 아우구스티누스* 학파schola Augustiniana moderna라고도 불린다. 이 운동은 14세기와 15세기에 중세 후기 스콜라주의가 전개되는 동안 발달했으며, 주된 옹호자로는 리미니의 그레고리Gregory of Rimini와 토머스 브래드워딘Thomas Bradwardine이 있다. 그들은 '*비아 모데르나**'에 맞서 자신들의 견해를 밝히면서, 구원*은 온전히 하나님이 행하시는 일이며 인간의 공로*에 근거한 것이 아님을 강조했다. 이런 식으로 이 운동은 모든 형태의 펠라기우스주의*를 거부하고 아우구스티누스주의를 확고히 따랐으며, 개신교 종교개혁* 시기에 '오직 은혜'*와 이신칭의*가 강조되는 데 기여했다.

사제 중심주의 sacerdotalism #사제주의 '제사장'을 가리키는 라틴어 사케르도스sacerdos에 토대를 둔 이 용어는, 성직자의 역할을 미사*의 제사를 드리는 제사장으로서 하나님의 은혜*를 인류에게 중개하는 것으로 규정한다. 이 견해는 사제들이 임직*됨으로써, 성례*를 하나님의 은혜를 전달하는 수단으로 변화시킬 능력을 부여받게 된다는 로마 가톨릭의 교리*에서 생겨났다. 그러나 종교개혁자들은 속죄*의 최종적인 성격과 그리스도의 삼중 직무*, 만인 제사장설*을 선호하면서 그 견해를 거부했다. 이 용어는 성직자의 역할을 지나치게 강조하는 교회론*을 가리키는 데 쓰이기도 한다.

사회 참여 social action #사회적 행동♪ 그리스도인들이 사회의 유익과 공공선을 위해 기울이는 노력을 가리키는 표현. 종교개혁*을 촉발시킨 원인 가운데는 종교적이며 신학적인 관심사뿐 아니라 사회적인 관심사들도 있었다. 루터*가 면벌부* 판매에 반발하여 작성한 **95개 논제***의 여러 조항에는 16세기 당시의 유럽에서 가난한 이들이 처했던 곤경에 대한 특별한 관심이 담겨 있다. 루터는 그 마흔다섯 번째 조항에서 이렇게 언급하고 있다. "그리스도인들은, 어떤 이가 궁핍한 자를 보고도 외면하며 지나치고는 면벌부 구입에 돈을 쓴다면 교황이 발행한 면벌부가 아니라 하나님의 진노를 사들인 것이라고 가르침을 받아야 한다." 그리고 갈라디아서 2:10의 주석에서 루터는 이렇게 결론짓는다. "복음을 설교하고 난 뒤, 참되고 신실한 목회자가 수행해야 할 직무와 책임은 가난한 이들을 기억하는 일이다." 칼뱅*은 이와 유사하게, 『기독교 강요』(CH북스, 2015)에서 이렇게 주장한다. "돈이든 토지든, 교회가 가진 모든 재산은 가난한 이들에게 상속된 유산이다."(4.4.6) 그리하여 칼뱅이 감독한 제네바의 교회들에서는 어려움에 처한 이들을 섬기는 집사들의 사역이 적극적으로 시행되었으며, 그 대상 가운데는 프랑스에서 피난한 수많은 개신교인들도 포함되었다. 그리고 토머스 차머스* 역시 자신의 사역을 감당하면서 사회 참여에 관심을 쏟았다. 그는 스코틀랜드의 농촌과 도시 공동체들에서 교육*을 시행하고, 빈민 구호를 실천하는 일에 힘썼다. 또 조나단 에드워즈*는 미국 원주민들에게 선교 활동을 펼치면서 그들의 입장을 대변했고, 칼 바르트*는 독일에서 나치당과 반유대주의가 발흥하는 움직임에 반대했다. 개혁파 전통 내부에는 **그리스도와 문화***의 문제에 관해 신칼뱅주의*와 **두 왕국*** 신학 등 상이한 견해들이 있으며, 이에 따라 사회 참여의 역할과 중요성에 관해서도 서로 다른 태도를 보인다. 이렇듯 각 견해들 가운데서 사회 참여가 교회*의 본질적인 표지인지 여부 등에 관해 의견차가 있지만, 보편적으로 개혁파 전통에 속한 이들은 사회 참여가 성화*의 필수 요소라는 점에 동의한다.

삼위일체 신학 trinitarian theology #삼위일체론 보편 교회의 신경들에서 확언된 바와 같이 성부와 성자, 성령의 세 위격으로 계시는 한 분 하나님에 관한 탐구. 몇몇 개혁신학자는 이 삼위일체 신학 내에서 각기 독특한 주제를 강조해 왔으며, 이에 관해서는 다음의 예들을 들 수 있다. 어떤 학자들은 장 칼뱅*이 서방 신학보다는 동방 신학의 전통을 반영하면서 하나의 신적인 본질보다 세 위격을 더 강조했다고 지적한다. 그리고 이후 존 오웬*은 신자들이 특히 성부 하나님의 사랑, 성자 하나님의 은혜, 성령 하나님의 위로를 통해 각위격과 교제하는 삼위일체적인 영성을 표현했다. 또한 조나단 에드워즈*의 삼위일체적인 윤리*에서, 성령님은 신자들이 성자 안에 계시된 성부의 사랑과 아름다움을 자신의 삶 속에서 나타낼 수 있게 하신다. 그리고 가장 최근에 칼 바르트*는 삼위일체적인 구속에 초점을 맞추었으며, 이 구속은 그리스도의 인격과 사역에 중심을 둔 삼위일체적인 선택*과 계시*에 본질적으로 결부되어 있다.

삼중 직무 그리스도의 삼중 직무*를 보라.

새로운 빛 New Lights #새빛파↲ 1차 대각성 운동*을 이끈 신학자와 설교자들을 지지한 이들. 그 신학자와 설교자들 가운데는 기독교인의 삶에서 경건*과 영적 체험이 지닌 중요성을 강조한 조나단 에드워즈*와 조지 휫필드* 등이 있다. 이들은 '**오래된 빛**'*파에 맞서 대각성 운동을 옹호하면서, 영적인 각성은 참된 회심*과 진정한 기독교적 체험으로 이끄시는 하나님의 사역임을 주장했다. 그러나 이들은 조직화된 부흥 운동의 경우, 영적으로나 사회적으로 혼돈을 조장하는 것으로 여기고 지지하지 않았다. 한편 더 넓은 의미에서, '새로운 빛'이라는 용어는 그 밖의 기독교적이거나 종교적인 운동에서 변화를 추진하거나 지지하는 집단을 가리키는 데도 쓰인다.

샤프, 필립 Schaff, Philip (1819-1893) 스위스 태생의 신학자이며 교회사가였던 인물. 그는 튀빙겐과 할레, 베를린에서 공부했으며, 미국 복음주의*에 영향을 미친 상당한 분량의 저서들을 출판했다. 머서스버그와 앤도버, 그리고 뉴욕의 유니언 신학교에서 가르치는 동안, 그는 미국 교회의 로마 가톨릭적이고 유럽적인 뿌리를 강조하면서 에큐메니즘*을 권장했다. 그리고 그는 존 W. 네빈*과 함께 머서스버그 신학을 발전시켰다. 이는 독일의 낭만주의 관념론과 미국의 칼뱅주의*를 결합시킨 것으로, 부흥 운동과 프린스턴 신학*을 모두 비판하는 사조였다. 그는 영어 개정역 성경Revised Version (RV)의 출판과 미국 교회사학회American Society of Church History

의 창립에 영향을 주었으며, 여러 권으로 구성된 그의 저작들 중 몇몇은 지속적으로 인쇄되어 왔다. 그 중에는 『신조학』*The Creeds of Christendom*(기독교문서선교회, 2016)과 『교회사 전집』*The History of the Christian Church*(CH북스, 2004), 그리고 그가 편집한 중요한 선집인 *The Nicene and Post-Nicene Fathers*가 포함된다.

서임 **임직***을 보라.

선교 mission 모든 이가 하나님을 사랑하며 예배*하게 되리라는 기대를 품고, 그분이 이루시는 구속의 활동에 동참하면서 그분을 다른 이들에게 알리는 교회와 신자 개개인의 임무와 사역. 일부 개혁파 모임에서는 기독교 선교의 주된 방편으로서 전도*를 강조하지만, 다른 이들은 선교를 복음과 하나님 나라*를 증시證示하고 선포하는 총체적인 활동으로 여기면서 **사회 참여***와 전도를 통합하는 데 힘쓴다. 개혁파 전통에서 선교는 구체적인 의미로 미전도 종족 사역과 타문화권 협력을 가리킬 수도 있으며, 좀 더 넓게는 일상생활에서 (직업) 소명*을 충실히 감당하는 일을 가리킬 수도 있다.

선택 election '예정'*으로도 알려진 이 교리*는 하나님이 구원*을 베푸시기 위해 각 개인과 또 한 백성을 선택하신다는 것을 단언한다. 역사적으로 개혁파 전통에 속한 대부분의 학자들은 이 점을 온 인류를 향한 하나님의 보편적인 부르심*과 나란히 언급하면서, **하나님의 주권***과 자비, 그분의 은혜*와 인간의 **전적 타락***의 빛 아래에서in light of 이 교리를 설명해 왔다. 선택의 근거로서 하나님의 예지*를 강조한 항론파* 또는 아르미니우스주의*자들에 대한 응답으로, **도르트 회의***에서는 무조건적 선택의 개념을 명확히 밝혔다. 개혁신학자들은 대개 각 개인을 향한 선택과 이스라엘과 교회를 향한 집단적 선택을 둘 다 강조한다. 다만 칼 바르트*는 그리스도께서 선택되신 동시에 유기되셨으므로, 그분 안에서 온 인류가 선택된 것이라는 견해를 제시했다.

선행 good works 비록 구원* 얻는 신앙*의 필수적인 열매 또는 결과물이 행위에 있다 해도 사람은 '행위가 아니라 믿음으로 의롭다 함을 받는다'는 것이 종교개혁*의 구호였다(이신칭의*). 따라서 개혁파 전통에서는 행위를 공적이 있는 것 혹은 무가치한 것으로 여기기보다, 종종 선행을 구원 얻은 신자들에게서 기대되는 결과물로 간주했다. 신자들은 성령님이 주시는 힘과 능력을 통해, 하나님의 명령에 순종하고 그 확신이 자라나며 인격이 더욱 성숙해질 뿐 아니라 하나님의 선교*에 동참하게 된다. 성화*의 모든 측면에서 그렇듯이, 신자들은 하나님의 은혜*에 끊임없이 의존하면서 선행을 행하게 된다. 그 행위들은 하나님의 사랑을 얻어내기 위한 방편이 아니라, 그분의 사랑을 경험함으로써 자연스레 나타나는 것이다.

선행하는 은혜 은혜*, 선행하는을 보라.

설교 preaching 성경에 기록된 하나님의 말씀*을 각 공동체의 정황에 맞게 선포하며 해설하는 행위. 종교개혁*은 주의 깊은 주해와 실제적인 적용이 담긴 성경적 설교의 부흥기가 되었다. 종교개혁자들은 고대의 수사학에서 각기 다양한 영향을 받았으며, 설교를 하나님이 지정하신 회심*의 방편이자 구원*의 능력으로 이해하고 성경의 메시지를 단순하고 명료하게 표현하려 애썼다. 그들은 순전한 설교가 참된 교회*의 표지임을 강조하면서, 예배* 시 설교에 우선순위를 두었다. 16세기와 17세기에는 개인적인 성경 읽기가 더욱 일반화되고 권장되었지만, 종교개혁자들은 대개 하나님께 속한 백성의 삶에서 말씀의 설교가 지닌 독특한 능력과 중요성을 강조했다.

섭리 providence 하나님이 창조 세계를 보존하고 유지하며 인도하기 위해 그분의 주권*을 행사하시는 행위. 이는 하나님의 일반적인 작정*에 근거를 두며, 보통의 경우 2차 원인*들을 통해 성취된다. 창조 세계에 대한 하나님의 통치는 특별한 작정인 예정*과는 구별되지만, 그 통치는 그분의 구속 행위와 뗄 수 없이 연관되어 있다. 이에 더해, 개혁파 정통*에서 섭리는 삼위일체 신학*에 긴밀히 연관된다. 이는 하나님의 말씀*은 그분이 창조 질서를 유지해 가시는 원리가 되며, 성령님은 그 능력이 되시기 때문이다. 개혁파 전통 내의 일부 학자들은 자연 신학*을 인정한다. 그러나 칼 바르트*를 비롯한 다른 이들의 경우, 특별 계시*의 빛 없이도 하나님의 돌보심을 지각할 수 있다는 생각을 모두 거부하였다.

성경신학 biblical theology 성경의 정경*에 담긴 신학적 증언과 아울러 정경이 지닌 통일성과 그 발달과정을 살피는 일. 종교개혁자들 역시 이 분야에 관심을 보였지만, 그것이 교의신학*과 구별되는 접근 방식으로 발전되기 시작한 것은 17세기와 18세기의 일이었다. 이 분야에 관해 개혁파가 취하는 접근 방식은 언약 신학*과 많은 공통점을 지닌다. 이 접근 방식에서는 대개 구속사*적인 드라마로서 성경이 지닌 통일성을 강조하고, 성경 전체에서 그리스도의 인격과 사역을 계시하는 것으로 간주한다. 현대에 들어와서 '성경신학'으로 알려진 방법론적 접근법을 발전시킨 개혁신학자 가운데 잘 알려진 이로는 아돌프 슐라터*와 게할더스 보스*, 그리고 헤르만 리델보스*가 있다. 오늘날 대부분의 학자들은 이 분과 학문이 조직신학*을 보완하며 서로 조화를 이룬다고 받아들인다.

성경의 명료성 perspicuity of Scripture 예수 그리스도와 그분을 통해 얻는 구원*에 관한 복음이 성경에 명확히 제시되어 있음을 밝히는 교리. 종교개혁* 이전에 통용되던 견해는 성경이 너무 복잡하므로, 교회 전통*과 사제들의 중개가 없이는 일반인들이 그 내용을 이해할 수 없다는 것이었다. 그러나 루터*를 비롯한 종교개혁자들은 그런 관점에 항거하면서 성경의 명료성을 주장했다. 이 교리는 그들이 성경 번역*의 열정을 품으며 자국어로 전달되는 단순한 설교*를 선호하게 되는 데 영향을 미쳤다. 다만 명료성을 옹호한다고 해서 숙련된 성경 해석의 필요성이 제거되거나, 성경의 모든 내용이 분명하고 알기 쉬움을 의미하는 것은 아니다. 그보다도 이 교리에서 단언하는 것은 곧 성경의 메시지가 명확히 제시되어 있으므로, 적어도 기본적인 수준에서는 고도의 신학적, 주해적 훈련이 없이도 그 내용을 충분히 이해할 수 있다는 점이다.

성공회 Anglicanism 잉글랜드 국교회와 결부된 개신교의 한 분파. **잉글랜드 종교개혁***의 공식적인 출발점이 된 헨리 8세의 수장령(1534)에 그 기원을 둔다. 엘리자베스 1세의 통치기에 존 주얼John Jewel과 리처드 후커Richard Hooker 등의 성직자들은 로마 가톨릭과 대륙의 종교개혁 사이에서 중도 노선을 구축하면서 잉글랜드 국교회를 옹호하는 중요한 서적들을 집필했다. 통일령*들을 통해 토머스 크랜머*가 만든 『성공회 기도서』는 공적 예배*와 예전*의 표준이 되었으며, **39개 신앙 신조***는 성공회의 교리*를 규정하는 문서가 되었다. 오늘날의 성공회는 매우 다양한 이들로 구성된 공동체인 동시에, 전 세계에서 세 번째로 큰 기독교회들의 연합체이다.

성공회 기도서 Book of Common Prayer (1549) #공동 기도서 #공도문 잉글랜드 성공회*의 공식 예배 지침서. 본래는 개신교도인 왕 에드워드 6세의 통치기에 중세적인 예전*의 개혁을 위해 토마스 크랜머*가 작성한 것으로, 통일령*의 일부로서 공표되었던 문서이다.

이 지침서에는 '성무일과'daily office(아침기도(조도), 낮기도, 저녁기도(만도), 밤기도 등으로 이루어진 정기적 기도—여정훈 편주; 『천주교 용어집』(한국천주교주교회의, 2017)에 따르면 로마 가톨릭의 경우 "성무일도"Officium Divinum라는 용어를 사용하다가 "제2차 바티칸 공의회 이후 '시간 전례'라는 용어가 도입"됨—편집자 주), 성례*를 비롯한 의식과 예식들의 집행 양식, 그리고 시편이 수록되어 있다. (공도문이란 용어는 오래된 기도서의 어감을 살릴 때 사용하면 좋다. "성공회 기도서"는 대한성공회의 현행 기도서를 지칭하는 용어이다.—여정훈 편주)

성도/성인들 saints 전 세계에 걸친 그리스도인들의 공동체. 살아 있는 이들과 죽은 이들 모두가 포함된다. 개혁파 전통에서는 이 용어를 선택*에 의해 하나님의 백성이 된 모든 이에게 적용하며, 여기에는 가시적인 교회*와 비가시적인 교회 모두 포함된다. 개신교인들은 특별한 공로*를 획득한 이들과 구원*의 중재자 역할을 감당하기에 숭앙받을 가치가 있는 이들을 '성인'saint으로 간주하는 로마 가톨릭의 개념을 거부했다. '신실한 자들의 증언'the witness of the faithful은 그런 개념을 드러내는 유용한 예이다. 이에 반해 개혁파 교회론*은 본질상 평등주의적인 것으로, **만인 제사장설***을 옹호하면서 어떤 형태의 영적인 계급 제도도 부인하는 특징을 지닌다.

성도의 견인 perseverance of the saints 그리스도인들이 신앙* 안에서 인내할 필요성을 역설할 뿐 아니라, 자신이 양자로 삼으신 자녀들을 하나님이 친히 보존하심을 강조하는 교리*. 개혁신학*에서는 하나님이 친히 구원*을 시작하고 성취하며 적용하시므로, 중생한 이들이 자신의 구원을 상실하는 일은 불가능하다고 단언한다. 그러므로 이 개념은 선택*과 **하나님의 주권***에 관한 교리들에 토대를 두고 있다. 이 교리는 참된 신자들이라도 일시적으로 타락할 수 있지만, 그런 반역의 상태는 최종적인 것이 아님을 확언한다. 한편 이 교리의 의도는 **도덕률 폐기론***을 변명할 구실을 주는 데 있는 것이 아니라, 고뇌하는 신자들을 위로하면서 하나님의 은혜*에 의존하여 순종하도록 격려하는 데 있다.

성령론 pneumatology 성령의 인격과 사역을 탐구하는 분과. 이 용어는 '영'을 뜻하는 그리스어 단어 프뉴마pneuma에서 유래했다. 때에 따라 장 칼뱅*은 '성령의 신학자'로 불리는데, 그 이유는 그가 **그리스도와의 연합***과 성화*, 성례*, 그리고 **구원의 순서***의 모든 국면에서 성령의 역할을 강조했기 때문이다. 칼뱅의 가르침을 따라 개혁파 전통 역시 성경을 영감하시고 조명하시는 성령님의 사역을 강조하며, 이에 따라 말씀*과 성령이 늘 서로 연관된다. 이에 더하여 개혁파의 성령론은 성령이 교회 안에 임재하시면서 신자들에게 거룩함*에 이를 능력과 은사를 베푸실 뿐 아니라, 우주 안에도 현존하시면서 창조와 섭리*를 행하시고 **일반 은혜***의 은사들을 베푸심을 인정한다.

성례 sacraments #성례전 #성사 **그리스도와의 연합***을 통해 **구원***을 베푸신다는 하나님의 약속을 가시적으로 드러내는 징표들. 종교개혁 시기에 이 성례들의 숫자와 그 본질은 핵심적인 논쟁의 대상이 되었다. 중세 신학에서는 구원과 교회, 성례가 서로 긴밀히 연관되어 있었기 때문이다. 종교개혁자들은 언어와 물리적 요소 사이의 일치를 강조한 아우구스티누스주의*의 입장을 발전시키면서, 성례의 숫자를 일곱에서 둘로 줄여 세례*와 성찬*만을 시행했다. 이는 이 둘은 예수님이 주신 명령에 직접적으로 연관되어 있었기 때문이다. 그뿐 아니라, 종교개혁자들은 성례를 집전하는 행위 자체에 은혜*를 시여할 능력이 담겨 있다는 로마 가톨릭의 가르침에 동의하지 않았다. 그들은 이신칭의*의 가르침에 따라, 성례의 실제 효력은 전적으로 하나님의 자유로운 행위에 의존한다는 점을 강조했다.

성상파괴주의 iconoclasm #성상파괴론 구체적인 의미로는 종교적인 예술을 비난하고 그 작품을 파괴하기까지 하는 행위를 가리킨다. 1521년에 칼슈타트*라는 이름으로 알려진 안드레아스 보덴슈타인은 영적 실재를 상징하는 매개체로 종교적인 이미지를 사용하는 것을 비난했는데, 그는 그렇게 행한 최초의 종교개혁자 중 하나였다. 그러나 루터*는 칼슈타트의 열광적인 성상 파괴주의를 누그러뜨리면서 좀 더 보수적인 입장을 취했으며, 이 루터의 입장은 이후의 루터파*를 지배하게 되었다. 하지만 스위스의 종교개혁자들은 좀 더 적극적으로 성상 파괴에 나섰고, 츠빙글리*의 영향을 받은 취리히의 관료*들은 교회에서 시각적 이미지를 사용하는 행위를 공식적으로 금지했다. 이처럼 일부 종교개혁자들이 예배* 시의 예술 사용에 비판적인 태도를 취했음에도 불구하고, 아브라함 카이퍼*가 잘 알려진 그의 스톤 강연Stone Lectures(1898)에서 언급한 바와 같이 종교개혁*은 다른 측면에서 창의적인 예술 발전의 촉매제가 되었다.

성인(들) 성도/성인들*을 보라.

성직자 clergy #목회자(용어설명이 로마 가톨릭의 사제와 비교되는 것에 강조점이 있기 때문에 단순히 성직자로 사용하는 것은 모호하다. 여기서 의미하는 바는 개신교 목회자를 뜻한다.^{JC}) 임직된(안수 받은) 교회의 사역자들. 종교개혁자들은 변질한 로마 가톨릭 성직자들에 대해 매우 비판적인 태도를 취하면서 성직자들의 부패와 사제의 권력 혼용, 성직자와 평신도 사이에 격차를 두는 관행을 종종 비난했다. 그리고 이와 반대로, 그들은 예수님이 대제사장으로서 행하신 직무의 중요성을 높이는 동시에 만인 제사장설*을 확언했다. 달리 말해서 성직자은 하나님께 나아갈 특별한 자격을 지닌 이들이 아니라, **하나님의 말씀***을 가르치고 성례*를 집전하며 교회*의 권징을 시행하도록 은사와 부르심을 받고 교회에 의해 임직된 지체들인 것이다. 종교개혁자들은 또한 성직자의 혼인*을 지지하고, 회중을 돌볼 목회적 책임을 매우 강조했다.

성찬 Lord's Supper (Communion) #성만찬^{JL} #주의 만찬 #감사례^{JC} #성체성사(『천주교 용어집』, 한국천주교주교회의. 2017) 빵과 포도주를 함께 나눠 먹고 마시는 일. 예수님의 찢긴 몸과 흘리신 피를 통해 회중이 그분과 연합*하며 서로 친교를 나눔을 상징한다. 일반적인 개혁파 예전*에서는 이 성례*가 기도*로 시작하여 감사로 끝난다. 이는 회중으로 하여금 그 예식의 효력이 성령의 복 주심에 따른 '오직 은혜'*로 발생한다는 점에 주목하게 하려는 것이다. **마르부르크 회담*** 이후 범교회적인 해석을 제시하려 한 개혁파 정통* 측은 츠빙글리의 기념설*과 유명론자들의 공재설*, 중세교회의 화체설*, 루터의 편재적 실재설을 벗어나서, 외적인 징표들로 상징되는 성찬의 친교 속에 그리스도께서 성령을 통해 실재*하신다는 장 칼뱅*의 영적 실재(임재)설로 나아갔다. 그러나 개혁파 전통에서는 칼뱅 개인 견해가 보편적으로 받아들여졌던 적이 없다. 오히려 그 전통 내에는 기념설에서 시작하여, 승천하신 그리스도께서 성령 안에서 자신의 백성을 하늘로 끌어올려 교제를 나누신다는 칼뱅적인 이해에 이르기까지 다양한 관점이 존재해 왔다.^{JC+}

성화 sanctification 하나님의 선택*과 은혜*에 따라 주어진 선물로서, 교회와 신자 개개인이 지니는 거룩함*의 성격을 묘사하는 구원론*의 한 영역. 개혁파 정통*에서 성화는 이신칭의*에 뿌리를 두는 것

으로, 이 성화의 교리에서는 **죄 죽임***과 삶의 갱신을 이루시며 '**오
직 은혜**'*를 통한 하나님과의 생생한 교제로 우리를 인도하시는 성
령의 사역이 자세히 서술된다. 종교개혁자들은 복음에서 이신칭의
가 지닌 우선성에 근거하여, 우리 안에 의*가 주입되며 각 개인은
선행*을 통해 거룩성*을 유지하게 된다는 로마 가톨릭의 가르침을
거부했다. 그리고 오히려 예수 그리스도의 의가 우리에게 전가*됨
을 통해서만 거룩함에 이르게 된다고 가르쳤다. 곧 교회와 각 개인
은 선물로서 주어진 **그리스도와의 연합***에 의해 거룩하게 된다는
것이다. 그러나 루터파*와 칼뱅주의*는 '**오직 믿음**'*에 따른 삶이 어
느 정도까지 은혜*의 점진적인 결과로 이해될 수 있는지에 관해 의
견을 달리했다. 마르틴 루터*는 어떤 개인이 은혜와는 별도로 의의
공로*를 지닐 수 있다는 것을 강하게 거부하고, 하나님이 죄인을 예
수 그리스도 안에서 의로운 자로 선언하심으로써 결정적인 성화가
이루어졌다는 점을 강조했다. 달리 말해, 루터의 관점에서 의롭다
함을 받은 죄인은 당연히 성화된 것이다. 장 칼뱅*은 성화의 이 결
정적인 측면에 동의하면서도, 신자들을 그리스도를 닮은 존재로 빚
어 가시는 하나님의 점진적인 사역이 지닌 중요성을 강조했다. 따라
서 일반적으로 개혁파 전통은 루터의 **율법과 복음***에 관한 이분법
보다는 그리스도인의 삶에서 율법*이 지닌 긍정적인 용도에 더 큰
비중을 두어 왔다. (루터에게 율법과 복음은 중요하다. 그러나 이런 식으로
이분법적 도식을 사용하지 않는다. 율법과 복음은 언제나 상호 변증적 긴장관계
로 설명되는데, 개혁파 신학에선 이 관계를 전혀 고려하지 않은 채 루터의 주장
을 설명한다.**JC**) 칼뱅은 **성도의 견인***에는 영생을 수동적으로 받아들
이는 일뿐 아니라 하나님과 이웃을 능동적으로 섬기며 교제하는 일
역시 포함된다는 점을 강조했다. 여러 개혁신학자들이 성화의 각기
다른 측면을 강조해 왔지만, 대부분의 학자들은 성경에 성화의 결정
적 측면과 점진적 측면 모두 언급되어 있음을 지적한다.

세계개혁교회연맹 World Alliance of Reformed Churches, WARC 1970
년에 세계장로교연맹World Presbyterian Alliance (1875)과 국제회중교회
협의회International Congregational Council (1891)가 합병하여 세계개혁교
회연맹WARC을 결성했다. 이 연맹은 스위스의 제네바에 본부를 두
었으며, 세계교회협의회WCC와 강한 유대관계를 맺고 있었다. 여기
에 참여한 107개국의 214개 교회들 중 많은 교회는 개혁에큐메니

칼협의회*REC의 회원이기도 했으며, 세계개혁교회연맹은 교리*와 **사회 참여***, 에큐메니즘*에 관해 매우 다양한 입장을 지닌 개혁교회들을 광범위하게 대표하는 단체였다. 이 연맹은 외부 지향적인 단체로서 다른 주요 기독교 전통들과 협력하여 여러 차례의 범교회적인 포럼을 추진하고, 남아프리카공화국의 아파르트헤이트 정책에 강하게 반대하는 입장을 취했다. 한편 2010년, 이 단체는 REC와 합병하여 세계개혁교회커뮤니언*WCRC을 결성하게 되었다.

세계개혁교회커뮤니언 World Communion of Reformed Churches, WCRC 2010년 6월에 세계개혁교회연맹*WARC과 개혁에큐메니칼협의회*REC가 합병하여, 개혁파 교회와 장로교*회, 회중교회*, 발도파* 교회, 그리고 연합교회들United and Uniting churches로 구성된 최대 규모의 국제 협력 단체를 결성했다. 이 WCRC는 108개국에 있는 8,000만 명의 기독교인을 대표하는 단체로서, 세계교회협의회WCC를 비롯한 국제 기독교 단체들과 범교회적인 유대관계를 유지하고 있다. WCRC는 개혁파적인 정체성에 관한 내부 토론장의 역할을 계속 수행하면서도, 개혁파 전통이 보편 교회의 성장과 종교 간의 대화, **사회 참여***에 기여할 수 있는 부분이 무엇인지에 관심을 집중한다. 그 국제 본부는 스위스의 제네바에 있는 이전의 WARC 본부이며, 그 미국 본부는 미시간 주의 그랜드래피즈에 있는 이전의 REC 본부이다.

세계관 worldview 이 세상을 이해하고 세상에 참여할 수 있게끔 하는 개념과 가치의 틀. 이 용어는 독일어 벨트안샤우웅Weltanschauung에서 온 것으로, 이는 임마누엘 칸트가 자신의 책 『판단력 비판』Kritik der Urteilskraft, 1790(아카넷, 2009)에서 처음 사용한 표현이다. 개혁신학*의 경우, 이 표현은 19세기 말엽부터 제임스 오어*와 헤르만 도여베르트*, 아브라함 카이퍼*의 저작들에서 나타나기 시작했다. 그리고 이후에는 프랜시스 쉐퍼*와 칼 헨리*의 영향으로, 복음주의*의 지형도가 이 개념에 의해 형성되었다. 이 세계관적 사유는 삶의 모든 영역을 기독교적으로 살피도록 장려하는 개념으로, 개혁파 전통 내부와 그 너머에서 교육* 분야와 함께 **그리스도와 문화***의 관계를 바라보는 관점에 엄청난 영향을 미쳤다.

세대주의 dispensationalism 구속사를 하나님이 자신의 백성과 독특하게 관계를 맺으신 각각의 시기(세대)들로 구분 짓는 신학 체계.

영국의 존 넬슨 다비John Nelson Darby(1800-1882)가 창시했으며, 주로
Scofield Reference Bible을 통해 미국에서 대중화되었다. **언약 신
학***과는 달리 세대주의는 이스라엘과 교회를 하나님이 서로 다른
방식으로 관계를 맺으신 별개의 두 백성으로 간주하며, 이는 개혁
파 전통에서 일반적으로 인정하는 것보다 더 큰 불연속성을 성경
의 이야기 속에 도입시키는 결과를 낳는다. 그러나 그 광범위한 영
향력 때문에, 특히 미국 내의 일부 개혁신학자들은 이 신학 체계를
지지해 왔다.

세례 baptism #침례 물을 사용하는 입회의 성례*. 그 대상자에게 물을
뿌리거나 그를 물에 잠그는 방식으로 이루어진다. 이는 그가 그리
스도의 죽음과 부활에 연합함으로써, 성령에 의해 중생*하게 됨을
상징하는 예식이다. 예수께서는 자신의 제자들에게 세례를 베풀
권세를 주셨으며, 이는 그들이 받은 선교*적 소명의 필수 부분이
다. 개신교인들은 성찬*과 더불어 세례를 성례로 간주하는데, 이는
그리스도께서 친히 그 일을 행하도록 명령하셨기 때문이다. 성부,
성자, 성령의 이름으로 시행되는 이 예식은 **삼위일체 신학***에 본
질적으로 연관되어 있다. 이는 (성인의 경우) 세례에 앞서 실시되
거나 (유아들의 경우) 그에 뒤따르는 교리 교육의 형식에서도 뚜렷
이 드러난다. 모든 개신교회의 세례는 이점을 가르치는데 초점을
두고 있으며, 고전적인 로마 가톨릭 예식에 포함되었던 축귀와 기
름 부음의 의식은 제거했다. 또한 장 칼뱅*에게 세례는 주일 예전*
의 정점에 속한다. 그리고 세례에 앞서 설교*를 전함으로써, 그것
이 '오직 은혜'*로 얻는 구원*의 내적 실재를 드러내는 외적인 표
지임을 강조하려 했다. 유아 세례에서는 하나님의 약속이 말을 하
지 못하는 사람에게 적용되는 것이므로, 칼뱅은 그 의식을 은혜*
의 우선성에 대한 강력한 표지로 간주했다. 마르틴 루터*, 울리히
츠빙글리*와 함께, 그는 예수께서 아이들을 축복하신 복음서의 기
록과 옛 언약에서 유아들이 할례 받았던 일을 언급하면서 유아 세
례를 옹호했다. 아우구스티누스주의*의 입장에 따라, 종교개혁자
들은 이 예식의 효력이 그것을 시행하는 이나 받는 이의 가치와는
무관하게 나타난다고 여기고 재세례의 시행을 정죄했다. 그러나
재세례파*는 유아 세례를 거부하면서, 신앙을 고백하는 성인들에
게 다시 세례를 받도록 권면했다. 한편 개혁파 전통 내에서도 개혁

파 침례교*를 비롯한 일부 집단은 그 입장을 따르면서, 스스로 신
앙을 고백할 수 있는 성인 신자들에게 다시 세례를 받도록 장려하
고 있다.

셈페르 레포르만다 개혁되는*, 늘을 보라.

소명, 보편적 부르심*, 보편적인을 보라.

소명, 유효적 부르심*, 효력있는을 보라.

소명(론), (직업) vocational calling 이는 종교개혁*을 (정확하게는 종교
개혁자 루터*를) 통해 생겨난 개념으로, 하나님이 우리를 특정한 직
업이나 삶의 상황으로 부르시는 것은 그분의 영광을 위해 기독교적
순종의 모습을 드러낼 기회임을 강조한다. 종교개혁 이전의 신학자
들 역시 하나님이 그분의 백성을 구원*의 길로 부르신다고 확언했
지만, 그럼에도 특별한 직무를 수행하도록 거룩한 부르심을 받은
이는 성직자*들뿐이라고 여기는 것이 일반적이었다. 하지만 루터*
나 칼뱅* 같은 종교개혁자는 그 견해에 반대하면서, 모든 신자는 다
양한 직업으로 부르심을 받았다고 주장했다. 그것이 교회의 일이
든, 세상의 일이든 간에 그 직무들은 똑같이 존귀하며, 신자들은 그
일을 통해 동등하게 하나님께 영광을 돌릴 수 있다는 것이다.

속박 의지의 속박* 을 보라.

속죄 atonement 이는 하나님과 인류 사이에 이루어진 화해를 논하는
교리*로서, 그리스도께서 십자가에서 절정에 이른 자신의 사역을
통해 구원*을 이루셨음을 진술한다. 개혁파의 설명에서는 일반적
으로 언약의 구조를 사용하여, 하나님은 화해를 이루신 주체이시
며 그리스도는 그 방편이 되신다고 기술한다. 그리고 그리스도의
중보가 지닌 탁월성(오직 그리스도*)과 법적인 배상의 이미지(화
목*), 그리스도와의 연합* 역시 강조된다. 통상적으로 이 교리에서
는 그리스도가 속죄의 제사를 통해 완수하신 사역, 곧 그분이 십자
가에 죽으심으로써 죄*의 위협과 죄책을 완전히 정복하신 일을 강
조한다. 장 칼뱅*과 칼 바르트* 등의 신학자는 하나님의 선택*과
그리스도의 속죄가 지닌 법정적 측면을 강조했다. 그리고 십자가
를 도덕적 모범에 불과한 것으로 한정하려는 경향에 맞서, 프리드
리히 슐라이어마허*나 토머스 토런스* 같이 다양한 개혁신학자들
은 각양각색으로 구속과 화해를 성취하시는 그리스도의 죽음에 담
긴 능력을 강조했다.

솔라 그라티아 **오직 은혜***를 보라.

솔라 스크립투라 **오직 성경***을 보라.

솔라 피데 **오직 믿음***을 보라.

솔루스 크리스투스 **오직 그리스도***를 보라.

솔리 데오 글로리아 **오직 하나님께 영광***을 보라.

수용ᴶᴸ accommodation #적응 #조정 사람이 이해할 수 있는 방편을 사용하셔서 그분에 관한 참된 앎을 전달하시는 하나님의 행동. 장 칼뱅*은 어떻게 유한한 사람이 참된 하나님을 아는 지식*을 얻을 수 있는가 하는 문제를 논하면서, 하나님은 사람에게 자신을 계시*할 때 자신을 낮추는 독특한 태도를 취하신다는 것을 강조했다. 하나님은 창조와 역사, 성경 가운데서 인류의 문화적, 지적인 제약 아래 자신을 맞추어 주시면서도, 그분의 진리를 효과적으로 전달하시고 자신의 목적을 성취하셨다. 하나님이 자신을 맞추어 주신 예로는 성경에서 하나님을 묘사하는 데 쓰인 심상과 의인화된 표현들, 또한 하나님이 언약을 세우며 율법을 주심으로써 그분의 피조물과 관계 맺으시는 방식 등을 들 수 있다. 그런데 하나님이 궁극적으로 자신을 인류에게 맞추어 주신 것은 바로 예수 그리스도의 성육신을 통해서였다. 그 성자께서 인간의 연약한 본성을 기꺼이 취하셨기에, 하나님은 우리를 구원*하실 수 있다.

쉐퍼, 프랜시스 Schaeffer, Francis (1912-1984) 미국의 목회자, 신학자이며 변증가였던 인물. 라브리 공동체L'Abri Fellowship를 설립한 일로 잘 알려져 있다. 보수적인 장로교*인인 그는 햄프든 시드니 칼리지와 웨스트민스터 신학교, 페이스 신학교에서 공부했다. 그는 성경장로교회 소속 목회자로 사역했으며, 이후 스위스로 이주하여 아내 이디스Edith와 함께 라브리 공동체를 설립했다. 이 사역의 목적은 신자들과 회의론자들 모두에게 공동체적인 환경을 제공하고 환대를 베풀면서, 그들이 기독교와 씨름하는 일을 돕는 데 있었다. 쉐퍼는 서구 문화가 무너지는 것은 성경적인 기독교를 저버렸기 때문이라고 믿었으며, 수많은 글과 강연을 통해 기독교만이 이 시대의 진정한 질문들에 관한 답을 갖고 있다고 주장했다. 특히 그는 자신의 변증에서, 오직 그리스도 안에서만 발견될 수 있는 의미와 성취를 갈망하는 세계관*이 비그리스도인들의 예술 작품 속에 다양한 형태로 드러나 있음을 강조했다.

슈말칼덴 신조 슈말칼트 신조*를 보라.

슈말칼트 신조 the Smalcald Articles, Schmalkaldic Articles (1537) #슈말칼트 조항(단순한 신앙 고백서가 아니라 신앙의 체계를 담은 조항문이기 때문에 보통 슈말칼트 조항이라고 불러야 함.*) 이 **신앙 고백서***는 교황이 소집한 공의회에 제출하기 위해 마르틴 루터*가 작성한 것으로, 슈말칼트에서 종교 지도자와 정치 지도자들에 의해 채택되었다. 이 신조는 특히 로마 가톨릭 교회를 개괄적인 형태로 예리하게 비판하고 있으며, 이후 『루터교 신앙 고백서』에 포함되었다.

슐라이어마허, 프리드리히 다니엘 에른스트 Schleiermacher, Friedrich Daniel Ernst (1768-1834) #슐라이에르마허 독일의 영향력 있는 목회자, 교사이자 신학자였던 인물. 19세기 유럽에서 개신교* 자유주의가 발흥하는 데 기여했다. 경건주의* 전통에서 양육된 그는 자신의 눈에 추상적인 것으로 보였던 정통 신학과 전통주의에 반발하고, 경건*한 삶을 근대적인 지식과 철학에 융합시킴으로써 개신교를 개혁하려 했다. 슐라이에르마허는 베를린 대학교의 공동 창립자이자 신학과 철학 담당 교수로서 현대 신학과 해석학의 경로에 영향을 미쳤으며, 심리학과 미학, 정치학과 윤리학*을 포함한 다양한 주제에 관해 글을 남겼다. 그는 조직신학*서인 『기독교 신앙』Der christliche Glaube(한길사. 2006)에서, 종교를 절대 의존 감정으로 인식했던 자신의 초기 개념을 발전시켰다. 그는 이 감정을 예수의 사역에 의해 완성된 신 의식the consciousness of God으로 설명한다. 그러나 개혁파 전통에 속한 다른 이들, 이를테면 아돌프 슐라터*나 이후의 칼 바르트* 같은 이들은 슐라이에르마허가 남긴 자유주의의 유산에 반발했다. 그들은 계시*의 역사성을 옹호하고, 신앙*은 절대 의존의 '감정'이라기보다도 최우선적으로 삼위일체 하나님과의 언약적 관계임을 주장했다.

슐라이트하임 신앙 고백(문)(서) Schleitheim Confession (1527) #슐라이타임 혹은 쉴라이트하임 신앙 고백(문)(서) 재세례파*의 **신앙 고백서.*** 미하엘 자틀러Michael Sattler가 작성한 일곱 조항으로 구성되어 있으며, 스위스 형제단Swiss Brethren이 슐라이트하임에서 이 문서를 채택했다. 각 조항은 재세례파의 스위스 형제단이 따른 신앙의 내용을 요약한 것으로, 신자에게 베푸는 세례, 죄악된 세상과의 분리, 평화주의 등의 규정이 담겨 있다. 그들은 이런 내용들을 통해 다른 개신교 집단들과 구분되었다.

슐라터, 아돌프 Schlatter, Adolf (1852-1938) 독일 개신교* 내의 고전적인 자유주의 신학에 반대한 독일 신학자. 그를 가르친 선생들 가운데는 프리드리히 니체도 있었으며, 슐라터는 그런 교육과정을 거치면서 자신의 기독교 이해에 도전을 받았다. 그러나 이는 그가 학문적 엄밀성의 가치를 인식하는 동시에 정통 신앙을 더 깊이 옹호하게 되는 계기가 되었다. 그는 신학적 주제들에 관해 광범위하게 저술하고 가르쳤지만, 가장 영속적인 기여를 남긴 것은 신약신학과 초기 유대교 관련 분야였다. 그는 목회적인 성품을 지닌 교수로서 수많은 학생과 목회자, 신학자들에게 영감을 주었으며, 그의 영향을 받은 이들 가운데는 기독교 복음의 본질에 관해 그가 보여준 통찰과 본보기를 따른 칼 바르트*와 디트리히 본회퍼*도 있다.

스위스 신앙 고백(문)(서), 제1, 제2 Helvetic Confession, First and Second (1536, 1562) 첫 번째 **신앙 고백서***는 하인리히 불링어*를 비롯한 개혁파 신학자들에 의해 작성되었으며, 그 목적은 특히 성찬* 문제를 둘러싼 루터파*와 칼뱅파*의 분열을 해결하고 스위스 개혁교회들을 단일한 국가적 표준 아래 결합시키는 데 있었다. 두 번째 신앙 고백서는 원래 1561년 불링어의 개인적인 고백문으로 작성되었던 것으로, 앞선 신앙 고백서의 내용을 확대한 문서이다. 이후 이 문서는 유럽 전역의 개혁교회들에 의해 신앙 고백서의 표준으로 광범위하게 채택되었다.

스위스 종교개혁 Swiss Reformation 개신교가 스위스 연방 내부에서 교회적이며 정치적인 세력으로 성장한 과정. 교회의 개혁은 취리히에서 시작되었고, 스위스 연방이 각자의 **신앙 고백서***에 따라 개혁파 동맹과 로마 가톨릭 동맹으로 평화롭게 분리되면서 끝이 났다. 1525년 울리히 츠빙글리*는 취리히 시민들을 설득하여 개혁에 착수했으며, 그의 영향력은 다른 주들로 빠르게 퍼져나갔다. **마르부르크 회담***에서 그는 바젤의 개혁을 추진하던 요하네스 외콜람파디우스Johannes Oecolampadius와 강한 연대 관계를 형성했다. 그리고 1529년에 스위스의 개혁파 주들은 마르틴 부처*가 지도하는 스트라스부르와 동맹을 맺었으며, 제1차 카펠Kappel 전쟁 이후 로마 가톨릭을 따르는 주들과 평화 조약에 서명했다. 그러나 조약의 내용에 관해 논쟁이 벌어졌고, 이는 결국 츠빙글리가 사망한 카펠 전투(1531)로 이어졌다. 이 전투는 로마 가톨릭 측의 결정적인 승리로 끝났으며, 이로 인해 옛 연방 내에서 츠빙글리*파의 확산이 중단되었다. 그리고 하인리히 불링어*가 츠빙글리의 뒤를 이어 취리히의 지도자가 되었다. 스위스 종교개혁의 다른 주요 지도자들 가운데는 기욤 파렐*과 장 칼뱅*이 있다. 칼뱅은 제네바의 개혁을 이끌었는데 그 영향력이 스위스의 주들 전체로 확대되었으며, 때로 츠빙글리의 추종자들과 교리적인 충돌을 빚기도 했다. 그러므로 츠빙글리*파와 칼뱅주의*는 둘 다 스위스 종교개혁과 뚜렷한 연관성이 있다. 다만 이 두 사상 모두 유럽 전역에 걸친 개혁의 사상과 활동을 통해 형성되었으며, 또 그 사상과 활동들에 지속적으로 영향을 받았다.

스칸디나비아 종교개혁 Scandinavian Reformation 스칸디나비아의 나라들에서 개신교*가 교회적이며 정치적인 세력으로 성장한 과정. 이 개혁은 16세기 초반의 덴마크에서 먼저 자리를 잡았다. 도시화된 이 국가는 타지의 학생들을 비롯한 여행자들을 받아들였으며, 이들은 **독일 종교개혁***에 관한 소식을 전해 주었다. 그리고 1536년 국왕인 크리스티안 3세는 공식적으로 덴마크와 노르웨이의 종교를 로마 가톨릭교에서 루터파*로 변경하게 되었다. 한편 인구가 더 희박한 스웨덴과 핀란드에서는 종교개혁이 더디게 확산되었다. 다만 이 나라들의 경우에도 개혁을 제일 먼저 받아들인 것은 대개 그 안에 거주하는 독일인들이었다. 그리고 1593년 스웨덴 교회가 **아우크스부르크 신앙 고백서***를 채택함으로써, 스웨덴과 핀란드의 국교 역시 루터파가 되었다. 오늘날에도 스칸디나비아 국가들의 국교는 루터교로 남아 있다. (최근에 스웨덴(2000)과 노르웨이(2017)에서는 국교의 지위를 상실했다.JC)

스코틀랜드 신앙 고백(문)(서) Scots Confession (1560) **스코틀랜드 종교개혁*** 최초의 신앙 고백서*. 존 녹스*와 다섯 명의 다른 스코틀랜드 종교개혁자에 의해 작성되었다. 스코틀랜드 의회는 1560년에 이 신앙 고백서를 채택했으며, 이 문서는 1647년에 **웨스트민스터 표준 문서***에 의해 대체되기 전까지 스코틀랜드 교회의 교리적 표준으로 남아 있었다.

스코틀랜드 종교개혁 Scottish Reformation 스코틀랜드에서 개신교*가 교회적이며 정치적인 세력으로서 승리를 거두게 된 과정. 마르

틴 루터*의 가르침이 스코틀랜드에 확산되자, 스코틀랜드 의회는
법령을 제정하여 루터파의 교리*를 금지했다(1525). 그리고 이 금지
령은 세인트앤드루스에서 패트릭 해밀턴Patrick Hamilton을 잔인하게
처형함으로써 강화되었다(1528). 프랑스와의 동맹과 장기간에 걸
친 잉글랜드와의 갈등 때문에, 스코틀랜드는 개신교*가 잉글랜드
의 국교로 채택된 이후에도 수십 년 동안 로마 가톨릭 국가로 남아
있었다. 마침내 프랑스와 잉글랜드 군대가 스코틀랜드에서 쫓겨
난 뒤, 존 녹스*의 강력한 설교*에 영향을 받은 스코틀랜드 의회는
1560년에 교황제*의 권위를 폐지하고 스코틀랜드 신앙 고백서*
를 채택했다. 그리고 이 문서는 백 년 후 웨스트민스터 표준 문서*
에 의해 대체되기 전까지 공인된 신앙 고백서의 역할을 감당했다.
그런데 로마와 공식적으로 관계를 단절했지만, 정치적인 당파들
이 계속 남아 있었기에 스코틀랜드의 상황은 안정되지 않았다. 이
에 지도자들은 새로운 형태의 통치를 시행하고 개신교적인 예배를
장려하기 위해 분투했다. 존 녹스와 마찬가지로 제네바에서 칼뱅*
에게 수학했던 앤드루 멜빌Andrew Melville은 스코틀랜드에 장로교*
회가 설립되는 데 중추적인 역할을 감당했지만, 1690년에 스코틀
랜드 교회the Church of Scotland가 성립되기 전까지는 주교제 교회*가
지배적인 위치에 있었다. 스코틀랜드에 종교개혁을 정착시키려는
투쟁은 17세기 내내 지속되었다. 스튜어트 왕조의 왕들이 새로운
예전*을 비롯하여 로마 가톨릭 전통과의 타협안들을 강제로 시행
하려 하는 가운데, 언약도*들은 이에 맞서는 연합 전선을 형성했
다. 이는 그들이 잉글랜드의 장로교*인들과 동맹을 맺고, 웨스트민
스터 총회*에도 참석하는 동기가 되었다. 그러므로 스코틀랜드 종
교개혁은 1560년에 시작되었으나, 장기간에 걸쳐 신학적 논쟁과
정치적 투쟁, 사회 재편이 이어졌으며 백 년 이상이 지난 후에야
최종적인 완성에 이르렀다.

스콜라주의, 개혁파 scholasticism, Reformed 개신교* 내부에서, 루
터파와 개혁파 신학의 발전을 위해 페트루스 롬바르두스Petrus
Lombardus (c. 1095-1169), 오컴의 윌리엄William of Ockham (1280-1348), 토마
스 아퀴나스Thomas Aquinas (1225-1274)를 비롯한 중세 학자들의 복잡
한 방법론을 개조하여 받아들였던 중요한 움직임의 일부를 가리
키는 표현. 그 방법론 가운데는 언어적 정밀성의 추구와 사변 철학

을 향한 관심이 포함된다. 루터*와 칼뱅*을 비롯한 일부의 주요 종교개혁자들은 성경 본문을 벗어나는 사변에 몰두하는 듯이 보였던 스콜라주의를 경계했다. 그러나 종교개혁*이 정착되고 신학 교육*의 필요가 생겨남에 따라 스콜라주의의 기본 방법론이 지닌 유용성이 입증되었고, 많은 학자들이 그 방법론을 활용했다. 그 예로는 칼뱅의 후계자인 테오도르 베자*의 저서들을 들 수 있다. 이 운동은 특히 17세기에 그 절정에 이르렀으며, 이에 관련된 이들 가운데는 프란시스 튜레틴*과 존 오웬*, 헤르만 비치우스Herman Witsius 등이 포함된다. 이 신학자들에게, 스콜라주의는 어떤 특수한 내용을 가리키기보다는 하나의 방법론을 의미하는 것이었다(리처드 A. 멀러Richard A. Muller의 저서들을 보라).

스펄전, 찰스 해든 Spurgeon, Charles Haddon (1834-1892) #해돈 #해던ᴶᴸ
영국의 침례교* 설교자, 목회자이며 저술가였던 인물. 신학교에 다닌 적이 없는 그는 정식으로 안수 받기를 거부했지만, 오늘날에도 여전히 '설교자들의 왕자'the Prince of Preachers로 기억되고 있다. 그는 십대에 설교* 사역을 시작했으며, 스무 살에 워터비치Waterbeach의 교회로 첫 청빙을 받았다. 그러고는 런던의 뉴 파크 스트리트 침례교회로 청빙을 받았으며, 이후 공간이 비좁아져서 예배당을 신축한 뒤 이 교회의 이름은 '메트로폴리탄 태버너클'Metropolitan Tabernacle로 바뀌었다. 철저한 칼뱅주의*자이자 청교도* 신학의 옹호자로서, 그는 뚜렷이 복음 전도에 초점을 두어 설교했다. 또한 그는 목회자 학교a pastor's college를 설립한 일과 수많은 저서와 주석서를 출판한 일로도 기억되고 있다.

시각 예술 visual art 원래 개혁파의 신학적 미학*은 예배* 시의 시각 예술 감상에 제한을 두었지만, 종교개혁*은 이 분야에도 긍정적인 영향을 미쳤다. 예를 들어 종교개혁자들은 **하나님의 형상*을 소유한 인간 개개인이 지닌 존엄성을 강조했는데, 이는 당시 초상화가 부각되던 흐름과 부합한다. 또한 장 칼뱅*을 비롯한 종교개혁자들은 창조 세계를 하나님의 영광이 빛나는 극장으로 이해했으며, 이는 네덜란드 풍경화의 번성과 더불어 좀 더 현세적인 일들이 소재로 선택되는 데에도 영감을 주었다. 이에 더해, 렘브란트 판 레인Rembrandt van Rijn 같은 화가의 소망이 담긴 사실주의 화풍에서는 인류의 전적 **타락***과 아울러 구원*을 베푸시는 하나님의 주권적인 은혜*에 대한 믿음이 뚜렷이 드러난다.

시몬스, 메노 Simons, Menno (1496-1561) 재세례파의 주도적인 신학 자였던 인물. 그는 프리슬란트Friesland에서 태어났으며 로마 가톨릭 사제로 임직*을 받았으나, 임직 받은 직후에 로마 가톨릭의 화체 설*에 의문을 품기 시작했다. 그리고 이후 십육 년이 지나는 동안, 세례*와 교회의 권위에 관한 그의 생각들도 유사한 변화를 겪게 되었다. 뮌스터에서 격렬한 폭동(1534-1535)이 일어난 후, 1536년부터 그는 그 같은 재난의 재발을 막기 위해 자신의 재세례파적인 신념, 특히 평화주의 사상을 열렬히 전파하게 되었다. 그는 이단으로 간주되어 추적을 당하면서도, 순회 사역자로 활동하면서 몇 권의 경건 서적과 신학 서적을 집필했다. 그는 특히 독일 북부와 네덜란드에서 많은 이들을 설득하여 평화주의적인 재세례파* 신앙을 받아들이게 했다. 칼뱅*은 마르틴 미크론Martin Micron에게 보낸 편지에서 예수님이 마리아에게서of 태어났다기보다는 그저 그녀를 통해in 태어났을 뿐이라는 시몬스의 견해를 반박하고, 예수님의 온전한 인성을 진지하게 받아들이는 기독론*을 옹호했다. 시몬스가 죽은 후, 그의 많은 추종자들은 '메노나이트'Mennonites로 불리게 되었다.

시물 유스투스 엣 페카토르 의인인 동시에 죄인*을 보라.

신앙 faith #믿음┚ 참된 구원의 신앙은 세 가지 구성 요소를 지닌 것으로 종종 설명된다. 이는 곧 신앙의 내용에 관한 지식notitia과 그 제시된 내용의 참됨에 대한 동의assensus, 그리고 그리스도께서 그저 죄인들을 위해서 뿐 아니라 바로 나를 구원하시기 위해 죽으셨다는 개인적 신뢰이다fiducia. 마르틴 루터*는 구원* 얻는 신앙을 '사랑의 행위'works of love로부터 구별하면서, 만일 사랑이 구원 얻는 신앙의 필수 요소라면, 구원을 얻기 위해서는 그리스도께서 이루신 속죄*의 공로보다도 인간의 공로*에 의존해야 한다는 뜻이 된다고 여겼다. 한편 장 칼뱅*은 이신칭의*('오직 믿음'*)를 강조한 루터의 입장에 동의하면서도, 신앙의 토대를 하나님의 선택*에 두었다. 그리고 그는 성화*의 과정 가운데서는 신앙과 사랑 사이에 필연적인 연관성이 존재한다고 보았다. 그는 **구원의 확신***은 하나님의 언약적 약속을 신뢰하는 데서 온다는 것을 강조했다.

신앙 고백(문)(서) confession of faith 한 교회 또는 한 무리의 교회들이 따르는 신앙을 진술한 공식 문서. 그들이 믿는 기독교 신앙의 핵심을 요약적으로 제시하는 동시에 그들을 위한 교리*와 실천의 권위 있는 지침이 된다. 개혁파 전통에서 가장 널리 수용된 고백 문서 가운데는 **웨스트민스터 표준 문서***와 '일치를 위한 세가지 신앙 문서'Three Forms of Unity(**벨직 신앙 고백서***, **도르트 신조***, **하이델베르크 교리문답***)이 있다. 이 고백 문서들은 개혁파 정통*의 형성에 중추적인 역할을 감당했지만, 개혁교회가 새롭게 변화하는 상황에 충실히 반응하려 노력하는 가운데서 **바르멘 선언문***이나 **벨하 신앙 고백서*** 등의 다른 문서도 작성되었다.

참조. 루터교 신앙 고백서*, 바젤 신앙 고백(문)(서)*, 벨직 신앙 고백(문)(서)*, 벨하 신앙 고백(문)(서)*, 슐라이트하임 신앙 고백(문)(서)*, 스위스(헬베틱) 신앙 고백(문)(서)*, 스코틀랜드 신앙 고백(문)(서)*, 아우크스부르크 신앙 고백(문)(서)*, 프랑스(갈리칸) 신앙 고백(문)(서).*

신앙의 유비(아날로기아 피데이) analogia fidei '신앙의 유비'를 뜻하는 라틴어 표현. 어떤 해석이든 간에 성경 전체의 가르침과 조화를 이루어야 한다는 원리를 가리킨다. 개혁파 스콜라주의*에서 생겨난 이 원리에 따르면, 성경의 난해한 본문들은 성경에서 유래된 보편 개념(예를 들어 언약*이나 성경신학* 등)의 관점에서 이해되어야 한다. 이 원리는 그 뜻이 분명한 본문들을 가지고 난해한 본문의 의미를 해석한다는 성경의 유비analogia scripturae보다 한층 더 발전된 것이다. 한편 칼 바르트*는 이 원리를 좀 더 수정하여 **존재의 유비***와 대립시켰다. 그의 주장에 따르면, 하나님과 인류 사이의 유사성은 오직 계시*를 통해서만 드러나기 때문에 하나님의 존재에 관한 지식은 그분의 계시 행위와 분리될 수 없다. 따라서 그분의 말씀*에서 계시되신 하나님과 연관되는 명제가 아닌 한, 어떤 명제도 하나님을 아는 지식*으로 간주될 수 없다.

신앙의 확신 구원의 확신*을 보라.

신율주의 theonomy #신율 이 용어는 문자적으로 '하나님의 법'을 뜻하지만, 여러 다양한 개념을 지칭하는 데 사용된다. 한 예로, 독일계 미국인이며 실존주의 신학자였던 폴 틸리히Paul Tillich는 자신이 '존재의 토대'the ground of being로 묘사한 하나님과 인간의 자율적 이성 사이의 결합을 서술하는 데 이 용어를 사용했다. 그러나 개혁파 전통의 경우, 이 용어는 대개 구약의 율법 가운데 신약에서 분명히 성취되거나 폐지되지 않은 것은 여전히 구속력을 지니며, 마땅히 교회와 시민 사회에서 시행되어야만 한다는 신념을 가리킨다. 이 개혁파적인 형태의 신율주의는 '기독교 재건주의'Christian Reconstructionism로도 알려져 있으며, 이 견해를 주장하는 이들로는 루서스 존 러쉬두니Rousas John Rushdoony와 그레그 반센Greg Bahnsen 등이 있다. 이들은 모든 법률이 하나님의 계시*와 성경의 원리에 토대를 두어야 한다고 믿지만, 그런 법률을 강제로 도입해야 한다고 여기지는 않는다.

신인 협력주의 협력주의*, (신인)을 보라.

신정통주의 neo-orthodoxy 변증법(적) 신학* 참조.

신칼뱅주의 neo-Calvinism #신칼빈주의 #신캘빈주의 19세기 네덜란드에서 생겨난 신학 전통. 특히 아브라함 카이퍼*와 헤르만 바빙크*의 신학에 그 뿌리를 둔다. 이후 헤르만 도여베르트*에 의해 철학적으로 발전되었으며, 북미 전역에 영향력을 끼치게 되었다. 이 전통의 주된 강조점은 창조 질서를 다양한 영역, 또는 하나님이 주신 규범들에 의해 다스려지는 양상들로 세분화하는 데 있다. 각 양상의 구조는 변질될 수 없이 선하지만, 그 방향은 인간의 타락으로 왜곡되어 버렸다. 그리고 하나님은 이 깨어진 상태를 회복시키기 위해 그분의 자비로써 구속을 행하신다. 따라서 이 관점은 삶의 모든 영역을 아우르며 창조-타락-구속-극치의 성경적 내러티브에 따라 서술되는 세계관*의 형성에 기여하고 있다. 또한 이 전통에 속한 이들은 그리스도의 주권*이 온 우주에 미치며 그분은 그 우주 전체를 구속하신다는 신념에 영향을 받아, (직업) 소명(론)*과 아울러 하나님과 교회의 선교*에 대한 전인적 관점을 뚜렷이 옹호하게 되었다. 신칼뱅주의자들은 하나님이 그분의 은혜*로 모든 것을 원래의 영광된 상태로 회복시키고 계심을 믿기에, **영역 주권***을 주의 깊게 유지하면서도 일종의 문화 변혁에 헌신하는 것으로 잘 알려져 있다. 프랜시스 쉐퍼*와 한스 로크마커Hans Rookmaaker의 저서에서 보듯, 그리스도와 문화*의 관계에 대한 이 적극적인 자세는 종종 예술에 쏟는 관심에서 드러난다. 한편 이 신칼뱅주의는 최근에 특히 북미 지역에서 소생한 개혁신학*의 흐름과 구별되어야만 한다. 후자에 속한 이들은 종종 '새로운 칼뱅주의자'New Calvinists, 또는 '신개혁파'neo-Reformed로 불린다.

실재(설) real presence 성찬*의 본질을 '기념'*이나 '상징'에 국한시키거나 떡과 포도주의 변화에 관심을 두고 있는 가톨릭의 성례전에 반대하면서, 성찬시에 그리스도가 실제로 임재하심을 강조하는 해석. 그 기원은 영지주의에 대항하기 위한 교설이었으며, 2세기 안디옥의 교부 이그나티우스까지 소급된다. 실재를 이해하는 방식은 정교회, 루터파*, 성공회*, 개혁파, 감리교회가 다르다. 칼뱅*은 편재적 실재를 강조한 루터파와 다르게 영적 실재를 강조했고, 이를 통해 1세대 개혁가인 츠빙글리*와 루터*의 성찬론을 중재하는 입장을 취했다. 중세교회의 성찬론인 화체설*과 중세후기 유명론자들의 공재설*이 성찬시 그리스도의 임재방식과 변화의 과정을 형이상학적으로 설명하는데 집중하는 반면, 실재설이 강조하는 바는 형이상학적 설명방식이 아니라, 그리스도의 말씀이 제정한 대로 빵과 포도주에 그리스도께서 현존하고 있음에 집중한다.**JC+**

실체 변화 화체설*을 보라.

십자가의 신학 theologia crucis 마르틴 루터*가 처음 언급한 이 테올로기아 크루키스theologia crucis는 라틴어로 '십자가의 신학'을 의미하며, 참된 지식*과 의*를 얻기 위해 하나님의 수용*하심과 계시*, 특히 예수님이 십자가에서 당하신 고난에 의존하는 신학적 접근법이다. 이 접근법은 '**영광의 신학**'*theologia gloriae, 또는 사변적인 이성과 인간의 노력을 통해 하나님을 알아가려는 시도와는 대조를 이룬다. 그럼으로써 '십자가의 신학'은 구원이 '**오직 믿음**'*, '**오직 은혜**'*, 또한 '**오직 그리스도**'*를 통해 이루어짐을 확언하고, '**오직 하나님께 영광**'*을 돌리기 위한 섬김과 자기 성찰, 고난의 삶으로 신자들을 부른다. 대부분의 개혁신학자들은 이런 강조점들을 받아들이며, 독일 신학자 위르겐 몰트만*은 이 주제들을 발전시킨 대표적인 신학자 중 하나이다.

아나뱁티즘 재세례파*를 보라.
아날로기아 엔티스 존재의 유비*를 보라.
아드 폰테스 ad fontes '근원으로' 또는 '원천으로'를 뜻하는 이 라틴어 구절은 르네상스 시기에 인문주의* 학자들이 사용한 표어이다. 그들은 그리스와 라틴 문명의 주된 원전들을 참조하여 근대 사회를 개선하려는 신념을 이 표어에 담아내었다. 종교개혁자들은 이 구절을 활용하여 교회 안에 건전한 교리*를 확립하기 위해 성경과 초기 기독교 문서들을 원어로 직접 연구할 필요성을 제기했다.

아르미니우스, 야코부스 Arminius, Jacobus (1560-1609) #알미니우스 네덜란드의 신학자, 목회자이며 저술가였던 야콥 헤르만스조온Jakob Hermanszoon의 라틴어식 이름. 그는 예정*과 자유 의지*, 은혜*, 속죄*, **성도의 견인***에 관해, **벨직 신앙 고백서***와 **하이델베르크 교리문답***에서 표현된, 아우구스티누스주의*적이며 칼뱅주의*적인 전통 교리들과는 다른 견해를 드러낸 것으로 잘 알려져 있다. 아르미니우스는 마르부르크(1575)와 레이든(1576-1581), 바젤(1582-1583), 제네바(1582. 1584-1586)에서 교육을 받았으며, 칼뱅*의 후계자인 테오도르 베자* 밑에서 수학했다. 그는 1588년부터 1603년까지 암스테르담*에서 목회자로 사역했으며, 1603년부터 생애 말기까지 레이던 대학의 신학 교수로 재임했다. 아르미니우스는 무조건적인 선택*과 **타락 전 선택설***에 반대하게 되었으며, 그 대신에 하나님*의 선택은 그리스도를 믿는 신앙*을 선택하게 될 이들에 관한 그분의 예지*에 의존한다고 주장했다. 그는 또 오직 그분을 믿는 이들만이 구원을 받게 되기는 하지만, 그리스도께서는 보편적인 속죄*를 이루셨다고 가르쳤다. 그리고 그는 인간이 그분을 믿도록 성령님이 선행하는 은혜*를 베푸시지만, 사람들은 자유 의지를 지니므로 구원*에서 벗어날 수 있다고 주장했다. 그가 죽은 후, 항론파*는 칼뱅주의*에 이의를 제기하면서 다섯 개의 조항을 제시했다. 그로 인해 **도르트 신조***가 작성되었으며, 이 신조는 이후 '튤립'*과 연관을 맺게 되었다. 그리고 아르미니우스의 견해를 지지하는 이들은 아르미니우스주의자로 알려지게 되었다. 다만 현대의 아르미니우스주의* 신학은 어떤 면에서 그의 원래 가르침에서 벗어나 있다.

아르미니우스주의 Arminianism #알미니안주의 네덜란드 신학자 야코부스 아르미니우스*와 그의 초기 추종자들인 항론파*의 가르침에 토대를 둔 신학 체계. 아르미니우스가 죽은 후, 항론파는 칼뱅주의*자들에 맞서 자신들의 신념을 요약하는 다섯 개의 조항을 발표했다. 이에 칼뱅주의자들은 **도르트 신조***로 그들에게 맞섰으며, 이 신조는 오랜 후에 '튤립'*TULIP으로 요약되었다. 네덜란드에서 항론파는 처음에 도르트 회의에서 이단으로 정죄되었으나 이후 법적으로 용인되었으며, 오늘날에도 많은 개신교인들이 아르미니우스주의를 따르고 있다. 이 사상에는 개혁신학과 공통되는 많은 교리*들이 있지만, 예정*과 **자유 의지***, 속죄*에 관한 가르침에서 후자와 뚜렷한 차이를 보인다. 이 사상 체계는 다음과 같은 아르미니우스의 원래 가르침들을 따라가는데, 이는 곧 하나님의 선택*은 인간의 자유로운 선택에 대한 그분의 예지*에 의존한다는 것과 그들이 예수님을 믿는 신앙*을 선택하게끔 하나님은 모든 사람에게 선행하는 은혜*를 주신다는 것, 그리고 신자들은 그리스도를 받아들이거나 거부할 자유 의지를 늘 지니고 있으므로 자신이 얻은 구원*을 상실할 수 있다는 것이다. 그리고 통치론적governmental 속죄관과 대리 형벌적penal-substitutionary 속죄관 가운데 어느 것이 더 정확한지 등의 핵심 사안에 관해, 현대의 아르미니우스주의적 흐름 가운데는 매우 다양한 관점이 포함되어 있다. 한편 오늘날의 아르미니우스주의자들은 때로 아르미니우스의 입장과 다른 견해를 보이기도 한다. 한 예로 그는 유아 세례*를 지지했지만, 지금 대부분의 아르미니우스주의자들은 그것에 반대한다.

아우구스티누스주의 Augustinianism #어거스틴주의 히포의 주교 성 아우구스티누스Aurelius Augustinus (354-430)가 끼친 방대한 영향력에 토대를 둔 신학 전통. 아우구스티누스가 남긴 유산 가운데는 그의 자전적이며 심오한 사색을 담은 『고백록』Confessiones(바오로딸, 2010; 대한기독교서회, 2003), 도나투스파 논쟁(이는 박해 기간에 신앙을 부인했던 목회자들이 시행하는 성례*의 타당성 여부에 관한 논쟁이다)의 시기에 북아프리카 주교로서 발휘했던 지도력, 교회와 국가의 관계를 성찰한 『신국론』De Civitate Dei(분도출판사, 2004)과 **삼위일체 신학***에 관한 중요한 논문, 그리고 여러 성경 주석이 있다. 그의 저술 전체에 걸쳐, 아우구스티누스는 우리를 자기 아래 예속시키는 죄*의 본성을 고찰하면서 인류에게는 하나님의 은혜*가 필요함을 주장한다. 이는 인간의 **자유 의지***를 강조하는 펠라기우스주의*의 설명과는 대조적이다. 루터*, 칼뱅*과 다른 종교개혁자들은 자신의 신학을 진술하면서 아우구스티누스에게 의존했을 뿐 아니라, 종교개혁* 자체를 아우구스티누스가 펠라기우스와의 논쟁에서 옹호했던 은혜 교리*를 재발견한 사건으로 여겼다. 루터는 에라스무스*와의 논쟁에서 아우구스티누스가 역설한 전적 타락*의 가르침을 주로 활용했으며, 칼뱅은 예정*에 관한 그의 통찰을 발전시키는 데 특히 관심을 쏟았다. 이에 덧붙여, 조나단 에드워즈*는 아우구스티누스의 효과적인 수사법 사용과 그 신학이 지닌 미적 특성을 칭찬했다. 전반적으로 개혁신학자들은 아우구스티누스의 교회론*보다는 그의 인간론과 원죄*론, 그리고 하나님의 주권*과 은혜*의 관계를 강조하는 견해에 더 깊이 의존하곤 한다. 이는 B. B. 워필드*가 「아우구스티누스」Augustine라는 제목의 글에서 인상적으로 언급한 바와 같다. "내적인 측면에서 볼 때, 궁극적으로 종교개혁은 아우구스티누스의 은혜론이 그의 교회론을 누르고 거둔 승리였을 뿐이다." 개혁신학자들도 '오직 성경*'의 원칙에 따라 때로 아우구스티누스의 신학을 비판하기는 했지만, 늘 철저히 아우구스티누스주의적인 성격을 지녀 온 개혁파 전통은 아우구스티누스에게 많은 빛을 지고 있다.

아우크스부르크 신앙 고백(문)(서) Augsburg Confession (1530) 이 신앙 고백서*는 주로 필립 멜란히톤*이 작성한 것으로, 가장 이른 시기에 만들어진 루터파*의 신앙 개요 중 하나이다. 이 문서에 담긴 스물여덟 개 조항은 이후 『루터교 신앙 고백서』*에 포함되었다. 아우크스부르크 신앙 고백서에서 다루고 있는 스물한 개 조항은 우선 하나님과 그리스도, 죄*와 칭의*, 교회와 그 사역, 그리스도인의 행실, 종말론*에 관한 교리*를 논하고, 나머지 일곱 조항은 바로잡아야 할 교회의 폐습을 다루고 있다.

아일랜드 신조 Irish Articles of Religion (1615) 트리니티 칼리지의 신학 교수였던 제임스 어셔James Ussher가 작성하고 아일랜드의 주교제 교회가 받아들인 신앙 선언문. 104개 조항으로 이루어져 있으며, 그 안에는 램버스 신조*의 내용도 포함되어 있다. 공식적으로는 1635년에 39개 신앙 신조*에 의해 대체되었지만, 이 신조는 이후 웨스트민스터* 신앙 고백서*의 기본적인 틀이 되었다.

아일랜드 종교개혁 Irish Reformation 아일랜드에 개신교*가 들어오게 된 과정. 16세기의 헨리 8세 통치기에 시작되었다. 아일랜드에서 개혁 운동은 주로 정치적 책략에 의해 퍼져나갔다. 이때 헨리 8세는 교황의 수위권을 없애고, 스스로 잉글랜드와 아일랜드 교회의 수장이 되려 했다. 당시 아일랜드의 일반 주민들은 로마 가톨릭

교나 이교, 또는 그 둘이 혼합된 형태의 종교를 신봉했으며, 튜더 왕가의 종교개혁은 주로 잉글랜드가 지배하는 지역에 자리를 잡았다. 1615년의 **아일랜드 신조***가 미친 영향력이 말해주듯이 제임스 어셔를 비롯한 아일랜드의 신학자와 학자들은 아일랜드 너머까지 종교개혁에 영향을 미쳤지만, 대부분의 사람들은 당시 잉글랜드 군주의 종교관에 따라, 로마 가톨릭교 또는 개신교를 추종하라는 상반되는 지시를 받아들여야만 했다. 그리고 이 두 종교 모두 그 의식이 영어로 실행되었기에, 주로 게일어를 쓰던 그들에게는 유익하지 못했다. 1630년대 얼스터에서 있었던 '6마일 강변의 부흥 운동'Six Mile Water Revival의 경우에서 보듯이 때로 개신교의 부흥기가 있었지만, 로마 가톨릭과 아르미니우스주의* 통치 세력에 의한 박해가 일상적으로 일어났다. 아일랜드가 대부분 로마 가톨릭을 따르는 왕당파의 지배 아래 넘어간 1641년의 반란 이후, 크롬웰*은 가차 없는 아일랜드 정벌에 나섰다. 그는 아일랜드인 가운데 누구든 로마 가톨릭교를 신봉하는 자에게는 형벌을 부과하는 법을 시행했다. 그리고 그 뒤에도 통치자들이 로마 가톨릭교와 개신교 사이를 오감에 따라 아일랜드는 계속 정치적 변화를 겪었으며, 종교적 관용의 수준도 계속 바뀌었다. 그러므로 아일랜드의 몇몇 개신교도는 개혁파 전통에 신학적으로 크게 기여했지만, 아일랜드 종교개혁 자체는 대부분 군사적인 정벌과 정치적 명령의 연속이었다. 그리하여 일반인들은 개혁파 세계관*과 교리*의 영향에 거의 노출되지 않았다.

안수 임직*을 보라.

알렉산더, 아치볼드 Alexander, Archibald (1772-1851) 1812년의 프린스턴 신학교 설립 시 처음으로 임명되었던 교수. 그는 웨스트민스터* 신앙 고백서*를 고수하고, 성경의 무오성과 스코틀랜드 상식 실재론을 옹호하면서 찰스 핫지* 등의 다른 이들과 함께 현재 '프린스턴 신학'*으로 알려진 학풍이 확립되는 데 기여했다. 알렉산더는 정기적으로 『프린스턴 리뷰』Princeton Review에 기고하고 많은 저서를 집필했다. 그는 장로교* 목사이자 교수로서 개인의 경건*과 종교적 체험을 매우 강조했다.

알미니안주의 아르미니우스주의*를 보라.

양립 가능론 compatibilism **하나님의 주권***과 인간의 자유는 서로 배

타적인 것이 아니라 양립 가능하다는 견해. 양립 가능론은 죄에 예속된 의지에 따라 행동할 자유와 성령에 의해 해방된 의지로써 행동할 자유를 서로 구별하며, 이런 구별은 개혁신학*에서 일반적으로 찾아볼 수 있다. 하나님의 은혜*만이 인간에게 참된 자유를 줄 수 있지만, 하나님의 섭리*와 인간의 자유로운 행동, 또는 하나님의 주권적인 구원*과 선행*의 필요성 사이에는 모순이 존재하지 않는다. 개혁파 전통에 속한 어떤 이들은 논리적이거나 철학적인 이유로 양립 가능론을 거부하지만, 대부분의 학자들은 하나님의 행하심과 인간의 행위 사이에 신비한 양립 가능성이 존재함을 인정하면서 어떤 형태로든 양립 가능론을 지지한다.

어거스틴주의 아우구스티누스주의*를 보라.

어셔, 제임스 Ussher, James **아일랜드 신조***를 참조하고, **아일랜드 종교개혁***과 **청교도 운동** 또한 살펴보라.

언약 신학 covenant theology #계약 신학↲ 이는 하나님이 그분의 피조물들과 언약을 통해 관계를 맺으시는 방식에 초점을 두는 형태의 성경신학*으로, '계약 신학'federal theology으로도 알려져 있다. 이 언약은 하나님과 인류 사이의 구속력 있는 관계로서, 그 속에는 상호 간의 약속과 책임이 포함되어 있다. 개혁신학*에서 이 관점의 기원은 유아 세례*를 옹호하면서 하나님이 아브라함과 맺으신 언약을 강조한 츠빙글리*에게로 거슬러 올라간다. 칼뱅* 역시 하나님이 세우신 은혜* 언약의 통일성과 함께 구약과 신약 모두에서 **율법과 복음***이 지속됨을 강조했지만, 개신교에서 성경의 언약적 통일성을 옹호하는 최초의 본격적인 논문을 저술한 것은 불링어*였다. 요하네스 코케이우스*는 칼뱅과 자카리아스 우르지누스*, 카스파르 올레비아누스를 비롯한 이들의 작업을 토대로 삼아 자신의 언약 신학을 구축했으며, 그의 신학은 성부와 성자 사이에 맺어진 영원한 구속 언약을 두 개의 기본적인 구속사*적 언약, 곧 행위 언약/은혜 언약과 구분 짓는 관점으로 발전시켰다는 점에서 중요성을 지닌다. 하나님은 아담과 하와와 함께 행위 언약을 체결하시고, 순종의 조건 아래 생명을 약속하셨다. 그러나 아담과 하와가 불순종에 빠지자, 하나님은 마귀를 누르고 승리를 가져오신다는 약속으로 은혜 언약을 체결하셨다(창 3:15). 이 언약은 구속사* 전체에 걸쳐 다양한 형태로 반복되며, 마침내 그리스도께서 이루신 새 언약에서 그 정점에 이르렀다. 코케이우스의 이 관점은 개혁신학자들에게 널리 수용되었고, **웨스트민스터 표준 문서***에서도 표현되었다. 언약 신학은 세대주의*와 대조를 이루는 개혁신학*의 중요한 주제 중 하나로 남아 있지만, 행위 언약과 은혜 언약의 구분에 관해서는 상당한 논쟁이 있었다. 이 전통에 속한 다른 이들은 그 구분을 받아들였으나, 칼 바르트*나 존 머리John Murray 같은 이들은 그것을 거부했기 때문이다.

언약도 Covenanters #언약파♩ 주교제 형태의 예전*과 교회 정치제도*를 스코틀랜드 개혁교회에 부과하려 한 잉글랜드의 왕 찰스 1세 등의 시도에 반발한 스코틀랜드의 장로교*인들. 처음에 제기한 항의가 묵살된 후, 1638년에 언약도들은 스코틀랜드의 기독교적 자유를 지키기 위해 '국민 언약'으로 알려진 엄숙한 협약문을 작성했다. 이후 잉글랜드와 스코틀랜드 사이에 벌어진 전쟁에서 잉글랜드 왕가는 언약도들의 요구에 굴복할 수밖에 없었다. 그러나 1660년의 왕정복고 이후, 언약도들은 스코틀랜드에 **주교제 교회***가 복원된 '죽임의 때'the killing times에 혹심한 박해를 당했다. 이 박해는 영국제도를 통치한 최후의 로마 가톨릭 왕 제임스 7세(잉글랜드의 제임스 2세)가 1688년의 명예혁명 시기에 잉글랜드를 떠나 피신할 때까지 지속되었다.

에드워즈, 조나단 Edwards, Jonathan (1703-1758) 1740년대에 일어난 1차 **대각성 운동***의 원동력이 되었던 미국의 신학자. 그의 글들에는 칼뱅주의*의 신념에 깊이 공감하는 모습이 나타난다. 그는 1726년 예일 대학을 졸업하고 매사추세츠 주의 노샘프턴에서 목회를 시작하여, 1750년까지 그곳에 머물렀으나 성찬*에 관한 엄격한 견해 때문에 해임되었다. 그 후 같은 주의 스톡브리지로 이주하여 북미 원주민들에게 선교 활동을 펼쳤으며, 이때 몇몇 자신의 가장 원숙한 작품들을 저술했다. 에드워즈는 결국 새로 설립된 뉴저지 대학(프린스턴)의 총장이 되었으나, 부임한 뒤 곧 사망했다. 1741년에 전한 그의 설교 「진노하시는 하나님의 손 안에 놓인 죄인들」Sinners in the Hands of an Angry God(부흥과개혁사, 2004: 생명의 말씀사, 2017)은 1차 대각성 운동의 시발점 중 하나였다. 그 설교에 대한 평판 때문에 에드워즈의 전반적인 신학이 왜곡되기는 했지만, 하나님을 향한 죄인의 적개심과 하나님의 공의가 지닌 중대성은 그의 저술

속에 담긴 중요한 주제들을 보여주는 것이다. 그리고 이 개념들은 그의 저서 『의지의 자유』*Freedom of the Will*(부흥과개혁사. 2016)와 『원죄론』*Original Sin*(부흥과개혁사. 2016)에서 더욱 본격적으로 표현되었다. 이 두 책에서 그는 죄*의 심각성과 성령님이 우리를 그로부터 해방시키시는 중생*에 관한 개혁파의 전통적인 가르침을 서술했다. 그의 영향력은 신학을 넘어서서 심리학과 철학 등의 분야에까지 미쳤다. 예를 들어 그는 『신앙감정론』*Treatise Concerning Religious Affections*(부흥과개혁사. 2005)에서 '참된 종교'의 표지로서 감정과 체험, 거룩한 삶이 지닌 의의를 탐구했는데, 그 내용은 윌리엄 제임스의 『종교적 경험의 다양성』*Varieties of Religious Experience*(한길사. 2000)에 상당한 영향을 주었다. 그뿐 아니라 에드워즈는 (『의지의 자유』에서 다룬) 신학적 결정론과 (특히 그의 초기 저술들에서 다룬) 관념론, (『원죄론』에서 다룬) 기회 원인론에 관한 그 특유의 표현방식을 통해, 철학계에도 지속적인 영향을 미치고 있다.

에라스무스, 데시데리우스 Erasmus, Desiderius (c. 1467–1536) 탁월한 인문주의* 학자로서 교회 개혁의 운동들에 추진력을 제공한 인물. '로테르담의 에라스무스'로도 알려져 있다. 그는 신학을 스콜라주의, 수도원 제도와 떼어놓으려 했으며(그의 글 『우신예찬』*Praise of Folly*(열린책들. 2011)을 보라), 엄격한 체계를 회피하고 인문주의* 학자의 자유로운 합리성을 선호하는 모습을 보였다. 종교개혁*의 초기에는 양측 모두 그의 권위에 호소했는데, 이때 그가 보인 견해들은 사회와 교회의 안정을 바랐던 그의 더 넓은 관심사에 비추어 주의 깊게 숙고되어야 한다. 그가 출판한 그리스어 신약 성경은 주된 공인 본문textus receptus으로 인정되었으며, 루터*와 틴데일*이 펴낸 혁명적인 번역*본들의 토대가 되었다. 이후 그는 점점 더 분열되어 가던 개혁의 움직임들을 버리고 로마 가톨릭의 편에 서서, **자유 의지*** 문제에 관해 루터와 논쟁을 벌였다. 그는 로마 가톨릭과 종교개혁자들 사이에서 평화로운 해결책을 찾기 원했지만, 최종적으로는 양측 모두가 서로를 화해시키려던 그의 시도를 거부하게 되었다.

에임스, 윌리엄 Ames, William (1576–1633) **도르트 회의***에서 항론파* 의 신조를 정죄하는 데 중요한 역할을 감당했던 잉글랜드의 주도적인 청교도* 신학자. 케임브리지의 윌리엄 퍼킨스* 밑에서 공부한 그는 피터 라무스Peter Ramus의 논리학과 철학을 신학에 적

용했으며, 신학의 주된 과제를 분류classification로, 그 목표는 하나
님의 마음을 드러내는 일로 보았다. 1610년 그는 케임브리지에
서 네덜란드로 떠났으며 1622년부터 프라네커르Franeker 대학에
서 가르치기 시작했다. 그의 영향력은 유럽뿐 아니라 북미 대륙에
까지 미쳤으며, 가장 잘 알려진 저서로는 『신학의 정수』The Marrow
of Theology(CH북스, 2012)와 Conscience with the Power and Cases
Thereof가 있다.

에큐메니즘 ecumenism #교회일치주의 '사람이 거주할 수 있는 모든
땅'을 의미하는 그리스어 단어 오이쿠메네oikoumenē에서 온 표현.
기독교 전통들 가운데서 어느 하나가 교리적인 주도권을 쟁취하
기보다는 서로 가시적인 일치를 이루려 하는 운동을 나타낸다. 세
계개혁교회커뮤니언*WCRC 같은 조직체들은 다른 기독교 전통들
과 대화하고 선교의 노력을 펼치는 가운데서, 개혁파의 통일된 정
체성을 증진해 나가려 한다. 개혁파 전통 내에서는 종종 수많은 분
열이 발생했으나, 근래에는 통합을 향한 의미 있는 움직임이 이루
어져 왔다. 이는 남인도 교회Church of South India (1947)와 북인도 교
회Church of North India (1970)의 창립, 영국 연합개혁교회United Reformed
Church in the UK (1972)의 창립과 미국 장로교회Presbyterian Church, USA
(1983)의 창립에서 보게 되는 바와 같다. 그러나 개혁파 전통 내의
많은 이들은 에큐메니즘에 입각하여 가시적 일치를 추구하는 그런
노력이 신학과 선교의 순수성을 과도하게 손상시키는 결과를 낳지
는 않을지 여전히 우려한다.

연옥 purgatory 로마 가톨릭 전통에서 가르치는 정화의 장소. 일부 신
자들은 회개하지 않은 죄*나 공로*의 결핍, 또는 하늘에 들어가기
어려운 다른 문제점 때문에, 죽은 후 일시적으로 이곳에 머물게 된
다. 면벌부*는 수수료를 받고서 어떤 이가 연옥에 머무는 시간을
단축시켜 주는 증서이므로, 로마 가톨릭의 구원론*에 포함된 이
가르침은 그 문서의 사용에 중요한 근거가 된다. 루터*는 이 교리
를 부인했으며, 이후의 개신교도들도 그것을 거부했다. 이는 이 교
리의 유일한 존립 근거가 성경의 정경*이 아닌 외경Apocrypha에 있
었기 때문이다. 더 나아가 이신칭의*를 강조할 때, 그리스도의 사
역 외의 방식으로 죄를 만족시켜야 할 필요성은 사라지게 된다.

연합 그리스도와의 연합* 참조.

영광의 신학 *theologia gloriae* **'십자가의 신학'***과 달리, 라틴어로 '영 광의 신학'을 의미하는 *테올로기아 글로리아이*_{theologia gloriae}는 사 변적인 이성을 통해 하나님을 아는 지식*을 추구하며 인간의 노력 으로 의*를 획득하려 하는 접근법으로, 마르틴 루터*는 이러한 신 학을 반대하였다. 이 '영광의 신학'은 죄*의 광범위한 결과를 부정 하고, 그리스도 안에서만 얻을 수 있는 하나님의 은혜*를 벗어나 서 인간의 능력에 과도한 신뢰를 부여하기 때문에, 개혁신학*과 어울리지 않는다. 칼 바르트* 같은 일부 개혁신학자들의 경우에는 **자연 신학***을 '영광의 신학'에 결부된 것으로 간주하지만, 한편 다 른 이들은 **특별 계시***와 **일반 계시*** 모두를 통해 하나님을 정말로 알 수 있다고 주장하기도 한다.

영성 (교리), 교회의 spirituality of the church 종종 미국 남부의 장로 교*에서 생겨난 것으로 간주되는 신학적 개념. 교회의 선교*와 사 회적인 삶 사이에는 날카로운 차이점이 있음을 강조한다. 이 교 리*에 따르면, 교회는 정치적인 사안이나 사회경제적인 문제에 관 여하지 않아야 하며, 국가 역시 '영적인' 사안에 간섭하거나 그에 관한 교회의 권세를 빼앗아서는 안 된다. 이 관점은 남북전쟁 시기 의 미국에서 제임스 헨리 손웰_{James Henry Thornwell}의 영향 아래 부각 되었으며, 이후 남부의 일부 장로교인들은 이 관점을 근거로 삼아 개혁교회들이 인종차별의 철폐를 적극적으로 옹호하는 일을 반대 했다. 두 **왕국*** 신학의 주창자들과 마찬가지로, 이 교리의 옹호자 들은 시민 종교의 형성과 신앙의 정치화를 피하려 한다. 그러나 이 교리의 위험성은 사회적 불의에 무관심한 태도(적극적인 옹호는 아닐지라도)를 키울 수 있다는 점이다. 이는 교회가 인종 차별, 경 제적 불의와 씨름해 온 고통스러운 역사에서 보게 되는 바와 같다.

영역 주권 sphere sovereignty 아브라함 카이퍼*가 처음으로 제시한 신 칼뱅주의*의 특징적인 견해. 가정과 정부*, 경제 제도와 교회를 비 롯한 사회의 모든 분야를 각기 구별되는 영향력과 권세를 지닌 영 역들로 간주하며, 이 각각의 영역은 창조 질서를 통해 생겨난 것으 로서 **하나님의 주권***에 의해 다스림을 받는다고 본다. 그리고 이 영 역들의 정당성은 하나님께로부터 직접적으로 주어진다. 곧 예를 들 어 교회의 정당성은 국가로부터 부여되는 것이 아니며, 국가 역시 교회로부터 그 정당성을 부여받지 않는 것이다. 한편 헤르만 도여베르트*는 각 영역의 지배적인 규범들을 식별함으로써 이 개념을 확장시켰다. 이는 곧 그 삶의 영역을 바르게 이해하고 활동하게끔 인도해 주는 규범들이다. 이 개념은 특히 네덜란드의 개혁파 전통에서, 20세기 기독교 교육*과 세계관*의 발전, (직업) 소명*에 관한 이해와 그리스도와 문화*에 관한 논의에 광범위한 영향을 미쳤다.

영화 glorification 이 일은 때로 **구원의 순서***에 속한 최후의 사건으로 여겨진다. 신자들은 이 영화를 통해 완전하고 최종적인 구속을 얻으며, 모든 죄*에서 자유롭게 되어 하나님과 아무 제약이 없는 친교를 누리게 된다. 영화는 그리스도와의 **연합***에 의존하는 것으로, 아직 경험되지 않은 미래의 실재로 간주된다. 그러나 다른 한편으로 그것은 예수님의 부활에 근거함과 아울러, 그분과 연합한 이들에게 주어진 신체적 부활의 약속에 근거한 것으로서 확실한 실재이다. 이 교리는 **성도의 견인***과 부합하며, 자신에게 닥친 시련은 일시적일 뿐임을 알고 고난을 견디도록 신자들에게 힘을 준다.

예배 worship 하나님께 감사와 경배로 응답하는 행위. 일반적으로는 기독교적 경건*의 전반적인 형식과 아울러 찬미의 예전*적인 표현을 가리키며, 여기에는 공적인 것과 사적인 것 모두 포함된다. 종교개혁자들은 공적인 예배와 사적인 예배 모두에서 **우상 숭배***를 피하고 성경적인 순수성을 유지해야 한다는 점을 단호히 주장했으며, 이는 교화에 초점을 두면서 단순하고 이해하기 쉬운 형태의 예전*을 구성하는 동기가 되었다. 예배 시 음악*의 역할에 관해서는 다양한 관점이 있지만, 전반적으로 개혁신학*에서는 말씀*과 성령이 강조되기 때문에 설교*와 성례가 늘 개혁파의 예배에서 중심 역할을 수행해 왔다. 오늘날에도 여전히, 전 세계의 개혁파 전통 내에는 매우 다양한 예배의 형태와 방식이 존재하고 있다.

예전 liturgy #전례 공적인 예배*의 형태나 순서에 관해, 개신교*는 전통적인 예전의 일부 요소를 보존하는 한편 다른 요소들은 재구성했다. 예를 들어 개신교 예전에도 기도*와 찬송이 포함되어 있지만, 그것들은 이전의 것보다 훨씬 더 적극적이고 참여적인 성격을 지닌다. 일반적으로 개신교도들은 로마 가톨릭 미사*의 **사제 중심주의***와 성례전 중심주의를 비판하고, 성경 낭독과 설교*를 특징으로 하는 말씀*의 예전을 선호했다. 대부분의 개혁파 전통에서는 『성공회 기도서』*와 같은 예전 지침서를 만들었으며, 그 안에는 공

적인 예배 순서뿐 아니라 사적인 예배와 세례*, 혼인*과 장례 등의
특별 예식에 관한 지침도 포함되어 있다.

예정 predestination 인류의 구원*에 대한 **하나님의 주권***을 논하는
교리*. '선택'*으로도 알려져 있다. 많은 개혁신학자들은 선택된 이
들을 예정하시는 하나님의 능동적인 의지와 선택되지 않은 이들을
지나치시는 그분의 수동적인 행위 사이를 서로 구분한다. 그러나
다른 이들은 종종 '이중 예정'double predestination이라 불리는 대등한
행위를 강조하는데, 이것은 하나님이 선택된 이들의 구원과 그렇
지 않은 이들의 파멸 모두를 능동적으로 작정하심을 의미한다. 대
부분의 개혁신학자들은 목회적인 관점에서 예정을 논하면서 그 교
리를 **구원의 확신***과 순종의 책임에 연관 짓는 방식을 택한다. 따
라서 전도*를 포기하거나 **도덕률 폐기론***을 장려하는 것은 이 교
리의 필연적인 귀결도, 정당한 귀결도 아니다.

예지, 하나님의 foreknowledge, divine #신적 예지 신적인 전지성 또는
모든 일에 관한 지식의 한 양상으로, 하나님이 미래에 관해 품고
계신 포괄적인 지식이다. 주류 개혁파 전통에서, 하나님의 선택*은
어떤 이가 믿게 될지에 관한 그분의 예지에 의존하지 않는다. 하나
님의 작정*이나 뜻 또는 의향은 선택의 직접적인 원인이 되어 그
선택을 무조건적인 것으로 만들기 때문이다. 아르미니우스주의*
자들은 이런 관점이 인간의 **자유 의지***를 부정하는 것이라고 주장
한다. 그러나 많은 개혁신학자들은 기계적인 결정론과 자유 의지
론자libertarian들이 주장하는 하나님의 작정*에 영향 받지 않는 자
유 의지 사이에서, **양립 가능론*** 등의 중도 노선을 제시하고 있다.

오래된 빛 Old Lights #옛빛파 찰스 촌시Charles Chauncy를 비롯한 18세
기 뉴잉글랜드 신학자들의 견해를 지지한 이들. 이 학자들은 계몽
주의 세계관*의 영향을 받아, 신앙*과 교리*를 이성의 지도 아래
놓아야 한다고 가르쳤다. 이들은 이성을 강조하고 경건*과 영적
체험의 역할을 축소시켰으며, **대각성 운동*** 때에 일어난 부흥에
반대했다. 이들은 그 부흥을 과도한 감정적 체험으로 여기고, 참된
기독교에서 벗어난 것일 수 있다고 보았다. 개혁파에 뿌리를 둔 이
집단은 회중교회파*와 장로교*인들로 구성되어 있었지만, 이후 전
통적인 정통 신학에서 벗어났다. 한편 더 넓은 의미에서, '오래된
빛'이라는 용어는 기독교나 다른 종교에 속한 어떤 기관이나 운동

내부에서 변화를 지지하지 않는 집단을 가리키는 데도 쓰인다.

오르도 살루티스 구원의 순서*를 보라.

오번 애브뉴 신학♪ Auburn Avenue Theology **페더럴 비전***을 보라.

오시안더, 안드레아스 Osiander, Andreas (1498-1552) 뉘른베르크 Nuremberg 출신의 독일 종교개혁자. 1520년에 사제로 임직* 받았으나, 1522년 종교개혁*의 대열에 합류했다. 그는 루터*의 편에 서서 **마르부르크 회담***(1529)에 참여했으며, **아우크스부르크 신앙고백서***(1530)의 서명자 중 하나였다. 이후 라이프치히 잠정안the Leipzig Interim에 의해 뉘른베르크에서 추방되었으나, 1549년 쾨니히스베르크Königsberg 대학의 교수직을 얻었다. 오시안더는 그리스도의 신성이 신자들 속에 주입되는 것으로 여기고, 따라서 칭의*와 경건*은 서로 뗄 수 없는 관계에 있다고 보았다. 그래서 그는 칭의를 단순한 전가*로 간주한 멜란히톤*의 교리에 반대했다. 또한 그는 불가타Vulgata 성경을 개정하고 복음서 '대조본'harmony을 최초로 출간한 일과, 코페르니쿠스의 저서 『천체의 회전에 관하여』 *Concerning the Heavenly Revolution of the Planets*(서해문집, 1998)에 서문을 쓴 일로 알려져 있다.

오어, 제임스 Orr, James (1844-1913) #오르 스코틀랜드의 장로교* 목사. 연합 장로교 칼리지United Presbyterian College의 교회사 교수였으며, 이후 글래스고에 있는 트리니티 칼리지의 조직신학*과 변증학* 교수로 재임했다. 그는 리츨Ritschl을 따르는 자유주의 신학과 현대 신학의 주관주의적 전환에 반대한 주요 인물로서, 기독교를 성경에 기록된 하나님의 권위 있는 계시*에서 유래한 객관적인 세계관*으로 설명했다. 그는 국제적인 강연과 여러 저술 활동을 통해 많은 영향력을 끼쳤을 뿐 아니라, 1900년에 있었던 스코틀랜드 자유교회와 연합장로교회의 통합에도 중요한 역할을 감당한 지도자였다.

오웬, 존 Owen, John (1616-1683) #오언♪ 잉글랜드의 청교도* 신학자이며 수많은 글을 남긴 저술가. 옥스포드 대학에서 교육을 받았으며, 일생 동안 학문과 정치, 목회의 영역에서 다양한 역할을 수행했다. 그는 올리버 크롬웰이 지휘하던 군대의 군목, 옥스포드 대학의 부총장(1652-1657), 옥스포드에 위치한 크라이스트 처치의 수석사제(1651-1660) 등을 두루 거쳤으며, 조직신학자이자 주경註經신학자로서 엄청난 저술 활동을 펼쳤다. 19세기에 출판된, 그의 저작 전집의 권위 있는 판본에는 다양한 주제의 글들이 조밀하게 수록된 책이 스물네 권이나 포함되어 있다. 그 안에는 삼위일체 신학*부터 히브리서를 상세히 논한 여러 권의 주석, 그리고 이제껏 기록된 것 가운데 가장 감동적인 경건 문학이 망라되어 있다.

오직 그리스도(솔루스 크리스투스) *solus Christus* '**오직 믿음**'*과 마찬가지로, '오직 그리스도'('솔루스 크리스투스')라는 어구는 오직 그리스도의 희생과 중보를 통해서만 구원*이 성취되며, 따라서 그리스도는 교회의 유일한 토대가 되신다는 것을 나타낸다. 또한 일부 개혁신학자들은 그리스도만이 하나님의 계시*이며 말씀*이심을 강조하지만, 다른 개혁신학자들은 창조 세계와 성경에 나타난 계시* 역시 인정한다.

오직 믿음(솔라 피데) *sola fide* 이 라틴어 어구는 루터*의 신학적 특징이 담긴 표현으로, '오직 믿음'을 뜻한다. 이 어구에서 말하는 바는 곧 구원*과 칭의*는 하나님이 이루시는 사역이며, 우리는 선행*을 통해 그 일들을 성취하는 것이 아니라 오직 신앙*으로 그 일들을 받아들이게 된다는 것이다. 다만 종교개혁의 신앙 고백서*들은 대부분, 구원의 신앙에는 언제나 선행이 동반됨을 확언한다.

오직 성경(솔라 스크립투라) *sola scriptura* '오직 성경'을 뜻하는 라틴어 어구. 이 어구에는 성경이 교리*와 삶에 관해 독특한 권위를 지님을 믿고 그것에 헌신한다는 의미가 담겨 있다. 한편 교회 전통*이 지닌 권위는 성경과 동등한 것이 아니라, 그로부터 파생되는 것이다. 그러나 이 헌신은 성경이 믿음과 실천을 위한 유일한 출처임을 뜻하는 것은 아니다. 다만 성경은 다른 출처들에서 얻은 통찰의 적합성을 판단하는 표준이 됨을 의미한다.

오직 은혜(솔라 그라티아) *sola gratia* '오직 은혜'를 뜻하는 라틴어 어구. 루터*를 비롯한 종교개혁* 운동 전체에서 사용된 표어이다. 개혁자들은 이 어구를 통해 구원*은 처음부터 끝까지 순전히 선물로 주어지는 것임을 강조하는 한편, 하나님의 약속과 구원의 능력을 온전히 신뢰하고 확신을 품도록 신자들을 격려했다.

오직 하나님께 영광(솔리 데오 글로리아) *soli deo gloria* '오직 하나님께 영광'을 뜻하는 라틴어 표현. 하나님의 본질identity과 그분이 은혜롭게 행하신 구원*에 근거하여, 오직 그분만이 존귀와 경배를 받으실 분임을 나타낸다. 이 어구는 하나님께로부터 온 신앙*과 은혜*, 성경과 그리스도의 독특성을 인정하면서, 종교개혁의 다른 '오직'에 관한 구호들의 내용을 요약하고 있다('오직 믿음'*, '오직 은혜'*, '오직 성경'*과 '오직 그리스도'*).

와츠, 아이작 Watts, Isaac (1674-1748) 잉글랜드의 목회자, 저술가이 며 찬송가 작시가. 종종 '영어 찬송가의 아버지'로 불린다. 그는 청 교도* 전통에서 양육된 뒤 런던의 독립교회 목사가 되었으나, 젊 은 나이에 병을 얻어 남은 생애 내내 나쁜 건강에 시달리게 되었 다. 그는 그럼에도 신학과 철학의 다양한 주제에 관해 수많은 글을 남긴 저술가가 되었으며, 특히 성경 본문 이외의 시구를 종종 활용 하면서 수백 편의 찬송시를 쓴 것으로 잘 알려져 있다. 와츠의 작 품들은 개혁파 전통과 복음주의* 내부의 예배*에 광범위한 영향을 미쳤으며, 특히 공적 예배에서 시편송과 함께 찬송가를 부르는 관 행에 많은 영향을 주었다.

요리문답 교리문답*을 보라.

우르지누스, 자카리아스 Ursinus, Zacharias (1534-1584) #우르시누스 브 레슬라우Breslau 출생의 개혁신학자. 하이델베르크 교리문답*의 저 자 중 하나로 잘 알려져 있다. 그는 비텐베르크 대학에서 학업을 시작했으며, 그곳에서 필립 멜란히톤*의 영향을 받았다. 취리히에 서 얼마간 피에트로 마르티레 베르미글리*와 함께 공부한 후, 그는 1561년 하이델베르크 대학의 신학 교수가 되었다. 그리고 1562년 에는 카스파르 올레비아누스Caspar Olevianus와 함께 하이델베르크 교리문답을 집필했으며, 이 교리문답은 일관되게 개혁파적인 교 리*와 사람들의 마음을 끄는 경건하고 따뜻한 어조로 알려져 있다. 이에 더하여, 우르지누스는 팔라티네이트Palatinate 교회, 곧 독일 개 혁교회의 모든 주요 신앙 고백서*를 작성하는 책임을 감당했다.

우상 숭배 idolatry 거짓된 신들을 숭배하거나, 또는 참되고 유일하신 하나님을 묘사한 형상을 숭배하는 행위. 종교개혁* 시기에 개신교 도들은 광범위한 성상 파괴* 운동을 일으켰다. 그들은 성상과 조각 상, 그림을 사용하거나 그리스도를 어떤 식으로든 물리적으로 표현 하는 행위를 우상숭배로 여기고 비난했으며, 이 후자의 행위에는 미 사* 도중에 성찬의 빵이 그리스도의 몸으로 변화한다는 가르침도 포함되었다. 그리고 좀 더 일반적으로, 종교개혁자들은 어떤 사람이나 사물, 관념이든 간에 하나님 대신에 그것을 귀히 여기고 숭배함으로써 우상으로 삼을 수 있는 인간의 죄악된 성향을 강조했다.

우슬리, 루이자 머라이어 레이맨 Woosley, Louisa Mariah Layman (1862-1952) 개혁파 교단에서 목사로 임직*되고(1889), 그 지위를 공식으로 인정받은 첫 여성. 우슬리는 성경에 기록된 여성들의 역할을 연구한 후, 이 소명을 추구하게 되었다. 그리고 그녀는 자신의 사역을 옹호하기 위해, 그 연구의 결과물을 「여성도 설교해야 하는가?」 Shall Woman Preach?라는 제목의 논문으로 출판했다. 임직 후 초기의 반대를 이겨낸 후, 그녀는 컴벌랜드 장로교회에 속한 목사로 사십오 년간 사역했다. 그녀는 끈기 있게 직무를 수행하면서 자신의 고향인 켄터키 주의 여러 교회에서 목회자로 섬겼으며, 미국의 몇 개 주를 돌며 복음 전도자로도 활동했다. 그리고 컴벌랜드 장로교회의 총회에 총대로 참석하기도 했다.

워필드, 벤저민 B. Warfield, Benjamin B. (1851-1921) #벤자민 프린스턴 신학교의 신학 교수이며 '프린스턴 신학'*으로 알려진 학풍의 주창자였던 장로교*의 인물. 그는 『프린스턴 리뷰』Princeton Review의 편집자 역할을 수행했으며, A. A. 핫지Hodge의 뒤를 이어 '교리와 변증 신학'didactic and polemical theology 담당 교수가 되었다. 그는 위대한 변증가로서, 성경 무오 교리의 변증에 많은 노력을 쏟았다. 그는 수많은 작품을 집필했으며, 그중 영향력 있는 것으로는 *Introduction to the Textual Criticism of the New Testament*와 A. A. 핫지와 공동 집필하여 『프린스턴 리뷰』에 실린 글 「영감」Inspiration 등이 있다.

원인, 일차와 이차 cause, primary and secondary 비우연적이며 무한한 존재의 일차적 동인agency과 우연적이며 유한한 존재들의 이차적 동인을 구별하는 철학의 고전적인 원리. 중세 스콜라주의에서 발전해 나온 개혁파 스콜라주의*는 이 구별을 주의 깊게 발전시켰다. 이는 만물이 하나님 안에 거하고 그 안에서 활동하며 그 존재를 유지하지만, 그분은 악의 근원author이 아니시며 그 피조물들을 꼭두각시처럼 부리지도 않으신다는 것을 설명하기 위함이었다. 예를 들어, 다음과 같은 바빙크*의 고찰은 그 전통을 대변한다. 그에 따르면 "나무가 탈 때 그것이 타게끔 하시는 분은 오직 하나님이시지만", 형식적으로 이 연소 과정은 하나님이 아니라 나무에 속한 것으로 간주되어야 한다. 곧 나무가 그 과정의 주체인 것이다.

이와 마찬가지로 어떤 것을 믿고 행동하며 말하는 이는 사람들이지만, 하나님만이 "죄를 범하기 위해 필요한 힘과 활력"을 죄인에게 공급해 주실 수 있다. 그럼에도 죄의 주체/근원은 하나님이 아니라 죄인 자신인 것이다(참조. 웨스트민스터* 신앙 고백서* 3.1). 하나님의 무한한 의지와 작정*을 이런 식으로 피조물들의 자유 의지*와 연관 짓는 것은 수많은 주제에 관한 개혁파의 관점을 형성해 왔으며, 그 속에는 하나님의 섭리*, 양립 가능론*과 기도*가 포함된다. 더 나아가서 아퀴나스의 관점을 따라, 개혁파에서는 종종 기적을 하나님이 일반적인 이차 원인들을 사용하시지 않으면서 자신의 초자연적인 사역을 수행하시는 일로 정의한다.

원죄 original sin 인류의 대표자인 아담과 하와가 최초의 죄*를 범한 결과로, 온 인류에게 전가된 하나님과의 깨어진 관계. 원죄의 정확한 성격과 영향, 예를 들어 **하나님의 형상***이 어느 정도까지 그 죄로 파괴되었는지 등에 관해서는 개혁파 전통 내부에서도 논쟁이 있다. 하지만 그 죄가 각 사람의 전 존재(이를테면 그 이성과 의지, 감정과 몸)에 영향을 미친다는 점, 그리고 그 원죄의 죄책은 그저 세례*를 통해서가 아니라 믿음으로써 받아들인 그리스도의 사역을 통해서만 제거될 수 있다는 점에 관해서는 전반적으로 의견이 일치한다. 칼뱅*은 아담과 하와에게서 원죄가 전가*된 것을 강조한 반면, 루터*는 그저 낯선 죄책뿐 아니라 죄를 향하는 적극적인 경향성까지 포괄하는 것으로 원죄의 인격적인 본성을 강조했다. 이는 의지의 자유를 얻어 그리스도를 사랑하게 된 신자들에게도 지속적인 영향을 미치지만, 그들을 지배하지는 못한다.

웨스트민스터 총회 Westminster Assembly (1643-1649) 이 총회는 잉글랜드 내전 기간 동안 의회에 소속되어 있었던 가장 큰 규모의 위원회로, 잉글랜드 교회의 개혁을 위해 의회가 왕의 재가 없이 소집한 회의였다. 이 총회의 참석자 가운데는 상원과 하원의 의원들, 그리고 영국 전역에서 모인 성직자들이 포함되어 있었으며, 1643년 7월 1일 웨스트민스터 사원에서 첫 모임을 가졌다. 장로교*와 독립파, 에라스투스주의Erastianism를 따르는 성직자들이 모인 이 회의에서는, 교리*와 교회 정치제도*, 예전*과 예배, 그리고 잉글랜드와 스코틀랜드 교회의 통합 가능성에 관한 논의가 이루어졌다. 그리고 스코틀랜드 교회의 총회는 이 총회에서 작성된 **웨스트민스터**

표준 문서*를 채택했으며, 잉글랜드와 스코틀랜드 의회도 각기 다른 수준에서 이 문서들을 받아들였다. 이 문서들의 출간 이후에도, 웨스트민스터 총회는 1649년에 해산하기 전까지 목사 임직* 후보자들을 검증하고 다른 교회적 사안들을 처리하는 위원회의 역할을 계속 수행했다.

웨스트민스터 표준 문서 Westminster Standards **웨스트민스터 총회*** (1643-1649)에서 작성된 신앙 고백 문서들. 이 문서들 가운데는 웨스트민스터 신앙 고백서*(1646)와 대소교리문답(1647), 공적 예배 모범 (1644), 장로교 교회 정치 양식(1645)이 포함된다. 이 문서들은 지금도 세계 곳곳의 몇몇 개혁과 교단에서 헌법적인 문서로 사용되고 있다.

위그노 Huguenots 프랑스의 개신교도들을 지칭하는 용어. 이 표현은 독일어의 아이트그노슨eidgenossen(맹약자들)에서 변형된 단어일 수도 있으며, 이는 프랑스의 종교개혁*이 처했던 정치적 상황을 반영한다. 칼뱅*의 가르침의 영향 아래 1555년부터 서로 다른 개신교 집단들이 조직되기 시작했고, 그 일은 프랑스 개혁교회의 설립으로 이어졌다(파리. 1559). 혹독한 박해에도 불구하고, 개신교도들은 낭트 칙령(1598)을 통해 프랑스 내부에서 법적 정당성을 획득했다. 하지만 루이 14세가 그 칙령을 폐지한 후 공적인 박해가 일어나자, 개신교도들은 스위스와 독일, 잉글랜드, 네덜란드와 북미 대륙으로 대거 이주하게 되었다. 19세기가 되기까지 소수의 개신교도가 프랑스 내에 남아 있었으며, 그 이후에는 점진적인 관용 정책의 결과로 다시 상당한 규모의 소수파로 성장하게 되었다.

위더스푼, 존 Witherspoon, John (1723-1794) 스코틀랜드의 장로교*도. 미합중국의 수립기에 정치적 지도력을 발휘한 것으로 잘 알려져 있다. 스코틀랜드에서 목회하던 젊은 시절, 그는 부유한 지주들이 교회를 좌우지하는 풍토에 맞서는 데 특히 힘을 쏟았다. 그리고 1768년에는 미국 식민지로 이주하여 뉴저지 칼리지(현재의 프린스턴 대학)의 여섯 번째 학장이 되었으며, 그곳에서 제임스 매디슨 James Madison을 비롯한 미국의 수많은 주요 정치가들을 가르쳤다. 그러나 그는 지식인보다는 공적인 인물로서 더 큰 영향력을 발휘했다. 그는 시민적인 공화주의를 지지하면서 독립 선언서에 서명하고, 미국 헌법을 비준하는 투표에 참여했다. 그리고 성직자로서, 그는 미합중국 내에 장로교회가 설립되고 **웨스트민스터 표준 문서***

가 채택되도록 하는 데 적극적으로 참여했다.

위클리프, 존 Wyclif, John (c. 1330-1384) 잉글랜드의 신학자이며 옥스포드 대학의 교수였던 인물. 종종 '종교개혁*의 새벽별'로 불린다. 성경의 절대 권위를 믿었던 그는 성경을 당대의 영어로 번역*하는 작업을 감독했다. 그는 또한 성경을 직접 연구한 후 화체설*과 수도원 제도, 사제가 지닌 중재의 능력을 비롯한 로마 가톨릭 교리*에 이의를 제기했으며, 이로 인해 옥스포드 대학에서 면직되었다. 하지만 그의 영향력은 이미 그곳에서부터 유럽 대륙으로 퍼져 나간 상태였으며, 그의 영향을 받은 인물 가운데는 특히 보헤미아의 신학자 얀 후스*가 있다. 잉글랜드에 있는 그의 추종자들은 '롤라드 파'Lollards로 불렸으며, 이들은 점차 힘을 얻어 얼마 동안은 의회에 자신들의 대표자를 보내기까지 했지만 15세기에 들어서면서 극심한 박해를 겪었다.

유효적 소명 부르심*, 효력 있는을 보라.

윤리학 ethics 인간의 성품과 행실을 연구하는 학문. 일반적으로 계몽주의 시대 이전까지는 이 분야가 기독교 사상의 다른 영역들과 구별되지 않았다. 종교개혁자들은 선행*과 성화*를 이신칭의*에 대한 응답으로 간주했으며, 이 응답은 성령님을 통해 가능하게 된다고 보았다. 그리고 거룩한 삶에 관한 교훈은 성경에 담긴 하나님의 뜻에 토대를 두는 것으로 여겼다. 루터*와는 달리, 칼뱅*은 율법에 관해 좀 더 긍정적인 견해를 품고 있었다. 그는 '오직 성경'*을 기본적인 틀로 삼고, 성경과 전통*, **일반 계시***로부터 윤리 지침을 이끌어내었다. 개혁파 전통은 하나님의 주권적인 구원*에 대한 응답으로 경건*의 중요성을 강조함과 아울러, 구속사적 맥락에서 윤리를 논하는 경향을 보인다. 그리하여 카이퍼*와 신칼뱅주의*자들처럼 창조에 초점을 맞추기도 하고, 바르트*처럼 구속과 하나님의 명령을 강조하기도 하며, 또 **언약 신학***의 전체적인 맥락 안에서 윤리를 다루기도 한다. 현대 학계에서는 기독교 윤리가 독립된 분과가 되었지만, 개혁파의 관점은 윤리와 교리*, 예전*과 일상의 삶 사이에 뗄 수 없는 연관성이 있다고 여긴다.

율법의 세 가지 용법 law, three uses #-용도 성경에 계시된 도덕법의 기능을 세 가지로 구분하는 방식. (루터파 신학자인 멜란히톤*에 의해 시작된 이 구분 방식은JC) 특히 장 칼뱅*을 비롯한 대다수 개혁파 신학자들에게 영향을 미쳤다. 율법의 첫째/시민적 용법은 사회 내에서 전반적으로 죄*를 억제하고 질서를 장려하는 기능이다. 인간 사회의 법이 하나님의 도덕법에 토대를 두는 정도까지, 율법은 이런 기능을 감당하게 된다. 또한 율법의 둘째/교육적 용법은 사람들로 하여금 자신이 죄인임을 깨닫게 하며, 자비와 용서를 얻기 위해 그리스도께 나아가도록 이끄는 능력에 있다. 그리고 율법의 셋째/규범적 용법은 거룩한 삶의 아름다운 청사진을 제시해 주는 능력에 있다. 그리하여 이 마지막 용법은 온전히 긍정적인 기능이 된다.

율법과 복음 law and gospel 구약—좀 더 구체적으로는 토라Torah와 십계명을 통해 전달된 하나님의 뜻—과 신약, 예수님의 복음 사이의 관계를 묘사하는 어구. 역사적으로 루터파* 신학은 인간을 정죄하는 율법과 그를 의롭다 하는 복음을 좀 더 뚜렷이 구분하는 편을 선호해 온 반면, 개혁신학*은 복음 아래 놓인 그리스도인들에게 주어진 율법의 제3용법usus turtius regis을 강조한다. 곧 그 용도에 따르면, 율법은 우리가 죄인임을 보여줄 뿐 아니라 거룩하신 하나님 앞에서 어떻게 살아가야 할지도 깨닫도록 도와주는 것이다. 개혁 신학자들은 율법의 용도를 이렇게 구분할 뿐 아니라, 나아가서 그 중 많은 이들이 율법 자체를 선물로 인정한다. 그러므로 하나님의 은혜가 율법보다 앞서 와서, 우리로 하여금 그 율법의 저주에서 풀려나게 하실 뿐 아니라 그분의 뜻에 순종할 힘을 주시는 것이다.

은혜 grace #은총ㅅ 하나님이 값없이, 우리의 공로 없이 베푸시는 호의. 종교개혁자들은 인간의 구원*은 자신의 공로*나 선행*에 근거하지 않으며, 오직 은혜로만 성취된다고 주장했다('오직 은혜'*). 그리고 이 은혜의 우선성은 예정*과 칭의*뿐 아니라 경건*한 삶과 성화*의 전 과정에서도 동일하게 나타난다. 불가항력적인 은혜*에 관한 어떤 이들의 설명 방식과는 달리, 개혁파의 대부분은 하나님의 은혜가 인간의 자유, 책임과 역동적으로 상호 작용하는 가운데서 역사함을 확언한다. 이에 더해 하나님은 특별히 그분의 백성에게 은혜를 베푸실 뿐 아니라, 그분이 행하시는 섭리*와의 연관성 가운데서 온 인류를 향해서도 **일반 은혜***를 드러내신다.

은혜, 불가항력적인 irresistible grace #저항할 수 없는 은혜 이는 '튤립'*TULIP의 'I'에 결부된 어구로서, 그 의도는 중생*을 통해 역사하는 하나님의 주권적인 은혜*를 알리려는 데 있다. 그 중생은 선택*

에서 기원하며, 최종적인 견인*으로 이어지게 된다. 많은 개혁신학
자들은 불가항력적irresistible이라는 단어는 하나님이 인간의 **자유
의지***를 거슬러 일하심을 함축하므로, 바람직하지 않을 뿐 아니라
부정확하기까지 한 표현이라고 주장해 왔다. 그리고 개혁파 **신앙
고백서***들은 이 은혜가 선택된 이들 속에서, 또 그들을 통해 "확
실하게, 틀림없이, 효과적으로" 역사한다고 언급하거나(도르트 신
조*), 하나님이 선택된 이들을 자신에게로 이끄시되, 강제로 그리
하시는 것이 아니라 그들이 "자유롭게" 나아오게 하신다고 언급한
다(웨스트민스터* 신앙 고백서). 곧 그들은 "그분의 은혜로써 기꺼
이 그리하려는 마음을 품게" 되는 것이다. 그러므로 은혜가 불가항
력적인 것이라면, 이는 그 강압적인 힘에 의한 것이라기 보다는 효
과적인 설득력에 의한 것이다.

은혜, 선행하는 prevenient grace #선행 은총 #선행적 은혜 #선재적 은총
칭의에 앞서 주어지는 하나님의 과분한 호의. 이 은혜*를 이해하
기 위해 두 가지 전통이 생겨났다. 먼저 아우구스티누스주의*에
근거한 개혁파 전통에서는 하나님의 과분한 호의가 신앙*과 회심*
에 앞서며, 그 신앙과 회심을 가능하게 한다는 점을 확언한다. 펠
라기우스*의 주장과 달리, 아우구스티누스는 우리를 '정복하시고'
생명을 부여하시는 하나님의 은혜와 그 변혁의 능력이 지닌 우선
성을 강조했다. 그리고 아우구스티누스의 견해를 따라, 개혁파 전
통은 이 선행하는 은혜를 효력 있는 부르심*과 중생*을 통해 주도
적으로 인간의 마음을 사로잡으시는 하나님의 행위로 이해했다.
이를 통해 각 사람은 그분께 온전히 응답하며, 그럼으로써 믿음과
구원*에 이르게 된다. 이에 반해, **트렌트 공의회***에서 제시된 로마
가톨릭의 관점은 그 은혜를 하나님이 사람들로 하여금 자신의 칭
의*를 받아들이며 그 일에 협력하도록 준비시키시는 방편으로 간
주한다. 또 이와 유사하게 아르미니우스주의*는 그 은혜를 인간이
하나님께 응답할 수 있도록 돕는 선물로 이해하면서도, 그 은혜는
인간의 **자유 의지***에 의해 거부될 수도 있다고 본다. 그러므로 로
마 가톨릭 신앙과 아르미니우스주의에 따르면, 모든 이가 이 선행
하는 은혜를 받지만 그중 일부만이 그 은혜에 응답하는 것이 된다.
이에 반해, 일반적으로 개혁신학*에서는 이 중생하게 하시는 은혜
를 받는 것은 하나님이 선택하신 이들뿐이다.

은혜의 교리들 doctrines of grace 1618-1619년의 **도르트 회의***에서 규정된 이 은혜의 교리들은 아르미니우스*의 가르침을 지지했던 항론파*의 성명서를 논박하기 위해 기술된 것으로, 근래에는 종종 **칼뱅주의 5대 강령*** 또는 '튤립'*과 결부되어 왔다. 이 교리들은 구원*을 이루는 데 하나님과 인간이 각각 담당하는 역할에 관한 개혁파의 관점을 요약하면서, 그 구원은 처음부터 끝까지 하나님이 행하시는 일임을 확언한다. 많은 개혁신학자들이 이 교리들을 '튤립'TULIP이라는 두문자어acronym를 사용하는 것에 다소 반대의 뜻을 보이지만, 그 각 항목은 구원을 이루시는 **하나님의 주권***과 은혜로운 행위를 서로 다른 방식으로 표현하기 위해 고안된 것이다.

음악 music 성악적 측면과 기악적 측면 모두에서 역사적으로 논란이 되어 온 개혁파 예배*의 구성 요소. **개신교 종교개혁*** 시기에 벌어진 다른 논쟁들과 마찬가지로, 음악에 관해서도 루터*와 츠빙글리*의 견해는 양 극단을 대표하며 칼뱅*의 견해는 그 중간에 위치한다. 루터의 경우에 음악은 온 회중이 향유하도록 하나님이 주신 선물이었으며, 그는 자국어로 찬송을 만들고 미사*를 재구성하는 일에 힘을 쏟았다. 이에 반해 츠빙글리는 개인적이며 조용한 형태로 표현되는 예배를 선호하여, 예배 시의 음악 사용을 금하고 오르간을 해체하기까지 했다. 한편 칼뱅은 반주 없이 단순한 형태의 시편송을 부르는 편을 지지했으며, 이 흐름은 개혁파 전통의 영향력 있는 음악 자산인 『시편찬송 한국제네바시편』Psautier de Genève(교회와 성경. 2013)으로 대표된다. 이렇듯 예배 시의 음악 사용에 관해서는 견해차가 있었지만, 종교개혁자들은 전반적으로 경건한 노래의 작곡이나 오르간 연주회와 합창 발표회의 개최, 사회적 정황에서의 음악 활용과 같이 교회 바깥에서 이루어지는 음악적 활동을 후원하는 데에는 뜻을 같이했다.

의 righteousness 종종 추상적인 '정의'justice로 해석되는 성경의 이 개념은 자신의 피조물들과 의로운 관계를 시작하고 완성하시는 하나님의 속성과 아울러 그 관계를 충실히 따르는 인간의 속성을 가리킨다. 마르틴 루터*는 이신칭의*에 관한 이해에 근거하여, 율법에 따른 응보적retributive 정의에 관한 논의에서 벗어났다. 대신에 그는 하나님이 신앙*을 소유한 이들에게 자신의 약속을 이루어 주시는 방식에 초점을 맞추고, 특히 신자에게 그리스도의 의를 은혜로써 전가*해 주신다는 것을 강조했다. 이후의 개혁파 **언약 신학**에서도 그가 제시한 방향을 따랐으며, 그가 주장한 **율법과 복음***의 구분을 수정하여 옛 언약과 새 언약의 표현 양식으로 삼았다. 개혁파 **정통***은 독력주의*를 고수하면서, 개인적인 의의 진보와 의로운 왕국의 확립은 궁극적으로 성화*를 이루시는 성령님의 사역에 의존한다고 주장한다. 다만 이 견해는 대개, 하나님이 행하시는 칭의와 성화의 사역에 응답해야 할 인간의 책임을 무효화하지 않는 방식으로 표현된다.

의인인 동시에 죄인(*시물 유스투스 엣 페카토르*) simul iustus et peccator '의롭게 된 자인 동시에 죄인'을 의미하는 라틴어 어구. 마르틴 루터*는 이신칭의*의 객관적인 실재성과 더불어 그리스도인은 지속적으로 죄*에 맞서 싸워야 한다는 점을 나타내기 위해, 이 어구를 사용했다. 루터에 따르면, 칭의는 신자들이 전가*를 통해 그리스도의 낯선 의*를 부여 받았음을 의미한다. 이 전가를 통해 죽음에 이르게 하는 죄의 능력은 파괴되지만, 죄의 존재와 그로 인한 오염 자체가 제거된 것은 아니다. 죄인은 그 죄를 제거해 주는 실제적인 의의 주입을 통해 의롭게 된 것이 아니라, 그리스도의 의가 그의 것으로 돌려졌기 때문에 의로운 자로 선언된 것이다. 그런데 **그리스도와의 연합***에 관해 확고한 이해를 품어야만, 칭의를 '법적 허구'legal fiction로 만드는 일이 없이 그렇게 선언할 수 있다. (이 '법적 허구'는 로마 가톨릭 측에서 개신교를 비난하며 쓴 표현이다.) 개혁파 전통에 따르면, 성화*에는 죄와의 지속적인 싸움이 포함되며(죄 죽임*), 이 싸움은 성령님이 주시는 힘과 은혜*로 감당하게 된다. 이 전통에서는 신자들이 장차 영화*의 상태에 이르게 되기 전까지는 늘 '의인인 동시에 죄인'인 상태에 머무른다는 점을 인정한다.

의지의 속박 bondage of the will #노예 의지 1525년 마르틴 루터*가 저술한 책 제목에서 유래한 어구. (라틴어로 된 이 책의 원제목은 『노예 의지에 관하여』*De Servo Arbitrio*(두란노아카데미. 2011. 『루터와 에라스무스』)이다.) 이 책은 **자유 의지***에 관한 에라스무스*의 논문에 대한 응답으로 집필되었다. 루터에 따르면, 에라스무스는 인간에게 제약 없는 자유 의지가 있음을 옹호하면서 성경의 의미를 곡해하고 있다. 루터는 오히려 인간을 자유롭게 하시는 성령의 은혜*가 없다면, 그 의지는 죄*에 예속되어 하나님을 적대하는 상태에 놓일 뿐이라고 주장한다. 따라서 구원*은 하나님의 뜻과 자비에 전적으로 의존한다는 것이다. 이 가르침은 개혁신학*의 토대를 이룬다.

이마고 데이 하나님의 형상*을 보라.

이신칭의 justification by faith 하나님이 죄인들에게 값없이 은혜를 베푸시는 행위. 그분은 이 행위로써 그들의 모든 죄*를 용서하실 뿐 아니라, 그들을 언약 준수자로 간주하시고 그분 앞에서 의로운 자로 선언하신다. 이 행위는 그들 자신의 공로*가 아니라 예수 그리스도의 온전한 순종과 속죄에 근거한 것으로, 하나님은 그 순종과 속죄를 그들에게 전가하시며 그들은 오직 신앙*으로 그것을 받아들이게 된다. 마르틴 루터*는 그의 유명한 '탑 체험'을 통해, 죄인들을 정죄하시는 하나님의 두려운 의*는 또한 하나님의 선물로서 주어진 "낯선 의"이기도 하다는 것을 확신하게 되었다. 그 의는 곧 신앙으로 값없이 받아들이도록 주어진 것이었다. 그러므로 칭의와 성화*를 혼합시킨 로마 가톨릭교와는 달리, 개혁파는 **하이델베르크 교리문답***과 웨스트민스터* 신앙 고백서*에서 요약적으로 제시했듯이 칭의와 성화를 서로 구분되는 것으로 간주한다. 곧 성화는 성령님의 일하심으로 가능하게 되는 칭의의 결과인 것이다. 나아가 개혁파 전통에서는 일반적으로 '오직 믿음'*에 의한 칭의의 교리를 복음의 핵심 요소로 간주해 왔다.

인문주의, 북부 르네상스 humanism, northern Renaissance 개신교 종교개혁*과 그 원리들에 영향을 미친 문예적이며 지성적인 운동. 이 운동의 참여자들 가운데는 데시데리위스 에라스무스*도 있다. 그는 라틴어 번역*문을 덧붙인 그리스어 신약 성경을 출판했고 종교개혁자들은 이 판본을 널리 사용했다. 북부 유럽의 르네상스 인문주의 운동은 기독교적이라기보다는 문화적이며 지성적인 운동이었지만, 대부분의 인문주의자들은 신학에 관심을 품은 그리스도인들이었다. 인문주의자들이 문헌학과 본문 비평에 관심을 쏟은 일은 종교개혁자들이 성경 본문을 비롯한 원전으로 돌아가는 데 중요한 영향을 미쳤으며(*아드 폰테스*), 인문주의자들이 인간의 자유에 주목한 것 역시 종교개혁자들의 신념, 특히 루터*가 **만인 제사장설***을 역설한 것과 잘 맞아떨어졌다. 뿐만 아니라 인문주의는 종교개혁 시기에 교육*에 대한 관심이 생기는 데 영향을 미쳤고, 신학 저술과 설교*에 사용되는 문예적, 수사학적 전략의 틀을 형성시켰다. 북부 르네상스의 인문주의는 인간의 번영에 영적 발달이 지닌 중요성을 인정하고, 사회 내에서 교회가 지닌 가치를 배척하지 않은 점에서 근래의 세속적 인문주의와는 달랐다.

인본주의 인문주의*, 북부 르네상스 참조.

인식론, 개혁주의 epistemology, Reformed #개혁파-♩ 20세기에 앨빈 플랜팅가Alvin Plantinga와 니콜라스 월터스토프Nicholas Wolterstorff를 비롯한 철학자들이 발전시킨 지식 이론. 이 이론은 하나님의 존재에 관한 믿음을 '적절한 기초 믿음'properly basic belief으로 간주한다. 이는 곧 경험을 통해 생겨날 수 있으며, 좀 더 명백한 전제들을 통해 증명될 필요가 없는 믿음이다. 전통적인 유신론에서는 자명한 전제들을 통해 하나님의 존재를 확증하려 시도하고 있다. 그러나 이 대안적인 전략에서는 그 믿음이 하나님이 의도하신 대로 작동하는 기능을 통해 생겨난 것인 한, 하나님의 존재나 성경의 참됨에 대한 믿음이 보장된다고 주장한다. 하나님이나 그리스도의 신성에 대한 믿음은 다른 이들의 정신이 존재한다거나 과거는 실재한다는 믿음과 마찬가지로 보장된다(그리고 지식으로 간주된다). 하나님의 존재에 대한 논증이 유용할 수는 있지만, 하나님을 아는 지식*은 증거의 신뢰성이 아니라 구속된 지성이 적절하게 기능한다는 점에 근거한다. 플랜팅가는 그의 책 *Warranted Christian Belief*(2000)에서 장 칼뱅*과 조나단 에드워즈*의 저술에 나타난 몇몇 주제를 발전시켰다. 그런데 이 이론에 '개혁주의 인식론'이라는 명칭을 붙이는 이유는 이 견해 속에 역사적인 개혁파 전통의 특징이 담겨 있어서가 아니라, 이 이론을 구체화한 것이 개혁파 전통에 속한 철학자들이기 때문이다.

일 work #직업 개혁파 전통은 타락의 지속적인 결과를 인정하면서도, 일은 창조에 근거한 것으로서 하나님이 주신 선물임을 확언한다. 우리는 일을 통해 하나님께 영광을 돌리며 공동선을 증진하지만, 그 활동은 또한 타락*의 영향 아래 놓이기도 쉽다. 따라서 신자들은 자신의 (직업) 소명*을 성취하기 위해 성령님께 의존해야만 한다. 아브라함 카이퍼*와 헤르만 도여베르트*를 비롯한 신칼뱅주의*자들은 창조의 규범들에 의해 지배되는 다양한 삶의 영역을 식별함으로써 이 개념을 확장시켰으며, 이 각각의 규범들은 충실한 일을 위한 지침이 된다. 유명한 막스 베버Max Weber의 주장처럼, 개신교*를 통해 생겨난 직업윤리는 자본주의의 발흥에 영향을 미쳤을지도 모른다. 그러나 개혁파 전통은 일반적으로, 성경적인 기독교를 어떤 하나의 경제 모델과 동일시하지 않도록 주의할 것을 촉구해 왔다.

일반 계시 general revelation 하나님이 창조 세계를 통해 자신을 인간에게 나타내시는 일. 내용 면에서나 그 계시를 받는 이들의 성격 면에서 보편적인 특징을 지닌다. 비록 사람들이 그것을 억누를 수는 있지만, 이 계시*는 모든 이에게 명백히 주어지는 것으로서 하나님의 존재와 능력을 드러낸다. 전통적으로 개혁신학자들은 하나님의 **특별 계시***가 없다면, 일반 계시만으로는 구원을 얻기에 충분한 하나님을 아는 지식*에 이를 수 없다고 주장해 왔다. 이는 성경에 기록되었으며, 예수 그리스도의 인격과 사역에서 절정에 이른 하나님의 독특한 자기 계시가 그 속에 담겨 있지 않기 때문이다. 그러나 로마서 1:18-32과 같은 본문들에 의거하여, 사람들이 일반 계시를 억누르면서 하나님을 거역하는 삶을 살아가고 있으므로 인간을 정죄하기에는 그 계시로도 충분하다고 자주 결론지어져 왔다.

일반 은혜 common grace #일반 은총 이 은혜는 하나님의 특별한 은혜* 또는 구원의 은혜와는 구별되는 것으로, 하나님이 모든 인류에게 보편적으로 값없이 베푸시는 자비를 가리킨다. 장 칼뱅*은 하나님의 **일반 계시***와 섭리*, 인간에게 있는 **하나님의 형상*** 교리*와의 연관성 속에서 이 교리의 초기 형태를 제시했다. 이후 몇몇 청교도*, 특히 리처드 백스터*가 참된 영적인 열매를 누구든지 일반 은혜를 통해 얻을 수 있는 도덕적 미덕과 구분 지었다. 그러나 이 개념을 가장 뚜렷이 주장한 이는 아브라함 카이퍼*였다. 그는 세 권으로 구성된 자신의 저서 『일반 은혜』*De Gemeene Gratie*, 1902-1904(부흥과개혁사, 2017)에서, 악을 제어하며 외적인 선을 가능케 하는 일반 은혜의 역할을 강조했다. 이 외적인 선에는 진리를 인식하고, 아름다운 것들을 만들어내며, 시민적인 의를 실천하는 행위들이 포함된다. 이런 행위가 죄스러운 교만에서 비롯한 것일 때조차도, 기독교인들과 비기독교인들은 모두 죄*에 대한 심판을 미루시고 외적인 선이 나타나게 하시는 하나님의 사역을 통해 유익을 누리게 된다. 이 개념은 신칼뱅주의*자들에게 큰 영향을 미쳤으며, 그들로 하여금 문화적 활동에 참여함과 더불어 문화의 변혁을 위해 비기독교인들과 협력하도록 동기를 부여했다.

일치령 통일령*을 보라.

일치서 루터교 신앙 고백서*의 잘못된 번역임.ᴶᶜ

임직 ordination #서임ᴶᴸ, ᴶᶜ 공적인 사역으로 부름 받은 이들에게, 평생 그 직분을 감당하도록 위임하는 일. 로마 가톨릭의 견해와 달리, 개혁자들은 임직을 평신도와 성직자* 사이의 위계질서를 확립하는 성례*로 여기지 않았다. 오히려 만인 제사장설*과 같은 맥락에서, 임직 예식은 각 지도자의 (직업) 소명*과 은사를 인정하고 그들에게 교회를 섬길 책임을 부여하는 기회가 된다. 교회에는 서로 다른 은사대로 개개의 필요를 섬기기 위해 여러 직분*과 책무가 존재하지만, 개혁파 전통에서는 임직 받은 직분자들을 무엇보다도 **하나님의 말씀***을 섬기는 이들로 간주한다. (안수라는 것은 손을 머리 위에 올리며 기도하는 행위인데, 특별히 로마 교회에서 사제서품에서 중요하게 여긴다. 왜냐하면, 로마교회에서 사도적 계승이란 곧 주교의 안수권에 달려 있기 때문이다. 개신교에선 바로 이 점을 반박한다. 성직자로 부름 받는 것은 주교의 안수권이 아니라 교회 공동체의 부름에 있기 때문이다. 그 때문에 'ordination'은 안수로 번역해선 안 된다. 그 대신 임직, 또는 거룩한 임직이라는 의미의 서임이 정당하다.ᴶᶜ)

잉글랜드 종교개혁 English Reformation 잉글랜드 교회가 로마 가톨릭교에서 개신교*로 이동해 간 과정. 14세기의 존 위클리프*와 그의 추종자인 롤라드Lollard 파가 그 운동의 씨앗을 뿌렸으나, 헨리 8세의 통치기 이전까지는 공식적인 개혁이 시행되지 않았다. 헨리 8세의 목적은 주로 정치적인 데 있었다. 그는 자기 아내와 이혼하기 위해서 로마 가톨릭과 결별해야 했던 것이다. 그런데 그는 1534년에 잉글랜드 교회의 최고 수장이 된 후에도 종교적 개혁을 계속 시행해 나갔으며, 그 개혁의 가장 철저한 형태는 수도원 해산으로 나타났다(1536-1540). 하지만 다른 한편으로, 그는 여전히 옛 질서를 선호했다. 그러므로 잉글랜드 교회가 개신교적 정체성을 굳히게 된 것은 대부분 그의 교회 관련 자문관인 토머스 크랜머*와 토머스 크롬웰*의 작업을 통해서였다. 그의 뒤를 이은 소년 왕 에드워드 6세는 섭정 에드워드 시모어Edward Seymour를 통해 통치했으며, 이때 개혁은 더욱 뚜렷이 개신교적인 형태를 띠게 되었다. 그의 치하에서, 토머스 크랜머는 『성공회 기도서』*의 두 판본과 개신교적 성격을 드러내는 42개 신앙 신조Forty-Two Articles를 출간했다. 그러나 로

마 가톨릭 신자인 여왕 메리 1세가 오 년간 통치하면서 그 개혁에
는 짧지만 심각한 역행의 시기가 찾아왔다. 하지만 사태를 되돌려
놓으려던 메리의 시도는 다시금 개신교 신자인 자매 엘리자베스 1
세가 왕위를 계승하면서 좌절되었다. 그녀의 권한 아래서 뚜렷이
개혁파적 성격을 지닌 (이전의 42개 신앙 신조를 개정한) 39개 신
앙 신조*가 성공회*의 신앙 고백서*로 승인되었으며, 그녀가 오래
통치하는 동안 종교개혁의 교리들이 잉글랜드에 더욱 확고히 자리
잡게 되었다. 이 기간에 회중교회파*와 장로교*파는 토론을 주고
받으면서 더 큰 영향력을 획득했고, 이는 17세기 **청교도 운동***의
발흥에 기여했다.

ㅈ

자연 신학 natural theology 하나님을 아는 지식*을 얻거나 그분의 존
재를 증명하기 위해 이성과 경험, 창조 세계의 관찰 결과를 활용
하는 신학. 칼뱅*의 관점에서 인간은 하나님에 관한 의식을 지니
며(신의식*sensus divinitatis*), 그분의 속성 일부를 자연 세계에서 대면
하게 된다. 그러나 죄에 빠진 인간은 필연적으로 그 의식을 왜곡하
며, 구원에 이르는 지식을 얻지 못한다. 한편 아브라함 카이퍼*를
비롯한 신칼뱅주의*자들은 **일반 계시***와 **일반 은혜***의 결과로서
생겨나는 자연 신학에 어느 정도 열려 있었다. 그러나 칼 바르트*
는 이런 긍정적인 태도와 특히 에밀 브룬너*의 견해에 맞서 자연
신학을 완강히 반대하면서, 예수 그리스도 안에서 주어진 그분의
계시를 떠나서는 하나님을 알기가 불가능하다고 단언했다.

자유 의지 free will 아우구스티누스주의*를 따라, 개혁파 전통은 하
나님이 인간을 자유로운 도덕적 행위자이자 그분께 온전히 응답할
수 있는 존재로 창조하셨다고 주장한다. 그러나 타락은 인간의 의
지를 심하게 왜곡시켰으며, 이제 그는 죄*에 예속된 상태가 되었
다. 원죄* 때문에, 인간의 의지는 하나님의 주권적인 은혜*가 없이
는 그분께 적극적으로 응답할 수 없게 되었다. 또한 그 은혜는 인
간의 책임을 무효화하는 것이 아니라, 오히려 그가 지녔던 본성적
인 자유를 회복시킨다. 주요한 개신교 **종교개혁***자들은 모두 이

아우구스티누스적인 관점을 어떤 식으로든 받아들였으며, 루터*
는 『노예 의지에 관하여』De Servo Arbitrio, 1525(두란노아카데미, 2011, 『루터
와 에라스무스』)라는 유명한 글에서 자신이 간파한 에라스무스*의 펠
라기우스주의*에 맞서 이 입장을 옹호했다. 그리고 개혁파의 견
해는 아르미니우스주의*와 웨슬리주의가 지지한 '자유 의지론
적'libertarian 관점과 구별되는 형태로 더욱 뚜렷이 발전해 갔다. 이
때 이 후자의 관점은 '그와는 다르게'do otherwise, 즉 하나님의 뜻에
의해 결정된 것과는 다르게 행할 수 있을 때에만 인간의 의지는 자
유로운 것이 된다는 견해이다. 그러나 이와 달리, 조나단 에드워
즈*(『의지의 자유』Freedom of the Will, 1754(부흥과개혁사, 2016))를 비롯한
신학자들은 인간의 책임과 하나님의 주권*을 은혜의 교리*들에 결
부 지으면서 그 둘이 양립 가능함(양립 가능론*)을 강조했다.

작정, 하나님의 divine decrees #신적(인) 작정 그분의 은밀하고 주권적
인 의지를 통해 표현되는 하나님의 영원한 목적. 이는 이 세상에서
일어나는 모든 일에 영향을 미치지만, 특히 선택*과 구원*에 관련
해서 작용한다. 처음에 활동한 종교개혁자들도 통상적으로 하나님
의 영원한 작정을 언급했으나, 이에 관해 더욱 광범위한 성찰이 이
루어진 것은 개혁파 스콜라주의* 내부에서였다. 이때 **타락 후 선
택설***과 **타락 전 선택설***, 하나님의 작정이 진행되는 순서에 관해
열띤 논쟁이 벌어졌다. 당시에 그런 의견의 불일치가 있었으며 최
근의 신학에서도 작정에 관한 언급이 축소되고 있지만, 개혁파 전
통에서는 모든 일을 이끌어 가시는 **하나님의 주권***과 신비한 섭
리*가 있음을 여전히 확언한다. 그 주권과 섭리는 인간의 책임 및
행위와의 상호작용 속에서 표현되고 있다.

장로교(주의) Presbyterianism 장로들elders or presbyters의 다스림에 의
존하는 교회 정치제도*. 이 제도는 처음에 장 칼뱅*의 가르침을 통
해 생겨났으며, 존 녹스*의 주도 아래 이루어진 **스코틀랜드 종교
개혁***과 스코틀랜드 교회the Church of Scotland의 수립에 중요한 역할
을 감당했다. 이 교회 정치의 형태 내에는 그 회중 내에서 선출된
장로들과 가르치는 장로 또는 목회자로 구성된 당회local session가
포함되며, 이 가르치는 장로는 회중의 부름을 받아 노회presbytery의
임직된 자이다. 그리고 그 노회에는 그 지역 내의 각 회중을 대표
하는 이들로서 가르치는 장로와 다스리는 장로들이 참여한다. 또

한 노회 위에는 총회the General Assembly가 있다. 이 회의는 교회의 결정과 다스림에 관해 최종 권위를 지닌 것으로 보통 매년 한 차례씩 소집되며, 그 나라 안의 모든 노회에서 보낸 대표자들이 참석한다. 그리고 어떤 장로교 교단들은 총회의 하위 조직인 '대회'synods를 만들어 놓기도 하며, 이 대회에는 몇 개의 노회가 포함된다. 대부분의 장로교회들은 웨스트민스터* **신앙 고백서***나 **벨직 신앙 고백서***를 비롯한 개혁파 신앙 고백서*와 **하이델베르크 교리문답***과 같은 교리*문답을 받아들이고 따른다. 이 전통은 전 세계적으로 나타나며, 그중 많은 수는 스코틀랜드와 미국, 한국 등지에서 찾아볼 수 있다.

장로교, 구학파 Old School Presbyterian 19세기 중반 미국 장로교* 내의 학파로, 아치볼드 알렉산더*와 찰스 핫지*를 비롯한 신학자들의 주도 아래 전통적인 개혁파의 입장을 고수했던 집단. 이들은 제1차 대각성* 시기의 칼뱅주의 부흥운동과 너새니얼 테일러Nathaniel Taylor와 찰스 피니Charles Finney를 비롯한 신학파 장로교*인들이 일으킨 부흥운동 사이에는 뚜렷한 차이가 있다고 여기고, 1837년에 신학파 측과 공식적으로 갈라섰다. 이들은 또한 장로교 정치제도*의 유지를 원했기에, 회중교회파*와 연합하려는 신학파 측의 의도에도 반대했다. 1837년의 분열 이후, 1861년에 두 학파 내부에서 노예제를 둘러싼 분열이 추가로 생겨났다. 그리하여 두 학파 모두 남부파와 북부파로 나뉘게 되었다. 그러나 남부파들은 1864년에, 북부파들은 1869년에 재결합했다.

장로교, 신학파 New School Presbyterians 19세기 중반 미국 장로교 내의 학파로, 너새니얼 테일러Nathaniel Taylor를 비롯한 신학자들의 주도 아래 전통적인 칼뱅주의* 교리를 벗어났던 집단. 찰스 피니Charles Finney를 비롯한 신학파의 목회자와 신학자들이 추진한 부흥 운동은 제1차 대각성* 시기의 칼뱅주의 부흥 운동보다 더 아르미니우스주의*적이었다. 1837년에는 신학적 차이, 회중교회파*와 통합하려는 신학파 측의 의지, 노예제에 관한 의견차 등을 이유로 신학파와 구학파* 사이의 분열이 발생했다. 그리고 남북전쟁 기간인 1861년에는 두 집단 내부에서 추가적인 분열이 발생하여, 두 학파 모두 남부파와 북부파로 나뉘었다. 그러나 남부파들은 1864년에, 북부파들은 1869년에 재결합을 이루었다.

재건주의, 기독교 Reconstructionism, Christian **신율주의***를 보라.

재세례파 Anabaptism #재세례주의 #아나뱁티즘 문자적으로 '다시 세례를 준다'는 뜻이다. 광범위하게 분산된 이 개신교* 운동의 가장 일반적인 특징은 어떤 이가 회심*을 체험할 경우, 설령 그가 이미 유아 세례를 받았을지라도 그에게 다시 세례*를 베푸는 관습에 있다. 교회와 국가가 서로 분리되어야 한다는 주장과 함께, 이 관습은 재세례파와 **관 주도형 종교개혁***을 구분 짓는 두 가지 주된 차이점이 된다. 스위스 **종교개혁***의 초기 단계부터, 다양한 집단들이 이후 '급진 종교개혁'*으로 불리게 될 흐름을 형성하기 시작했다. 기존의 로마 가톨릭과 개신교회뿐 아니라 세속 권세와도 충돌하게 된 이 집단들은 사도행전에서 제시된 교회*의 표지들을 온전히 실현하는 데 초점을 맞추었다. 그들은 **보헤미아 형제단***과 마찬가지로 사회적인 평등과 성경을 공동체적으로 해석할 필요성을 강조하고, 성직자*들 때문에 지적 엘리트주의가 조장된다고 여겨 그 직임을 두는 것에 반대했다. 그리하여 그들은 때로 반지성적인 이들로 간주되었으며, 또 적어도 초기에는 가부장제에 반대하는 이들로 여겨졌다. 안드레아스 칼슈타트*와 토마스 뮌처*는 수많은 재세례파가 죽임 당한 **농민 전쟁*** 시기에 이 운동에 관여했던 이들이다. 이 운동은 모라비아와 네덜란드 등지에 모인 피난민 공동체들을 통해 퍼져나갔다. 그리고 재세례파 분파 중 비폭력 계열에 속한 이들 가운데서 가장 중요한 인물은 메노 시몬스*였다. 그는 네덜란드 재세례파의 형성을 돕고, 메노나이트 공동체들의 토대를 놓았다. 재세례파는 초기에도 그러했듯이 현대에도 아미시Amish와 후터파Hutterites, 그리고 다수의 침례교* 교단들에 이르기까지 다양한 집단에 영향을 미치고 있다.

전가 imputation 어떤 판결이나 성질을 한 당사자에게서 다른 당사자에게로 돌리는 일. 신학에서 이 용어가 지닌 의미 중 하나는 아담의 죄책을 온 인류의 것으로 돌린다는 것이며, 이 일은 '원죄'*로 알려져 있다. 그리고 더 일반적으로 '전가'는 인간을 대신하여 고난 받으신 그리스도께 죄*를 돌리는 일과 칭의*로써 그 예수님의 의*를 신자들에게 돌리는 일 모두를 기술하며, 이 둘은 함께 '이중전가'를 이룬다. 로마 가톨릭 신학은 칭의(가톨릭에서는 'justification'을 칭의가 아닌 의화(義化)로 번역하며, 『한국가톨릭대사전』(1985. 한국교회사연구소)에 따르면, 의화는 "오로지 은총만에 의하여 이루어지되 인간 없이는 이루어지지 않으며, 오로지 신앙만이 의화시키나 진정한 신앙에는 선행이 없지 않다. 의화는 유일회적(唯一回的) 사건이면서도 일생에 걸친 과정이다."—편집자 주) 를 의의 내적 주입infusion으로 이해하며, 이 주입된 의는 증가할 수도, 소멸할 수도 있다. 하지만 이와 달리, 개혁신학*에서는 전통적으로 의의 전가인 칭의(하나님의 법정적(사법적) 행위)와 그 의 가운데서 자라가는 성화*(지속적인 변화)로 더 폭넓게 구분 짓는다. 이 둘 모두 **그리스도와의 연합***에서 나오는 결과이며, 성령님에 의해 가능하게 되는 일이다.

전도 evangelism 예수 그리스도의 복음을 말과 행동으로 전파하는 일. 전도의 목표는 구원*을 가져오시는 하나님의 사역에 동참하는 데 있다. 그 구원은 그리스도에 대한 신앙*을 통해 이루어지며, 성령님이 우리로 그 신앙을 품을 수 있게 하신다. 전통적으로 개혁신학자들은 하나님이 선택된 이들을 예정*하시는 일과 불신자들에게 설교*와 대화, 교제를 통해 복음을 전할 필요성 사이의 모순을 찾지 못했다. 역사적으로 개혁파의 전도 방식에서는 **하나님의 주권***과 성령님의 효과적인 사역, 그리고 복음의 부르심을 듣고 응답할 수 있도록 다른 이들을 초청할 하나님 백성의 책임을 강조해 왔다.

전례 예전*을 보라.

전적 타락ᴶᴸ total depravity #전적 부패 '튤립'*TULIP에 속한 첫 번째 교리. 인류와 하나님 사이의 관계가 완전히 깨졌으며, 그에 따라 창조 세계와의 관계도 손상되었음을 강조한다. 원죄*의 결과로서, 전적 타락은 모든 사람이 죄*에 오염된 본성을 지니고 태어나서 하나님과 원수 된 상태에 있음을 상기시킨다. 그리하여 죄는 한 사람의 의지뿐 아니라 그 감정과 지성, 신체에까지 영향을 미치게 된다. '전적'total이라는 표현은 타락한 각 사람이 최악의 상태에 있음을 가리키는 것이 아니라, 그 존재의 어떤 측면도 죄의 영향을 받지 않은 부분이 없음을 의미하는 것이다. 이렇게 죄가 인간성의 모든 부분을 오염시킨 것처럼, 하나님의 영에 의한 성화* 역시 우리가 영화*된 상태에서 그분과 아무 제약 없는 친교를 누리게 될 때까지 모든 측면에서 진행되어 간다.

전제(前提)주의 presuppositionalism 기독교 변증학*의 한 학파. 참된 지식에 이르기 위해서는 성경에 계시된 기독교의 진리들을 기본

전제로 삼아야 한다고 주장한다. 때로는 순환 논증이라는 비판을
받지만, 이 학파의 옹호자들은 어떤 신념 체계든지 근본적인 주장
을 펼 때에는 순환 논증에 의존한다는 점을 지적한다. 그러므로 전
제주의자들은 '중립성의 신화'the myth of neutrality를 부정하는데, 이
것은 자신들이 품은 신념의 타당성을 입증할 객관적 기준, 또는 기
독교인이 그리스도를 향해 품은 소망의 합리성을 검토할 출발점을
기독교인과 비기독교인이 서로 공유한다는 개념이다. 원래 이 '전
제주의'라는 용어는 코넬리어스 반 틸*의 변증 방법론을 가리키는
경멸조의 표현에서 유래했다. 하지만 이후 존 프레임John Frame과
그레그 반센Greg Bahnsen을 비롯한 그의 계승자들이 계속 그 표현을
사용한 결과, 이 용어는 널리 통용되게 되었다.

전천년설 premillennialism **천년설*** 참조.

전통 tradition 교회가 신앙*의 진정한 표현으로 여겨 수납하고 전수
해 온 교리*와 관습들. 개혁파 정통*은 교황*이 전통의 경계를 정
한다는 로마 가톨릭의 입장을 거부하면서도, 일반적으로 복음의
핵심 전통 또는 신앙의 규준regula fidei이 지닌 중요성과 더불어 신
앙 고백서*에서 표현되고 일상적인 관습을 통해 구체화된 부차적
인 전통들이 지닌 중요성을 옹호한다. 그런데 개혁파는 이렇듯 전
통에 높은 가치를 두는 한편, 지속적인 개혁의 필요성 또한 단호
히 주장한다(**셈페르 레포르만다***). 종교개혁*의 계승자들은 인간
적인 전통의 오류 가능성과 '**오직 성경**'*의 중요성을 인식하면서
도 전통에 귀 기울이는 모습을 보였다. 초대 교회의 보편적인 신경
들에 진술된 **삼위일체 신학***과 기독론*이 옳음을 확고히 지지한
것이 그 예이다. (연옥이나 면벌부 등의) 특정 교리와 관습이 비성
경적인 것으로 판단될 때조차도, 종교개혁자들은 교부들의 문헌을
통해 그 부당성을 입증하는 것을 중요하게 여겼다. 이런 식으로,
그들은 성경의 으뜸 됨을 확언하는 동시에 성도*들의 증언이 지닌
영속적 가치를 옹호했다.

정경, 성경의 canon, biblical 이 표현은 '성경적 표준' 또는 '규범'을 의
미하는 것으로, 기독교회에서 기록된 **하나님의 말씀***으로 받아들
이는 책들의 목록을 가리킨다. 트렌트 공의회* 이전까지 이 목록
은 둘로 나뉘어 있었다. 곧 전통*에 의해 보편적으로 인정받은 책
들, 그리고 교부들에게 그 권위를 의심 받은 책들이다. 이 후자의

책들에는 구약의 외경과 바울의 것이 아닌 신약의 몇몇 짧은 서신
서가 포함되어 있었다. 프랑스 신앙 고백서*와 벨직 신앙 고백서*,
스코틀랜드 신앙 고백서*와 제2 스위스 신앙 고백서*, 그리고 39
개 신앙 신조*는 외경의 정경적 지위를 거부하는 한편, 정경에 속
한 책에는 모두 동등한 권위를 부여했다. 또한 이 신앙 고백서*들
은 이 목록의 결정에 교회가 중요한 역할을 감당했음을 강조하는
로마 가톨릭의 입장을 비판하면서, 정경이 형성되는 데에 하나님
이 무엇보다 깊이 관여하셨음을 강조했다.

정부, 세속 government, civil 종교개혁* 시기에는 세속 정부에 관해
교회와 국가의 긴밀한 유대관계를 지향한 관 주도형 종교개혁*에
서 세속적인 영역과의 분리를 강조한 급진 종교개혁*에 이르기까
지 매우 다양한 관점이 생겨났다. 예를 들어 장 칼뱅*은 세속적인
위정자의 직무가 가장 고귀한 (직업) 소명* 중 하나임을 옹호했으
나, 재세례파*는 그리스도인들이 위정자의 직책을 맡는 것은 부적
절하다고 주장했다. (아브라함 카이퍼*의 표현을 빌자면) 개혁파
전통은 대개 정부와 교회 모두 신적인 권위 아래 있음을 인정하면
서도, 이 둘이 서로 분리되는 영역임을 인식해 왔다.

정치제도, 교회 polity, church 교회 정치의 구조를 가리키는 용어. 종
교개혁 시기에는 장로교*회와 **주교제 교회***, 회중교회*의 세 가지
주된 정치 형태가 생겨났다. 장로교 정치제도는 개혁파 전통에서
가장 일반적인 형태로서, 다스리는 장로들은 회중에 의해 선출되며
가르치는 장로들은 지역 노회presbytery에서 임직된다. (네덜란드*의
개혁파 교단들은 이 노회를 '클래시스'classis 또는 '시너드'synod로
부른다.) 그리고 각 교단의 『공동 예식서』* 혹은 『교회 예식서』에서
요약적으로 규정하듯이, 다스리는 장로와 가르치는 장로들은 지역
회중을 이끌어 가는 일에 동등한 책임을 지며 노회와 전국 총회에
서는 더 큰 규모의 사안들을 다룬다. 한편 주교제 정치제도는 성공
회* 내의 모든 분파에서 일반적으로 나타나는 형태로, 주교에게 주
된 권위를 부여하는 위계적 구조를 유지한다. 그리고 회중교회 정
치제도는 침례교*를 비롯한 몇몇 전통이 받아들인 형태로서, 각 회
중에게 자치권을 부여함으로써 그들 스스로 회원의 자격을 결정하
며 다른 교회들과 협력 관계를 맺을 수 있게 하는 제도이다.

정통, 개혁파 orthodoxy, Reformed **스콜라주의***, 개혁파를 보라.

제국 회의^{SL, JC} diets (or national councils) 이는 15세기에 비공식적으로
생겨난 회합으로, 16세기에 들어와 신성로마제국 황제와 그의 자
문관들, 그리고 독일 귀족들 사이의 주된 정치적 토의의 장이 되었
다. 처음에는 이탈리아 북부와 부르고뉴, 스위스 연방의 지도자들
도 이 회의에 참여했지만, 이 대표자들의 회합은 점차 제국에 속한
주들만의 모임이 되었으며 이후 통일된 독일 국가의 뿌리가 되었
다. 독일 종교개혁*은 그 나라에 속한 주들과 주도적인 제국 법정
의 다양한 관심사에 영향을 미쳤으며, 또 그 관심사들에 의해 영향
을 받았다. 아울러 마르틴 루터*가 아우크스부르크 청문회(1518)와
보름스 제국의회(1521)에서 단호한 입장을 취하면서, 이와 연관된
종교적인 사안들은 정치적 논의의 중요한 일부분이 되었다.

제네바 교리문답^{KP} Geneva Catechism (1537, 1542) 장 칼뱅*이 작성한
교리 개요. 후기 판본은 제네바에서 특히 어린이를 위한 종교 교
육*의 공식적인 표준이 되었다. 처음 작성된 판본은 **율법과 복음***
을 다룬 루터*의 교수법에 토대를 두었으며, 마르틴 부처*의 영향
아래 수정된 후기의 판본에서는 십계명과 주기도문, 성경과 성례*
에 관한 항목들 앞에 사도신경에 관한 내용을 배치했다.

조직신학 systematic theology 포괄적이고 일관성이 있으며, 질서 정연
하고 합리적인 방식으로 교리*들을 연구하고 설명하는 것을 목표로
삼는 신학적 사유. 이 분야의 책들은 매우 다양한 제목으로 출판되
며, 17세기 이전까지는 '조직'systematic이라는 용어가 쓰이지 않았다.
전반적으로 이 분야의 책들은 신론, 기독론*, 구원론*, 성령론*, 교회
론*과 종말론*의 순서로 이어지는 교의신학*의 방식에 따라 서술되
지만, 그 구조는 성경신학*과 **언약 신학***, 삼위일체 신학*과 역사신
학과의 연관성 속에서 종종 수정되기도 한다. 한편 이 분야의 가장
탁월한 본보기가 되는 책들은 기독교 진리의 개요서로서 지녀야 할
완전성과 분석적인 엄밀성, 교육적인 성격에 공통적으로 관심을 보
인다. 장 칼뱅*의 『기독교 강요』(CH북스, 2015)는 기욤 파렐*과 울리히
츠빙글리*의 책들보다 나중에 저술되었지만 개혁파 조직신학의 권
위 있는 모범이 되며, 그는 이 책의 최종판에서 삼위일체적인 형식
을 활용하면서 사도신경의 구조를 반영하고 있다. 그리고 잉글랜드
에서 저술된 표준적인 작품 가운데는 윌리엄 퍼킨스*의 『황금 사슬:
신학의 개요』A Golden Chaine, 1590(킹덤북스, 2016)와 윌리엄 에임스*의 『신

학의 정수』*The Marrow of Theology*, 1627(CH북스, 2000)가 있으며, 웨스트민스터 표준 문서*(1646)는 영미권 개혁신학의 영속적인 요약본이 되었다. 또한 요하네스 코케이우스*의 *Summa Theologiae*(1662)와 프란시스 튜레틴*의 『변증신학 강요』*Institutes of Elenctic Theology*, 1679(부흥과개혁사, 2017-)는 유럽 대륙의 개혁파 스콜라주의*자들이 저술한 것으로, 유럽 바깥에서도 널리 쓰인 중요한 교과서이다. 그리고 프리드리히 슐라이어마허*의 『기독교 신앙』*Christliche Glaube*, 1821-1822(한길사, 2006)이 출판되면서 현대 신학이 생겨났는데, 이 책에서 그는 조직신학을 종교적 경험의 표현으로 간주한다. 또한 19세기와 20세기의 가장 중요한 개혁파 조직신학서들 중에는 찰스 핫지*의 『조직신학』*Systematic Theology*, 1871-1873(CH북스, 2002)과 헤르만 바빙크*의 『개혁교의학』*Gereformeerde dogmatiek*, 1895-1899(부흥과개혁사, 2011), 루이스 벌코프*의 『조직신학』*Systematic Theology*, 1932(CH북스, 2017)이 있다. 슐라이에르마허의 접근 방식에 비판적인 태도를 보이는 것 역시 이 책들의 특징이다.

존재의 유비(아날로기아 엔티스) *analogia entis* '존재의 유비'를 뜻하는 라틴어 표현. 이는 유비의 법칙에 의해 하나님께도 인간의 언어가 적용될 수 있음을 논증하는 중세의 사고 원리이다. 이 원리를 옹호하는 이들은 보통 두 가지 이유를 제시한다. 이는 곧 그 원리가 성립하게끔 하나님이 모든 창조된 실재에 질서를 부여하셨다는 것과 인간에게는 **하나님의 형상***이 있다는 것이다. 이 원리는 인간이 유한한 자신의 지성으로 결과(창조 세계)에서 원인(창조주)을 추론하며, 또 그분의 **특별 계시***와 무관하게 하나님의 본성을 알아갈 수 있도록 허용한다. 어떤 이들의 주장에 따르면, 이 원리는 인간의 생각을 하나님의 생각과 연관 짓는 형이상학적 근거가 어디에 있는지를 밝히는 것으로서 **자연 신학***의 토대가 된다. 한편 칼 바르트*는 이 형이상학적 주장을 거부하고, **신앙의 유비***를 옹호하면서 특별 계시가 최상위임을 강조했다. 그러나 일부 학자들은 많은 중세 사상가들이 언어의 관점에서 이 논의에 접근했던 것과 달리, 바르트는 형이상학의 관점에서 이 논의를 다루는 것은 적절치 않다고 비판한다.

종교개혁 **가톨릭-(반-)***, **개신교-***, **관(료) 주도형-***, **급진-***, **네덜란드-***, **독일-***, **스위스-***, **스칸디나비아-***, **스코틀랜드-***, **아일랜드-***, **잉글랜드-***, **헝가리-***을 보라.

종말론 eschatology 이 명칭은 '마지막 일들'을 가리키는 그리스어 단어 에스카타echata에서 유래했다. 이 교리*는 그리스도의 재림(천년설*)과 사후의 삶 같이 마지막에 있을 일들뿐 아니라, 이 세상과 신자 개개인의 삶 속에 존재하는 하나님 나라의 본성을 비롯한 더 광범위한 주제들까지 논한다. 이렇게 더 광범위한 주제들로 초점이 옮겨간 것은 성경신학* 분야에서 예수님의 사역이 지닌 묵시적 요소를 다시 살피면서 시작된 일이다. 몇몇 개혁신학자들은 하나님 나라*의 도래와 그 극치의 지연 사이에 존재하는 이 성경적 긴장을 조직신학*의 '지금 그리고 아직'now and not yet 원리로 풀이했다. 이에 관해 주목할 만한 예로는 복음서와 더불어 바울서신을 다루면서 종말론을 강조한 헤르만 리덜보스*와 소망의 영적이며 정치적인 본질을 해명하려 했던 위르겐 몰트만*, 그리고 정치신학을 논하면서 '현실주의'realism를 드러냈던 라인홀드 니버* 등이 있다.

죄 sin 하나님의 법을 고의로나 의도치 않게 위반하는 것으로, 창조 세계를 향한 그분의 계획에 미치지 못하는 생각이나 행동. 개혁파 전통은 역사적으로 교만과 불신앙을 죄의 뿌리로 간주해 왔다. 이는 인류의 원죄*와 하나님을 향한 지속적인 반역을 드러내는 것으로서, 창조 세계 전체에 영향을 미친다. 개혁신학*에 따르면 하나님이 칭의*를 통해 죄의 세력과 책임을 제거해 주시지만, 그리스도인들은 '의인인 동시에 죄인'*인 상태에 머무르게 된다. 죄는 그들 안에 남아 있으나, 더 이상 그들을 지배하지는 못한다. 따라서 성화*는 죄에 대해 죽는 과정, 또는 **죄 죽임***의 과정이 된다.

죄 죽임 mortification 자신의 죄악된 본성(옛 자아)을 '죽이는' 과정. 이는 우리의 내면에 존재하는 죄* 때문에 생겨나는 지속적인 투쟁으로, 신자들의 삶 속에서 발생한다. 그들은 자신들을 그리스도께 연합시키시는 성령님의 내주를 통해 죄의 지배에서 풀려났지만, 동시에 적극적으로 자신들의 구원을 이루면서 하나님의 은혜의 빛 안에서 살아가도록 부르심을 받기 때문이다. 어떤 집단들은 죄 죽임의 방편으로 엄격한 금욕주의를 권장해 왔다. 그러나 개혁신학*은 일반적으로 죄 죽임이 성화*의 참된 일부가 되려면, 그 일은 신자가 드리는 회개의 응답과 역동적으로 상호 작용하는 그리스도의 영을 통해 이루어져야만 함을 강조한다. 곧 인간의 노력을 통해 외적인 행동이 변화된다 해도, 그 노력만으로는 죄에서 점점 더 자유하게 될 수 없다는 것이다.

주교제 교회주의 Episcopalianism #감독교회파 #감독교회주의 주교들의 통일된 조직체에 교회의 권위를 부여하는 교회 정치제도*. 주교제episcopacy, 주교주의episcopalism로 불리기도 한다. 이에 반해, 교황제*는 교회의 최종 권위를 한 사람의 교회 직분*자에게 부여하는 제도이다. 신약 성경의 감독episcopos과 장로presbyteros라는 용어는 유의어로 보이지만, 주교제 교회는 주교(감독)의 직분을 둔 점에서 장로교*와 구별된다. 주교는 한 지역의 수석 사제로서 그 교구의 사무를 관장하게 된다. 그 교구가 중요한 도시나 지역에 있는 경우, 그 으뜸 되는 주교는 대감독metropolitan 또는 대주교archbishop로 불리기도 한다.

주권 하나님의 주권*을 보라.

중생 regeneration #거듭남 중생은 하나님이 행하신 선택*의 외적인 표현으로, 구체적으로는 성령님이 일으키신 새로운 출생을 가리킨다. 이는 영적으로 죽어 있던 자들에게 생명을 주시는 사역이다. 중생은 효력 있는 부르심*, 그리스도와의 연합* 등의 교리들과 밀접히 연관되며, 이 새로운 출생은 회개*와 신앙*, 순종의 삶을 낳는다. 개혁파 전통에서, 세례*는 내적인 중생의 외부적인 상징인 동시에 그에 대한 약속의 기능을 한다. 곧 새 생명이 그 신자에게 이미 주어졌거나, 장차 주어지게 될 것임을 보여주는 것이다.

지식, 하나님을 아는 knowledge of God #하나님에 관한 지식 하나님에 관한 지적 이해와 경험적인 앎. 개혁신학*에는 일반 계시*를 통해 얻는 하나님에 관한 자연적인 지식과 특별 계시*를 통해 받는, 그분을 구원자로 아는 지식 사이에 일반적인 구분이 존재한다. 장 칼뱅*은 모든 사람이 신의식sensus divinitatus, 곧 창조주이며 심판자이신 하나님에 대한 직접적인 인식을 통해 하나님이 계심을 알고 있다고 주장했다. 일부 신학자와 변증가들은 이 인식이 자연 신학*의 토대와 더불어 불신자들과의 접촉점을 제공한다고 여기지만, 칼 바르트*는 하나님을 창조주로 아는 지식이 그분을 예수 안에서 계시된 구속주로 아는 지식과 본질적으로 결합되어 있다고 주장한다. 그러나 이런 견해차와는 상관없이, 모든 개혁신학자들은 그분을 아는 지식은 모두 하나님이 은혜로 그분 자신을 우리에게 수용*시키신 결과물이라는 점, 또 그 지식은 늘 유한하고 유비적이

며, 잠정적이며 죄로 뒤틀린 것으로 남는다는 점에 동의하면서 성
령과 신앙 공동체에 의존해야 함을 강조한다.

직분, 교회(의) offices, church #직제, 교회(의)^{KP} 각 지역 회중이 선출하
는 교회의 지도적인 직책들. 처음에 장 칼뱅*은 설교하고 성례*를
집행하는 목사, 교리*적인 사안에 관해 교회를 가르치는 교사, 지
역 회중을 다스리는 장로, 그리고 궁핍한 이들을 섬기는 집사의 네
가지로 그 직분을 규정했다. 그러나 이후의 개혁파 전통에서는 목
사 또는 가르치는 장로, 다스리는 장로와 집사의 세 가지로 그 직
분을 분류하는 것이 더 일반적인 일이 되었다. 그런데 어떤 이들은
장로직의 동등성을 역설하기 위해, 가르치는 장로와 다스리는 장
로의 실질적인 역할 차이를 인정하면서도 교회의 직분은 장로와
집사의 두 가지임을 강조한다.

직업 소명론 소명(론), (직업)*을 보라.

쯔빙글리 츠빙글리*를 보라.

大

차머스, 토머스 Chalmers, Thomas (1780-1847) #찰머스 스코틀랜드의
목회자, 신학자이며 사회 운동가였던 인물. 차머스는 스코틀랜드
농촌 지역의 목회자로 사역을 시작했다. 이곳에서 그는 교구민 교
육*과 설교*, 빈민 구제에 대한 열정을 키웠다. 그는 이 열정을 도
회지인 글래스고 지역의 성 요한 교구the parish of St. John's에서 시
험해 보았으며, 여기서 그의 영향력은 그의 책 *The Christian and
Civic Economy of Large Towns*에서 설파한 사회적 이상 덕분에
확산되어 나갔다. 이어 차머스는 세인트 앤드루스 대학(1823-1828)과
에딘버러 대학(1828-1843)에서 교수직을 역임하면서, 도덕철학과 **자
연 신학***에 관해 가르치고 책을 저술했다. 그는 또한 스코틀랜드
교회 내부의 복음주의 지도자로서 1843년의 분열the Disruption과 스
코틀랜드 자유교회의 설립을 주도했다. 이때의 쟁점은 교회의 목
사 임명권과 영적 재판권에 관련된 것이었다.

천년설 millennialism #천년왕국론^{JL} '천'千을 뜻하는 라틴어의 밀레*mille*
에서 온 용어. 같은 뜻의 그리스어 킬리오이*chilioi*에서 온 '킬리애

즘'chiliasm으로도 알려져 있다. 이 용어는 종말론*과 요한계시록 20장에 언급된 그리스도의 천 년간의 통치에 관련된 특수한 교리*와 논쟁들을 가리키는 것으로, 이에 관해서는 주로 무천년설과 전천년설, 후천년설의 세 가지 견해가 있다. 무천년설은 천년 왕국을 문자 그대로의 천년이 아닌 그리스도의 초림과 재림 사이의 상징적인 기간으로 해석하는 관점으로, **언약 신학***의 옹호자들과 네덜란드 개혁파 전통 가운데서 널리 찾아볼 수 있다. 그리고 후천년설은 핫지*와 워필드*, 그리고 다른 프린스턴 신학*자들을 비롯한 이들이 지지한 견해로서, 역시 그리스도께서 천년 왕국 이후에 재림하실 것이라고 주장한다. 다만 그분의 재림 이전에 하나님 나라가 점점 더 확장될 것이라고 확언하는 점에서 무천년설과 차이가 있다. 한편 이와 달리, 전천년설에서는 그리스도가 천 년간의 지상 통치 이전에 재림하실 것이라고 주장한다. 그리고 개혁파 전통 내에서 이 입장을 취하는 이들의 경우, 대부분 세대주의*적인 전천년설보다는 이스라엘과 교회의 통일성을 훨씬 더 강조하는 역사적인 전천년설을 따른다.

청교도 운동 Puritanism #청교도주의 #청교도 신앙♫ 로마 가톨릭 신자인 '피의 메리'Bloody Mary의 통치(1553-1558) 아래 **잉글랜드 종교개혁***이 억압된 뒤 일어난 16세기의 개신교 운동. 청교도들은 잉글랜드 국교회 전체와 그리스도인 개개인의 삶을 성경의 표준에 따라 더욱 온전히 개혁하기를 추구했다. 메리의 뒤를 이은 여왕 엘리자베스 1세(1558-1603)는 개신교도로서, 로마 가톨릭의 예전*과 전통*에 속한 요소들을 개신교의 교리*와 뒤섞음으로써 국가와 종교의 단합을 촉진하려 했다. 그러나 많은 이들은 그런 방침이 교회를 그저 '절반만 개혁된 상태'half reformed에 놓아두게 될 뿐이라고 느꼈다. 토머스 카트라이트Thomas Cartwright (1535-1603) 등의 청교도들은 이런 절충안과 아울러 잉글랜드의 주교제 교회가 성직자*들의 부도덕을 묵인하는 것에 실망을 느끼고, 장로교* 제도(청교도들 가운데서도 서로 다른 교회 정치제도*를 지지하고 있었다)를 시행할 것과 하나님의 거룩성*과 교회의 선교*를 향해 열심을 품은 목회자들을 양성할 것을 강력히 요구했다. 이 제도 개혁을 향한 청교도들의 희망은 엘리자베스의 통치 아래서 억압된 뒤, 잉글랜드의 제임스 1세 치하에서 얼마간 되살아났다. 그러나 제임스의 아들인 찰스 1세가 1628년 윌리엄 로드William Laud (1573-1645)를 런던 주교로 임명한 것은 재앙과도 같은 일로 드러났다. 로드는 국교회의 방침에 순응하지 않는 청교도들을 맹렬히 탄압했으며, 이에 따라 많은 사람들이 네덜란드와 뉴잉글랜드로 이주하게 되었다. 이 탄압은 잉글랜드 내전과 1649년의 찰스 1세 처형 이후 잠시 중단되었다. 이 시기에 이르러 청교도 운동은 잉글랜드 내에서 큰 세력을 이룬 상태였으며, 미국 식민지에도 퍼져 나가 신세계의 형성에 기여했다.

이 운동은 그저 도덕주의적이며 메마른 이성주의를 옹호했던 운동으로 자주 오해되고 희화화되어 왔다. 그러나 역사적인 청교도 운동은 성경의 최종 권위를 강조함과 더불어 아우구스티누스*적인 관점에서 인간의 죄*와 하나님의 은혜*의 필요성을 이해하는 특징을 지녔으며, 그 핵심에는 삼위일체 하나님과 나누는 인격적인 교제의 중요성에 관한 지속적인 강조가 있었다. 청교도들은 스스로를 영혼의 의사로 간주하고, 말씀*과 성령, 머리와 가슴, 신앙과 행동의 영성을 결합시키려 노력했다. 그 예로, 학자들은 청교도들이 성령의 지속적인 사역을 독특한 방식으로 강조하며 탐구했음을 언급해 왔다. 이러한 그들의 탐구는 이후 많은 개신교 집단에 영향을 미쳤으며, 여기에는 현재의 복음주의에서 나타나는 영성의 표현들도 포함된다. 주목할 만한 '청교도'(우리는 이 명칭 자체가 비방의 말로 생겨났으며, 쉽게 정의되지 않는 용어임을 늘 기억해야만 한다) 가운데는 다음의 인물들이 포함된다. 그 운동이 진행되는 가운데 이들은 서로 의견의 차이도 보였지만, 그 내부에 다양한 흐름이 형성되도록 기여했다. 곧 그들 중에는 제임스 어셔James Ussher (1581-1656)를 비롯한 주교제 교회파나 토머스 굿윈Thomas Goodwin (1600-1680)과 같은 독립 교회파, 또 조지 길레스피George Gillespie (1613-1648) 같은 스코틀랜드인들이나 존 코튼John Cotton (1584-1652)과 토머스 후커Thomas Hooker (1586-1647) 같은 뉴잉글랜드인들도 있었으며, 스티븐 마셜Stephen Marshall (1594-1655)을 비롯한 열정적인 설교자들과 함께 존 오웬*(1616-1683)과 리처드 백스터*(1615-1691), 존 버니언*(1628-1688)처럼 오늘날에도 널리 읽히는 수많은 글을 남긴 저자들도 있었던 것이다.

첼, 카테리나 쉬츠 Zell, Katherina Schütz (c. 1497-1562) 스트라스부르에서 활동한 종교개혁자이며 저술가. 가난한 이들과 박해받는 이들에게 자선을 베푼 이로 기억되고 있다. 당대의 여성 중에서는 교육을 잘 받은 편이었던 그녀는 독일어로 글을 썼으며, 그녀가 라틴어로 글을 쓰지 못했기에 평신도들도 그녀의 글을 읽을 수 있었다. 그녀는 종교개혁자 매튜 첼Matthew Zell과 결혼한 후 남편과 협력하여 사역했으며, 신학적으로 생각을 달리하는 이들에게까지도 환대를 베풀면서 그들과 친분을 유지해 나갔다. 그녀의 저작 중에는 개신교 성직자*의 결혼할 권리를 옹호한 글과 찬송가집, 그리고 교회 내의 시급한 사안을 다룬, 경건하면서도 실제적인 유용성을 지닌 서적들이 포함된다.

초칼뱅주의 hyper-Calvinism #극단적 칼빈주의 #하이퍼 칼빈주의 #하이퍼 칼비니즘 극단적인 형태의 칼뱅주의*. 역사 속에서 다양한 방식으로 모습을 드러내 왔으며, 보편적인 부르심*을 부정하고 더 나아가서 복음을 값없이 제공하는 전도*의 필요성을 부정하는 경향을 보인다. 이 관점은 하나님의 영원한 작정*에 초점을 맞추는 한편, 그분의 주권*과 인간의 책임이 역동적으로 상호 작용한다는 전통적인 칼뱅주의의 언급에 관해서는 불편하게 여기는 합리주의적 기질에서 생겨나는 경향이 있다. 결과적으로 이 명칭은 종종 구원*과 불가항력적 은혜*에 관해 지나치게 독력주의*적인 관점을 취하는 이들을 지칭하는 데 폭넓게 사용된다. 그런 관점을 따르는 이들은 복음을 설교*하는 일과 같이 하나님이 자신의 주권적인 목적을 성취하기 위해 사용하시는 방편들을 부정하거나 심하게 경시한다.

츠빙글리, 울리히(홀드라이히) Zwingli, Ulrich (Huldrych) (1484-1531) #쯔빙글리 루터*, 칼뱅*과 함께 개신교 종교개혁*의 주된 창시자 중 하나인 인물. 독일어권 스위스에서 태어난 그는 바젤과 비엔나에서 교육을 받았다. 그 과정에서 그는 북부 르네상스 인문주의*와 데시데리위스 에라스무스*의 가르침에 깊이 영향을 받았으며, 이후 에라스무스와 편지를 주고받았다. 그리고 공식 학위 과정을 마친 뒤에도, 츠빙글리는 토마스 비텐바흐Thomas Wyttenbach의 수업을 들으면서 인문주의와 신학에 관한 공부를 지속해 나갔다. 이 비텐바흐의 가르침을 통해, 그는 성경의 권위와 이신칭의*에 관한 믿음의 기반을 다지는 데 도움을 얻게 되었다. 1506년에 그는 로마 가톨릭 교회의 사제로 안수 받고 글라루스Glarus 교구에 부임했는데, 이곳은 스위스 정부가 다른 국가의 전쟁 활동에 참여할 용병을 모집하는 중심지였다. 하지만 츠빙글리는 교황을 위한 전쟁의 경우 외에는 이 용병 제도에 반대했다. 그는 1512년부터 1516년까지 여러 차례에 걸쳐 교황을 위한 용병 부대의 군목으로 사역했으며, 이를 통해 이탈리아를 여행할 기회를 얻게 되었다. 그리고 이곳에서 그는 이전의 방식을 따른 이탈리아의 미사에서 자신이 발견하게 된 고대의 관습과, 당대의 로마 가톨릭 관행 사이의 모순을 깨닫기 시작했다. 군목 사역을 마칠 무렵 그는 교황을 위한 용병 활동을 부적절한 것으로 여기게 되었지만, 그 사역 덕분에 이후 몇 년간 교황 측과 좋은 관계를 유지할 수 있었다. 그는 교구 사제로서 혼자 공부를 계속했으며, 그리스어까지 독학했다. 그 자신의 언급에 따르면, 글라루스에서 사역한 마지막 해인 1516년에 츠빙글리는 성경에 관한 개혁파적 이해에 이르게 되었다. 또한 이 해에 그는 아인지델른Einsiedeln으로 근무지를 옮겼다. 이곳은 마리아에게 봉헌된 예배당이 있는 유명한 순례지로서, 많은 순례자가 이곳에서 그의 설교*를 들을 기회를 얻었다. 그리고 1519년에 츠빙글리는 그로스뮌스터Grossmünster의 담당 사제로 임명되었다. 다만 그가 아인지델른에서 부정한 일을 저지른 것이 알려져 있었으므로, 일부는 그의 임명에 반대했다. 그는 그 사실을 인정했으며, 점점 더 깊어져가던 개혁파적 신념을 통해 그 문제에 맞설 힘을 얻었다. 그는 이곳 그로스뮌스터에서 신약 전체를 체계적으로 설교하기 시작했는데, 그러면서 그가 루터의 주장과 함께 점점 더 널리 퍼져가던 종교개혁의 교리*들을 지지한다는 것이 더욱 뚜렷이 드러났다. 그는 수도원 제도와 연옥*, 성지 순례, 마리아 숭배와 면벌부* 등의 로마 가톨릭의 교리와 관습을 비난하기 시작했다.

성경의 근본 권위를 중시한 인물로 여전히 기억되는 그는 취리히 성경(1529)의 출간을 도왔으며, 이는 가장 이른 시기에 나온 독일어 성경 번역*본 중 하나였다. 그런데 그의 지도력이 커져감에 따라, 츠빙글리는 특정 부분들에서 마르틴 루터*와 의견 충돌을 빚게 되었다. 그들은 특히 성찬* 시 그리스도의 임재에 관해 상이한 견해를 지니고 있었으며, 이 문제는 츠빙글리가 루터의 공재설*에 맞서 기념설*을 옹호했던 **마르부르크 회담***에서 핵심 쟁점이 되었다. 또한 츠빙글리는 세속 국가의 권위를 강하게 지지했는데, 이는 초기에는 그에게서 영감을 얻었던 일부 재세례파*들을 몹시 분개하게 만들었다. 그는 각 지역 정부가 교회 내의 모든 변화를 승인하게끔 했으며, **스위스 종교개혁***이 진전됨에 따라 일부 주들은 츠빙글리의 제안을 받아들였다. 그 주들은 개신교를 강제하였고 비성경적인 것으로 간주된 미사* 등의 관습을 금지했으며, 이는 로마 가톨릭을 지지하는 주들과의 충돌과 전쟁을 불러왔다. 1531년 10월 카펠Kappel에서 벌어진 전투에서, 츠빙글리는 로마 가톨릭 측의 군대에 맞서 취리히 군을 이끌다가 전사했다. 그리고 그 뒤를 이어, 하인리히 불링어*가 그로스뮌스터에서 그가 맡았던 직책을 감당하면서 취리히 교회를 이끌게 되었다.

츠빙글리주의 Zwinglianism #쯔빙글리주의 울리히 츠빙글리*와 하인리히 불링어*에게서 유래한 개혁파 전통의 한 지류. 불링어는 츠빙글리의 계승자이자, 그의 가르침을 전파한 주요 인물이었다. 둘 사이에는 사소한 견해차가 있었으나, 그는 츠빙글리주의가 성장하면서 그 발원지인 스위스 너머로 퍼져나가는 데 중요한 역할을 감당했다. 츠빙글리주의는 유럽에 광범위한 영향을 미쳤지만, 그 중에서도 특히 영향을 미친 지역은 스위스와 독일 남부, 네덜란드와 잉글랜드, 스코틀랜드였다. 이 사상은 주로 성찬*과 기독교 공동체, 예정*에 관한 견해에서 루터파*, 칼뱅주의*와 구별된다. 성찬에 관한 츠빙글리와 루터*의 의견 충돌은 1529년의 **마르부르크 회담***에서 절정에 달했으며, 결국 해소되지 않은 채로 남았다. 그러나 츠빙글리파와 칼뱅파의 경우에는 1549년의 티구리누스 합의the Consensus Tigurinus(취리히 합의ᴺ)를 통해, 이 사안에 관해 의견 일치를 보았다. 다만 루터파와 칼뱅파 모두, 기독교적인 세속 정부*가 기독교 공동체를 통치하는 방식에 관한 츠빙글리파의 견해에는 동의하지 않았다. 자신의 **언약 신학***에서 불링어는 구약의 왕들이 하나님의 백성을 통치하고 이끌어 갔던 방식을 현재의 기독교적인 세속 정부를 위한 본보기로 여겼으며, 독립적인 교회 법정을 둘 필요성을 거부했다. 그리고 예정에 관한 의견의 불일치는 이중 작정을 가르치는 동시에 보편적인 부르심*을 강조하는 칼뱅의 입장을 츠빙글리파 중 일부가 거부하면서 생겨나게 되었다. 하지만 이런 차이점에도 불구하고, 불링어를 비롯한 츠빙글리파는 종종 칼뱅파와 긴밀한 관계를 유지했다. 그리고 지금도 칼뱅주의 가운데서는 여전히 츠빙글리주의의 영향을 찾아볼 수 있다. 츠빙글리의 활동 당시부터 16세기 말엽까지, 츠빙글리주의는 개혁파 전통 내에서 중요한 세력을 형성하고 있었다. 그러나 그 이후 츠빙 글리주의의 주류는 대부분 칼뱅주의에 의해 빛을 잃게 되었다.

침례교, 개혁파 Baptists, Reformed 이 집단은 흔히 '칼뱅주의 침례교', '특수 침례교'Particular Baptists로도 알려져 있으며, 그 뿌리는 16세기 말엽과 17세기 초반 잉글랜드의 분리주의 운동으로 거슬러 올라 간다. 오늘날 대다수의 개혁파 침례교회는 1689년에 특수 침례교 인들이 작성한 런던 침례교 **신앙 고백서***를 따른다. 그들이 '특수 침례교인'으로 불렸던 이유는 '일반 침례교인'General Baptists들과는 달리, 그리스도께서 이루신 속죄*가 선택된 이들the elect에게만 특 별히 적용됨을 확언했기 때문이다. 개혁파 침례교회는 종교개혁* 의 다섯 가지 오직 five solas을 고수한다. ('오직 믿음'*, '오직 은혜'*, '오직 성경'*, '오직 하나님께 영광'*, '오직 그리스도'*) 아울러 하 나님의 **주권***과 구원론*에 관해, 그들은 다른 개혁파 전통에서 확 언하는 것과 유사한 견해를 공유한다. 그들은 (보통 침례의 형태로 시행되는) 세례*를 신자에게 베푸는 한편, 유아 세례는 거부한다.

침례 세례*를 보라.

칭의 이신칭의*를 보라.

ㅋ

카이퍼, 아브라함 Kuyper, Abraham (1837-1920) 네덜란드의 목사이자 신학자, 정치가였던 인물. 유럽과 북미 대륙에서 생겨난 신칼뱅주 의* 운동과 관련이 있다. 그는 네덜란드의 자유주의 신학에 환멸 을 느끼고, 그 대안을 마련하는 데 힘을 쏟았다. 그리하여 그는 두 개의 신문을 창간하는 한편으로 반혁명당the Anti-Revolutionary Party을 창당했으며, 암스테르담 자유대학을 설립하고 수백 권이 넘는 저 서와 논문들을 집필했다. 그의 가장 유명한 저서는 1898년 그가 프린스턴에서 행한 강연집인 『칼빈주의 강연』Lectures on Calvinism(CH 북스, 1996, 2017)이다. 여기서 그는 **일반 은혜***를 강조하면서 역사와 종교, 정치와 과학, 예술에 대한 칼뱅주의적인 관점을 진술하고 있 다. 그는 교회와 국가의 분리를 옹호하는 한편 자신의 사회적 이상을 실현하기 위해 노력했으며, 잠시 수상으로 재임하기도 했다.

칼뱅, 장 Calvin, Jean (1509-1564) #존 칼빈 #-캘빈 #-갈방 프랑스의 누아용에서 태어난 칼뱅은 파리와 오를레앙, 부르주에서 법학을 공부하며 인문주의* 교육을 받았다. 그는 이때 *데보티오 모데르나 devotio moderna*(근대적 경건**SL**)의 영향을 받았는데, 이는 교회 내의 경건*과 영적 부흥을 강조한 운동이다. 그는 데시데리위스 에라스무스*와 마르틴 루터*를 비롯한 이들의 저작을 탐독한 뒤, 종교 재판을 피해 파리에서 바젤로 떠났다. 이곳에서 스위스 종교개혁*에 관여하게 된 그는 라틴어로 된『기독교 강요』초판(CH북스, 2016)을 출간했으며(1536), 이를 통해 차세대 종교개혁자로 입지를 굳히게 되었다. 그는 스트라스부르의 마르틴 부처* 밑에서 좀 더 연구하기를 원했지만, 기욤 파렐*은 제네바의 종교개혁 확립을 돕도록 그를 설득했다. 그리하여 함께 그 작업에 착수했으나, 1538년 시의회와 다툼이 벌어져 두 사람 모두 그곳에서 추방되고 말았다. 하지만 칼뱅에게 이 일은 스트라스부르에서 동역하자는 부처의 초청을 받아들일 기회가 되었다. 이 시기에 칼뱅은 설교와 강의 활동을 수행하고 수많은 종교적 토론에 관여했으며, 그 결과로 프랑스어로 된『기독교 강요』제2판(1539)과『로마서 주석』(1539)(CH북스, 2013)을 내었다. 그런데 사돌레토Sadoleto 추기경이 제네바 교회에 교황제* 복귀를 강요하자, 제네바 시의회는 1541년 칼뱅에게 그곳으로 돌아와서 자신들을 대표해 그 요구에 응수해 줄 것을 요청했다. 그리고 그는 남은 생애 동안 그곳에 머무르게 되었다.

관 주도형 종교개혁* 운동의 일원인 칼뱅은 자신이 받은 법률적, 신학적 훈련을 활용하여, 성경적인 원리들에 따라 제네바의 종교개혁을 진행해 갔다. 그는 이 목적을 이루기 위해 제네바 교리문답*과 새로운 예전*을 작성하고, 1559년 최종본인 제4판이 나오기까지『기독교 강요』(CH북스, 2015)를 계속 수정해서 출간했다. 그의 성경 주석들과 함께, 이 책은 개혁파 정통*의 정체성 형성에 울리히 츠빙글리*가 끼친 것 이상의 영향을 미쳤다. '오직 성경'*의 원리에 따라, 칼뱅은 조직신학*의 목표는 경건의 함양을 위해 하나님의 말씀*에 담긴 진리를 간결하고 명확하게 표현하는 데 있다고 결론지었다. 그는 이신칭의*에 관한 마르틴 루터*의 견해에 동의했지만, 루터의 율법과 복음*에 관한 이해에는 찬성하지 않았다.

그 대신, 칼뱅은 새로운 방법론을 제시했다. 이는 하나님의 은혜를 성화*의 핵심에 두는 성령론*을 풍성히 활용하는 것이었다. 또 그는 신학 저술에 힘을 쏟을 뿐 아니라, 해마다 이백 번에 달하는 설교를 전했다. 그는 지역 목회자들의 정기 모임을 조직하고 성경공부와 신앙 상담, 상호 교정을 장려했으며, 네 종류의 교회 직분*을 맡은 이들이 각자 합당한 역할을 수행하도록 권면했다. 1553년 칼뱅은 스페인 출신의 신학자이며 과학자로서 양태론을 주장한 미카엘 세르베투스Michael Servetus를, 이단적인 삼위일체 신학*을 설파한 혐의로 화형에 처하도록 허용했다. 스위스의 다른 개혁파 교회들과 필립 멜란히톤*은 이 결정을 지지했다.

유럽 대륙과 브리튼 섬 전역의 수많은 지도자들과 끊임없이 서신을 주고받으면서, 칼뱅의 개혁 활동은 제네바 시 너머로 확장되었다. 1541년 그는 멜란히톤이 작성한 **아우크스부르크 신앙 고백서***에 서명했으며, 1549년에 이루어진 취리히 합의the Zurich Consensus에도 기여했다. 이 합의는 성찬*을 시행할 때 성령의 사역을 통해 그리스도께서 실제로 임재하심을 전제함으로써, 하인리히 불링어*의 기념설*과 그 자신의 성찬론을 결합시킨 것이었다. 또 제네바는 프랑스의 종교개혁을 위한 근거지의 역할을 했다. 칼뱅은 이 과업을 소중히 여겼으며, 그가 프랑스어로 저술한 『기독교 강요』(크리스천 르네상스, 2015)와 교리문답은 그 일의 진전에 크게 기여했다. 그리고 그가 프랑스 왕 앙리 2세에게 보낸 관용 호소문은 **프랑스 신앙 고백서***의 토대가 되었다. 1559년에는 제네바 아카데미가 설립되었으며, 그는 이 기관을 통해 존 녹스*를 비롯한 수많은 미래의 종교개혁자들에게 영향을 미쳤다. 그리고 테오도르 베자*는 그의 이 노력을 이어받아 개혁파 스콜라주의*와 칼뱅주의*의 토대를 놓았다. 칼뱅이 고통스러운 질병에 시달리다 죽음을 맞았을 때, 그가 남긴 유언은 장례식을 간소하게 치르고 자신의 무덤에는 묘비를 세우지 말라는 것이었다. 이는 그의 **성상 파괴***를 향한 신념과 성인*saints 숭배에 대한 혐오를 드러내는 것이었지만, 하나님의 말씀에 귀 기울일 것을 그분의 백성에게 선지자의 음성으로 촉구했던 이가 남긴 마지막 메시지로서 적합한 것이기도 했다. 칼뱅의 영속적인 유산은 하나님의 계시*에 귀를 기울이라는 이 요청이 현대 신학의 중심부에 끼쳐 온 영향 가운데서 명확히 드러난다. 이는 프리드리히 슐라이어마허*와 헤르만 바빙크*, 칼 바르트*와 J. I. 패커*처럼 다양한 신학자들의 저서에서 찾아볼 수 있다.

칼뱅주의 Calvinism #칼빈주의 #캘빈주의 이는 '개혁파 전통'과 같은 뜻을 지닌 단어로, 그 신학 운동의 형성에 장 칼뱅*과 그의 제네바 사역이 끼친 영향을 강조하는 표현이다. 칼뱅이 중요한 영향을 미치긴 했지만, 칼뱅주의는 그 초기 단계부터 여러 지도자에 의해 형성된 복합적인 전통이다. 그 지도자들로는 울리히 츠빙글리*와 기욤 파렐*, 하인리히 불링어*, 마르틴 부처*와 존 녹스* 등이 있다. 칼뱅 자신은 루터파*와 일치를 이루는 일에 관심을 갖고 있었다. 이 두 세력은 '오직 성경'*, 이신칭의*, 부패했으며 신학적으로도 그릇된 교황제*의 거부, 참된 교회*의 표지 등에 관해 유사한 관심을 품고 있었기 때문이다. 그러나 16세기 중반이 되자 두 세력 간의 차이는 공고해졌으며, 개혁파, 또는 칼뱅주의는 하나님의 포괄적인 주권*에 헌신하는 점과 루터파*의 것과는 구분되는 성찬*관을 지닌 점, 또 율법*의 긍정적인 세 번째 용도를 강조하는 점과 역시 루터파의 것과는 다른 교회 정치*를 시행하는 점에서 루터파와 구별되는 특징을 보이게 되었다. 그러나 칼뱅주의의 특성을 일반화하기는 어렵다. 이는 스위스에서 프랑스와 네덜란드, 스코틀랜드, 아일랜드, 잉글랜드, 헝가리를 거쳐 마침내 북미 대륙까지 전파되는 동안, 그 신학과 문화적 체계가 각 지역의 특성과 논쟁, 인물들의 성향에 따라 계속해서 전개되며 조정되어 갔기 때문이다. 그 이전에도 수많은 **신앙 고백서***에서 칼뱅주의의 신앙과 실천에 관한 개요가 서술되었지만, **도르트 신조***는 특히 이 신학 운동을 아르미니우스주의*와 구분 짓는 척도가 되었다. 그 결과 어떤 이들은 '튤립'*을 **칼뱅주의 5대 강령***의 정확한 요약으로 간주하게 되었으나, 이 교리*들만 강조할 경우에는 이 전통의 복합적이며 포괄적인 특성이 제한 받게 되며, 때로는 그 특성을 희화화하거나 오도하는 결과까지 낳는다.

칼뱅주의 5대 강령 five points of Calvinism **튤립***을 보라.

칼뱅주의의 '밖에서' extra calvinisticum #엑스트라 칼비니스티쿰 개혁파 기독론*의 독특한 표지로서, 루터파* 내에 널리 퍼진 **그리스도의 편재***설과 구분되는 견해이다. 그리스도의 신성과 인성은 서로 결합된 동시에 구별된다는 이 견해는 장 칼뱅*의 입장과 관련되어

있지만, 교부들의 문헌에서도 널리 찾아볼 수 있다. 칼케돈적 정통
에 대한 이 해석은 그리스도가 지닌 두 본성의 결합을 강조하면서
도, 속성의 교류를 언급하는 루터파의 편재설과 구분된다. 곧 신성
이 인간성을 흡수해 버리지 않고, 각 본성이 그 온전한 상태를 유
지하는 것이다. 그러므로 성자 하나님의 무한한 본성이 인간 예수
의 유한한 본성 안에 담기거나 그 안에 한정되지 않으며, 그분의
승천을 통해 그 인성이 신성에 흡수되어 버린 것도 아니다. 이 원
리는 개혁파 성찬*관을 설명할 때 중요한 역할을 한다. 개혁파의
주된 관심사 중 하나는 승천하신 그리스도께서 참되고 온전한 인
간 본성을 지니심을 옹호하는 데 있기 때문이다.ᴶᶜ⁺

칼슈타트, 안드레아스 보덴스타인 폰 Karlstadt, Andreas Bodenstein
von (1480-1541) 독일의 신학자로, 1505년에 비텐베르크에 도착하
여 루터*의 선임자가 된 인물. 1519년 루터와 함께 에크Eck를 상대
로 면벌부*에 관해 논쟁한 후, (궁극적으로 1521년 1월 3일에ᴶᶜ) 둘 다
파문을 당했다. 그리고 1521년 성탄절에 그는 종교개혁 최초의 성
찬*을 집례했다. 이때 그는 제의를 입지 않고 일상적인 독일어로
예식을 진행했으며, 빵과 포도주를 평신도들에게 모두 나누어 주
었다. 그는 루터보다 더 급진적인 종교개혁자로서 성상 파괴를 강
경히 옹호했으며, 농민 전쟁* 시기에는 반역자로 고발당하기도 했
다. 독일에서 추방된 후 바젤로 피신한 그는 1541년 그곳에서 전
염병으로 사망했다.

캐머런 파 Cameronians #카메론파 이 명칭은 그들이 '언약의 사자'the
lion of the covenant로 불린 리처드 캐머런Richard Cameron(1648-1680)을 따
른 데서 유래했다. 이 열성적인 언약도*들은 장로교*를 스코틀랜
드의 유일한 합법적 종교로 확립하려고 시도했던 이들이다. 로마
가톨릭을 따랐던 찰스 2세와 제임스 2세(스코틀랜드의 제임스 7
세)의 통치에 반대하면서, 이들은 박해를 당하고 때로는 순교하기
도 했다. 명예혁명 시기에 그들은 오렌지의 윌리엄Richard Cameron
공을 지지하며 군대를 일으켰으나, 그 결과로 맺어진 종교적 합
의에 불만을 품었다. 이에 그들은 다른 언약도들과 스코틀랜드 교
회로부터 거리를 두고, 1743년에 독자적으로 개혁 장로교회the
Reformed Presbyterian church를 설립했다. 일부 교회는 지금도 이 교단
에 남아 있지만, 대다수의 교회들은 1875년 스코틀랜드 자유교회

에 합병되었다.

코케이우스, 요하네스 Cocceius, Johannes (1603-1669) #코케우스 #코케유스 언약 신학* 또는 계약 신학의 발전에 기여한 것으로 잘 알려진 네덜란드의 개혁신학자. 그는 장 칼뱅*, 자카리아스 우르지누스*와 카스파르 올레비아누스Caspar Olevianus의 저서들을 근거로 삼아, 언약은 아담과 맺으신 행위 언약과 아담 이후의 은혜* 언약의 두 가지만 있는 것이 아니라, 성부와 성자가 서로 맺으신 영원한 구속의 언약까지 포함하여 세 가지가 있다고 주장했다. 그가 이 개념을 제시한 것은 17세기 개혁파 스콜라주의* 내에서 하나님의 영원한 작정*에 대한 관심이 점증하고 있던 일과 부합하는 것이며, 이는 또한 그 주제에 관한 통찰을 성경신학*과 더불어 구약과 신약의 관계에 접목시켜 보려던 시도이기도 하다.

크랜머, 토머스 Cranmer, Thomas (1489-1556) 『성공회 기도서』*에 관한 작업으로 잘 알려진 영국의 종교개혁자. 그는 케임브리지 대학 졸업 후 곧 잉글랜드 왕실을 섬기는 오랜 사역의 길에 들어섰으며, 1532년 마침내 헨리 8세에 의해 캔터베리 대주교로 임명되었다. 에드워드 6세의 통치기에 크랜머는 그가 남긴 가장 중요한 문서인 『성공회 기도서』와 『설교집』Book of Homilies을 완성하고, 마르틴 부처*와 피에트로 마르티레 베르미글리* 등의 중요한 개혁신학자들을 잉글랜드로 초빙해 왔다. 이후 그는 1556년 메리 튜더 치하에서 순교하게 되었으나, 그가 때로는 왕의 권력에 영합하면서 자신의 신학적 신념을 바꾸었던 것, 그리고 성찬*의 시행 시 그리스도의 실재(설)* 여부에 관해 변덕스러운 견해를 보였던 것에 관해 비판을 받곤 한다.

크롬웰, 토머스 Cromwell, Thomas (c. 1485-1540) 잉글랜드의 헨리 8세 치하에서 국무 장관으로 봉직하면서 교회 개혁에 힘을 쏟은 인물. 1539년판 영어 성경의 출판을 주도했다. 초기에는 프랑스 군대에서 복무하고 런던에서 의류 상업에 종사한 후, 울지Wolsey 추기경 아래서 일하면서 하원 의원이 되었다. 이후 울지가 사망하자, 그는 개신교*를 받아들이고 헨리 8세의 뜻을 받들어 활동하게 되었다. 그는 아라곤의 캐서린과 헨리 8세의 이혼과 수도원의 해산, 그리고 잉글랜드 교회를 로마의 지배에서 분리시키는 일에 관여했다. 그러나 일련의 정치 활동이 실패로 돌아간 뒤, 1540년 크롬웰

은 이단과 반역의 죄명으로 재판도 거치지 않고 헨리 8세에 의해
처형되었다.

**타락 전적 타락* 참조.

타락 전 선택설 supralapsarianism 하나님이 어떤 이들에게는 은혜*를
베풀기로 정하셨으나 다른 이들은 지나치심으로써 그분의 은혜와
공의를 시간 속에서 시행하시고, 이를 통해 자신의 영광을 나타내
신다는 교리*. (이 교리의 명칭은 '위에' 또는 '이전에'를 뜻하는 라
틴어 수프라*supra*와 '타락'을 뜻하는 랍수스*lapsus*에서 왔다.) **타락
후 선택설***과는 달리, 이 관점에 따르면 선택*과 유기는 타락 때문
에 생겨난 것이 아니라, 하나님의 마음속에서는 타락보다 논리적
으로 앞서 존재하고 있다. 이 관점은 하나님의 작정*이 우선성을
지니며, 그 실행을 위한 방편들은 논리적으로 그 작정에 뒤따라온
다는 것을 전제로 삼는다.

타락 후 선택설 infralapsarianism 라틴어 인프라*infra*('아래에' 또는 '이후에')
와 랍수스*lapsus*(타락)에서 유래한 용어. **타락 전 선택설***과는 달리,
하나님의 선택*과 유기에 관한 작정*은 논리적으로 타락을 허용하
신 작정 이후에 온다는 믿음이다. 그러므로 하나님은 죄*와 상관
없이 인류를 판단하시는 것이 아니라, 그러한 죄를 고려하셔서 판
단하신다. 이 견해에 따르면, 만일 (타락 전 선택설에서 주장하듯)
선택과 유기가 논리적으로 타락보다 앞설 경우, 하나님의 사랑과
거룩성* 사이에 충돌이 발생할 뿐 아니라 궁극적으로 하나님이 죄
의 근원이 되어 버린다. 그럼으로써 마치 하나님이 사람들로 하여
금 이유 없이 형벌을 당하도록 정해 두신 듯이 여겨지게 되는 것이
다. 역사적으로 타락 후 선택설은 개혁신학자들 사이에서 다수 의
견이 되어 왔지만, 개혁파 **신앙 고백서*** 가운데 어떤 것도 이 사안
에 관해 한 쪽 편을 들지는 않는다.

토런스, T. F. Torrance, Thomas Forsyth (1913-2007) #토렌스 스코틀랜
드의 개혁신학자. 중국 선교사의 가정에서 태어났으며, 스코틀랜
드 교회 내에서 행한 사역과 에딘버러 대학 뉴 칼리지의 교수직을

통해 스코틀랜드 신학에 영향을 미쳤다. 자신의 선생들인 칼 바르트*와 존 맥머리John Macmurray, H. R. 매킨토시Mackintosh와 A. E. 테일러Taylor에게 영향을 받은 그는 세 영역을 중심으로 삼아 자신의 신학을 전개했으며, 이 세 영역은 곧 지식의 상관적인 본성과 창조 세계의 우연적인 질서, 삼위일체 하나님이 성육신을 통해 취하신 결정적 행동이다. 학문적 활동기간 내내, 그는 초대 교회의 교부들을 연구하고 니케아 신경을 해설하면서 에큐메니즘*적인 관점을 유지했다. 그의 주요 저서는 신학 방법론(『신학적 학문』Theological Science), 삼위일체(『삼위일체 신앙』Trinitarian Faith), 성육신과 속죄*(『그리스도에 대한 묵상』The Mediation of Christ)를 다룬 것들이다.

통일령 Acts of Uniformity **KP, JL** #일치령 잉글랜드 왕들이 교회의 예전*을 규격화하려는 목적으로 의회를 통해 내린 칙령. 첫 번째 통일령(1548-1549)에서는 목회자들에게 『성공회 기도서』를 사용할 법적 의무가 부과되었다. 그리고 에드워드 6세 때(1551-1552), 엘리자베스 1세 때(1558-1559), 또 왕정복고기(1661-1662)에 개정되어 내려진 칙령들에서는 이후 개정된 『성공회 기도서』의 판본들을 사용하도록 요구되었다.

튜레틴, 프란시스 Turretin, Francis (1623-1687) #투레티누스, 프란치스쿠스 #투레티니, 프랑수아**JL** 스위스의 칼뱅주의 신학자. 제네바에서 태어난 그는 제네바와 레이던, 위트레흐트와 파리를 비롯한 여러 곳에서 세밀한 교육을 받았다. 1647년 그는 제네바의 이탈리아인 개신교 회중을 섬기는 목회자가 되었으며, 몇 년 후에는 제네바 아카데미의 신학 교수가 되었다. 가장 널리 알려진 그의 저서는 네 권으로 구성된 『변증신학 강요』Institutio Theologiae Elencticae, 1679-1685(부흥과개혁사, 2017-)(2018년 현재 미국에서 출간된 영역판은 3권임)로서, 이는 개혁파 스콜라주의* 내부의 중요한 작품이다. 18세기에는 튜레틴의 스콜라주의가 널리 평가받지 못했지만, 19세기에 프린스턴 신학교의 아치볼드 알렉산더*와 찰스 핫지*는 그의 저서들을 되살려 표준적인 교과서로 삼았다.

튤립 TULIP 도르트 회의*에서 칼뱅주의*자들이 아르미니우스주의*에 맞서 확증한 주요 교리들을 요약하는 두문자어acronym. 전적 타락*total depravity, 무조건적인 선택*unconditional election, 제한 속죄*limited atonement, 불가항력적인 은혜*irresistible grace와 성도의 견인*perseverance of the saints의 첫 글자들을 딴 표현이다. 그런데 중요한 점은 19세기의 글에서도 칼뱅주의 5대 강령*에 관한 언급을 찾아볼 수는 있지만, 20세기 초반 이전까지는 이 두문자어가 널리 쓰이지 않았다는 것이다. 이에 더해 이 어구들 중 몇몇은 도르드레흐트에서 진술된 교리*, 즉 도르트 신조를 그릇된 방식으로 나타내는 것이 될 수 있다. 한 예로 도르트 신조는 그리스도께서 십자가의 죽음으로 성취하신 일에 제한을 두기보다, 하나님이 이 효력 있는 사건을 통해 선택된 이들을 특별히 구속하신다는 점에 초점을 맞춘다. 나아가 그 신조는 하나님이 사람들로 하여금 자신들의 의지와는 상관없이 강제로 신앙을 받아들이게 하신다는 함의가 담긴 '불가항력적인 은혜'를 옹호하는 것이 아니라, 사람들을 설득하여 예수님을 신뢰하도록 이끄시며 그들을 소생시키시는 하나님의 효력 있는 부르심*과 은혜*를 강조하고 있다. 이런 불일치점들 때문에, 일부 신학자들은 '튤립'이 역사적인 개혁파 전통을 정확히 묘사했다기보다는 초칼뱅주의*에 좀 더 쏠리는 성향이 있다고 언급했다. 따라서 현 시대의 많은 개혁신학자들은 다른 두문자어를 활용하거나, 혹은 이 표현을 사용하되 필요한 부분을 주의 깊게 수정하는 쪽을 택해 왔다.

트렌트 공의회 Council of Trent (1545-1563) #트리엔트 공의회 #트렌토 공의회♬ 로마 가톨릭 교회의 제19차 공의회. 라틴어로는 콘킬리움 트리덴티눔Concilium Tridentinum이다. 이 공의회에서는 미사*, 칭의*(가톨릭 용어로는 '의화'임. 전가* 항목 중 편집자 주 참고), 성경과 전통*의 관계 등의 사안을 논하면서 **가톨릭 (종교)개혁***the Counter-Reformation을 확립했다. 처음에 이 공의회는 종교개혁에 대해 회유적인 어조를 택했으나, 스물다섯 차례의 회기를 거치면서 점점 더 논쟁적인 태도를 취하게 되었다. 결국 이 공의회는 개신교에 대한 것이자 개신교를 반대하는 것으로 로마 가톨릭 신앙의 일치를 정의했다. 이 입장은 제21차 공의회인 제2차 바티칸 공의회(1962-1965)에 이르기까지 유지되었다.

특별 계시 special revelation 삼위일체 하나님이 역사 속에서 그분의 특별한 말씀과 행위를 통해 자신을 드러내신 일. 이 자기 계시는 성경 안에서, 그리고 성령님의 사역에 의해 전달되며, 특히 성자이신 예수님의 인격과 사역을 통해 생생하게 전달된다. 특별 계시는 하나님에 관해 **일반 계시***에서 얻을 수 있는 기초적인 지식*을 넘어

서서, 하나님과 그분의 사역에 관해 우리를 구원*으로 인도하기에 충분한 지식을 제공한다. 그러므로 특별 계시에서는 말씀*과 성령을 통해 전달되는 그리스도의 구원 사역이 늘 우리 앞에 제시된다.

틴데일, 윌리엄 Tyndale, William (1494-1536) #틴들, 윌리엄**KP, JL** 영국의 종교개혁자, 순교자이며 가장 위대한 영어 성경 번역자. 옥스포드와 케임브리지에서 공부한 그는 보통 사람들이 성경을 읽을 수 있게 하려는 열심을 품었다. 킹 제임스 성경King James Version (KJV), 또는 흠정역Authorized Version (AV), 1611의 신약 본문 가운데 90% 정도는 그가 앞서 만든 역본에서 가져온 것으로 추정된다. 한편 그의 구약 번역*본에서 가져온 분량은 다소 적은데, 이는 그가 미처 구약 번역을 끝마치기 전에 이단의 누명을 쓰고 브뤼셀 외곽에서 처형되었기 때문이다.

Ⅱ

파렐, 기욤 (윌리엄) Farel, Guillaume (William) (1489-1565) 격렬하며 인습 타파적인 설교자로 스위스 **종교개혁***에 크게 공헌한 인물. 그가 여러 곳을 순회하며 끈질기게 노력함으로써 베른과 뇌샤텔, 제네바와 로잔에 종교개혁이 정착되었고, 발도파*도 그 개혁에 합류하게 되었다. 다른 이들의 역량을 금세 알아차렸던 그는 칼뱅*을 설득하여 제네바에 머물면서 종교개혁자의 소임을 감당하게 했다. 그는 츠빙글리*의 것과 유사한 신학적 입장에서 예전*을 개정하고 인쇄소를 세웠으며, 프랑스에도 종교개혁*을 전파하기 위해 설교자들을 훈련시켰다. 그는 교육자보다는 전도자에 가까웠으며, 생애 후반에는 뇌샤텔에서 목회하면서도 폭넓게 여행하면서 사람들과 엄청난 양의 서신을 주고받았다. 이 일들은 그가 개혁을 전파하기 위해 부단히 노력했음을 증언해 준다.

패커, 제임스 인넬 Packer, James Innell (1926-) #J. I 패커 성공회* 소속의 중요한 복음주의 신학자, 교수이며 수많은 책을 집필한 저술가. 영국에서 태어나 옥스포드 대학에서 공부했다. 그는 1950년대 초반 잉글랜드 성공회에서 임직되었으며, 이 교단을 통해 세계적인 복음주의* 지도자로 부상하게 되었다. 1979년에는 밴쿠버의 리젠트 칼리지 신학 교수가 되었으며, 이곳에서 은퇴 시까지 가르쳤다. 아마 그는 신학적으로 풍성한 깊이가 있으면서도 이해하기 쉬운 그의 저서들로 가장 잘 알려져 있을 것이다. 그 좋은 예로는 특히 『하나님을 아는 지식』*Knowing God*(한국기독학생출판부, 2008)이 있다. 그가 복음주의 내부에서 발휘한 지도력은 English Standard Version (ESV)의 책임 편집자의 역할을 감당한 데서 대표적으로 드러나며, 2005년에 『타임』*Time*지는 그를 가장 영향력 있는 스물다섯 명의 복음주의자 중 한 사람으로 선정했다. 개혁파 전통에 속한 어떤 이들은 그의 에큐메니즘*적인 성향에 의문을 제기하지만, 다른 이들은 그가 그런 노력을 기울인 것을 높이 평가한다. 그의 여러 저서는 지난 사십 년간 복음주의자들 가운데서 개혁신학*이 뚜렷이 되살아나도록 자극하는 데 중요한 역할을 한 것으로 널리 인정되고 있다.

퍼킨스, 윌리엄 Perkins, William (1558-1602) 종종 청교도 운동*의 아버지 중 하나로 간주되는 인물. 생전에는 자신의 목회 사역과 학문적인 업적으로 인정받았다. 그는 잉글랜드의 워릭셔에서 태어났으며, 케임브리지 대학의 크라이스트 칼리지에서 공부했다. 이후 그는 이 대학의 연구원 겸 강사가 되었으며, 죄수들을 상대로 설교* 사역을 시작했다. 그리고 그는 곧 세인트 앤드루 교회의 관할 사제로 임명되어, 남은 생애 동안 그 직책을 감당하게 된다. 퍼킨스는 몇 권의 성경 주석과 함께 설교와 예정*, 윤리*에 관해 여러 영향력 있는 저서를 남겼으며, 이 책들은 윌리엄 에임스*와 토머스 굿윈Thomas Goodwin, 제임스 어셔를 비롯한 17세기의 일부 청교도 지도자들에게 영향을 미쳤다.

페더럴 비전 federal vision 오번 애브뉴 신학Auburn Avenue Theology이라고도 한다. 이는 언약 신학*과 교회론*, 성례*와 칭의*에 관해 논쟁의 소지가 있는 관점을 옹호하는 운동이며, 그 명칭은 2002년의 한 컨퍼런스에서 유래했다. 이 운동의 지지자들은 종종 현대 복음주의*의 주관적이며 개인주의적인 성격과 그 흐름이 개혁파 전통에 끼친 영향을 비판하고, 하나님과 그분의 백성이 맺은 언약 관계의 '객관성'을 강조하여 그런 문제들을 해결하려 한다. 이 운동에 가장 흔히 제기되는 비판은 그들이 그런 식으로 교회와 성례전을 '높임'으로써, 개혁파 전통에서 받아들여 온 구원론*을 희석시키고 때로는 왜곡하게 된다는 것이다.

펠라기우스주의 Pelagianism 아일랜드의 수사였던 펠라기우스의 구원론*을 가리키는 용어. 그는 인간의 자유 의지*를 토대로 삼아 도덕적 완전과 하나님께 대한 순종의 필요성을 강조함으로써, 5세기 로마 교회의 도덕적 방종을 해결하려 했다. 그는 또한 죄*는 존재론적이거나 법적인 유전으로 물려받는 것이 아니라 각 개인의 습관을 통해 발생하는 것으로 여기고, 원죄*에 관한 아우구스티누스의 가르침을 거부했다. 그리고 그에게 예수님이 보이신 의*의 모범은 죄의 습관을 깨뜨릴 수 있는 길을 드러내 주는 것이었다. 한편 마르틴 루터*는 아우구스티누스주의*를 결연히 옹호하면서, 누구든 이신칭의*에 반대하는 자는 곧 펠라기우스의 이 신인 협력주의*에 호소하는 것으로 간주했다. 그리고 루터의 독력주의*를 더욱 발전시킨 개혁파 전통은 인류의 **전적 타락**에 근거하여 펠라기우스주의를 거부했다.

포사이스, P. T. Forsyth, P. T. (1848-1921) 영국의 회중교회* 목회자이며 해크니 칼리지Hackney College의 학장이었던 인물. 예수 그리스도의 사역과 하나님의 거룩성*을 이해하는 데에 속죄*가 지닌 핵심적인 중요성을 회복시켰다. 그는 고전적 자유주의 노선에서 교육받았지만, 이후 속죄의 본질에 관한 그 사상의 진술 방식을 거부하게 되었다. 그는 조직신학*과 설교*를 가르치는 교사로서 전통적인 대속substitution과 만족satisfaction의 개념을 다시 숙고했으며, 자신의 모든 글에서 목회적인 어조를 유지했다. 그는 십자가에서 세상이 하나님과, 또 하나님이 세상과 화해를 이룬 것으로 이해하고, 그리스도의 희생은 성육신의 본질을 드러낸 사건이었다고 언급했다. 따라서 그는 성자께서 성부의 뜻에 순종*하여 자신을 낮추셨음을 강조하면서 케노틱kenotic 기독론*을 발전시켰다.

폭스, 존 Foxe, John (1516-1587) 잉글랜드의 개신교 교회사가이자 순교사였던 인물. 옥스포드에서 공부한 후, 메리 튜더의 통치기에 유럽 대륙으로 망명하기 이전까지 모들린 칼리지의 교수로 재직했다. 이후 엘리자베스가 집권하자 잉글랜드로 돌아와 자신의 유명한 저서 『기독교회 순교자들의 행위와 업적』Actes and Monuments of the Martyrs of the Christian Church의 영문판을 간행했으며, 오늘날 이 책은 흔히 『순교자 열전』Foxe's Book of Martyrs(포이에마, 2014; 『위대한 순교자들』, 보이스사, 1988)으로 알려져 있다. 이 책은 존 위클리프*의 시대부터

1574년경에 이르기까지 순교자들이 살았던 생애를 기록한 것으로, 종종 1차 자료를 인용하며 그 인물들이 살았던 역사적, 종교적인 맥락을 묘사하고 있다.

표지, 교회의 marks of the church 참된 가시적 교회의 특성들. 비가시적 교회의 네 가지 속성인 유일성, 거룩성, 보편성, 사도성과는 구분된다. 장 칼뱅*을 비롯한 일부 종교개혁자들은 그 표지를 두 가지, 곧 순전한 말씀의 설교*와 성례*의 바른 시행으로 구분했지만, 자카리아스 우르지누스*를 비롯한 다른 이들은 교회*의 권징을 추가적인 세 번째 표지로 인식했다. 이 후자의 견해는 **스코틀랜드 신앙 고백서**와 **벨직 신앙 고백서**에서 요약적으로 제시되었으며, 개혁파 전통에 속한 다수의 입장이 되었다. 그리고 최근에는 **사회 참여**와 궁핍한 이들을 돌보는 일에 헌신하는 것을 네 번째 표지로 삼아야 하는지 여부가 논의되어 왔다.

프랑스 신앙 고백(문)(서) French Confession (1559) #갈리칸 신앙 고백(문)(서)**KP** 이 프랑스 개혁파 정통* 신앙의 선언문은 칼뱅*이 프랑스 왕 앙리 2세에게 보냈던 관용 호소문(1557)을 확대한 것으로, 교리적 일치를 확립하려는 파리 교회의 요청에 따라 작성되었다(1559). 이 고백서는 갈리아 신앙 고백서the Gallican Confession, 라 로셸(로쉐어) 신앙 고백서the Confession of La Rochelle라고도 불리며, 성경의 가르침을 요약하는 동시에 사도신경, 니케아 신경, 아타나시우스 신경과 같은 입장을 취하고 있다.

프린스턴 신학 Princeton theology #구 프린스턴 신학(old-) 19세기와 20세기 초반 미국에서 영향력을 발휘한 개혁파적이며 장로교*적인 신학 전통. 이 전통은 프린스턴 신학교에 재직했던 아치볼드 알렉산더*와 찰스 핫지*, B. B. 워필드*와 J. 그레스앰 메이첸*을 비롯한 학자들의 글과 가르침을 통해 발전되었다. 이 신학의 특징으로는 신학을 귀납적 학문으로 간주하며 성경을 그 귀납적 추론의 주된 자료로 여기는 일, 변증학*과 논쟁법polemics, 확고한 칼뱅주의*, 웨스트민스터* 신앙 고백서*와 프란시스 튜레틴*의 저서들에 대한 헌신, 스코틀랜드 상식 실재론Scottish commonsense realism이 끼친 영향 등을 들 수 있다. (상식 실재론은 우리 삶에 필수적인 어떤 진리들은 다른 진리들에서 연역되는 것이 아니라, 상식에 의해 발견된다고 주장하는 철학적 접근 방식이다.) 프린스턴 신학자들은 현대주의 신학을 거부했으며, 특히 독일의 성서 비평과 자유주의 신학에 반대했다. 그들은 역사적인 칼뱅주의*를 고수하면서도, 당시 미국의 정치와 문화에 관련된 쟁점뿐 아니라 자신들의 것과 대립하는 신학적, 과학적 견해에 관해서도 자주 논의했다.

하나님의 나라 **나라***, 하나님(의)를 보라.

하나님의 말씀 Word of God 이 신학적 개념이 지닌 여러 의미들은 성경 안에서 이 말이 다양한 의미로 사용되고 있음을 반영한다. 이 개념은 성경의 정경*을 가리키거나, 계시* 혹은 설교*, 또는 삼위일체의 두 번째 위격이신 분을 가리킬 수도 있다. 장 칼뱅*은 요한복음에 담긴 '로고스' 기독론*을 강조했으며, 이는 개혁파 정통에서 하나님의 섭리*와 선택*, "칼뱅주의의 '밖에서'"*의 교리*들을 논할 때 토대를 이루는 개념이 되었다. 헤르만 바빙크*와 칼 바르트*가 볼 때, 말씀을 **특별 계시***로 간주하는 것은 조직신학*의 출발점에서 중요한 의미를 지닌다. 그렇게 함으로써 어떤 다른 방편들을 통해 하나님을 아는 지식*을 얻으려는 시도에 이의를 제기하게 되기 때문이다.

하나님의 작정 **작정***, 하나님의를 보라.

하나님의 주권 sovereignty of God 만물의 으뜸가는 통치자로서 자신의 뜻을 이루어 가시는 하나님의 권세와 능력. 하나님은 그분의 작정*과 행위를 통해 자신의 주권을 나타내시며, 그 일들은 그분 바깥의 어떤 것에도 전혀 영향 받지 않고 계획된 것으로서 구속사* 전체에 걸쳐 실행된다. 개혁파 전통은 하나님의 주권이 온 창조 세계에 미친다는 것, 그리고 그 주권이 특히 그분의 백성을 향한 예정*과 효력 있는 부르심*, 칭의*와 영화*에서 나타난다는 것을 인정한다. 이 주권은 인간의 책임과 역설적이면서도 서로 뗄 수 없이 결합되어 있으며, 이에 따라 단순하며 기계적인 결정론은 거부된다. 다만 인간이 지닌 **자유 의지***의 본성에 관해서는 개혁신학자들 사이에 의견차가 있다. 하나님의 주권은 그리스도인들에게 큰 위로의 원천이 된다. 그들의 소망은 그분의 백성과 창조 세계의 유익을 위해 만물을 다스리시는 하나님께 있기 때문이다.

하나님의 형상(이마고 데이) image of God (imago dei) 하나님이 그분을 닮은 존재로 인간을 지으신 방식을 탐구하는 교리*. 모든 종교개혁자들은 하나님이 남자와 여자를 그분의 형상으로 독특하게 지으셨음을 시인했지만, 그 닮음의 본질과 원죄*로 인해 그 성격이 소멸된 정도에 관해서는 의견차가 생겨났다. 대부분의 루터파*는 주로 도덕적 범주에서 그 형상을 해석하면서, 타락 이후에 그 형상이 완전히 부패해 버렸다고 주장했다. (루터신학에서 하나님 형상의 파괴는 완전한 전적 타락을 의미하기 때문에 이는 정확한 루터파 입장은 아니다.[JC]) 하지만 장 칼뱅*을 비롯한 다른 이들의 경우, 그 형상이 타락으로 일그러지기는 했지만 완전히 훼손되고 소멸한 것은 아니라고 여겼다. 이런 맥락에서 아브라함 카이퍼*는 이처럼 전통으로 내려오는 요소들을 근거로, 결코 파괴될 수 없는 하나님의 형상을 지닌 인간의 존재자체/특성을, 그 형상을 드러내기도 왜곡하기도 하는 인간의 지성·감정·의지의 방향/활동과 서로 구분 지었다. 그리고 이런 구분법은 개혁파 전통 내부에서 지금도 널리 수용되고 있다.

하이델베르크 교리문답(서) Heidelberg Catechism (1563) 독일의 하이델베르크에서 자카리아스 우르지누스*와 카스파르 올레비아누스 Caspar Olevianus에 의해 작성된 고백 문서. 루터파*와 칼뱅파*의 분열을 완화하려는 선제후 프리드리히 3세의 명령에 의해 만들어졌다. 이 교리문답은 목회적인 따뜻함과 통찰력을 지닌 것으로 높이 평가받으며, 사도신경과 십계명의 순서에 따라 이어지는 세 부분으로 되어 있다('인간의 비참함에 관하여', '인간의 구원에 관하여', '감사에 관하여'). 이 교리문답은 전 세계의 몇몇 개혁파 교단, 그중에서도 특히 네덜란드 종교개혁*의 전통을 이어온 교단들에서 신앙 고백서*의 표준으로 남아 있다.

핫지, 찰스 Hodge, Charles (1797-1878) #핫지 신학 교수이자 프린스턴 신학교의 교장으로, 19세기 미국에서 프린스턴 신학*이 뚜렷이 확립되는 데 기여한 인물. 핫지는 『프린스턴 리뷰』Princeton Review를 창간하고 편집할 뿐 아니라 세 권으로 된 『조직신학』Systematic Theology(CH북스, 2002; 1권만 출간됨)을 저술했는데, 당시에 이 두 가지 일 모두 광범위한 영향력을 미쳤다. 그는 프린스턴 신학교에서는 새로운 사상이 나온 적이 없다고 주장한 것으로 종종 기억되며, 이는 자신이 전통적인 칼뱅주의*를 전파하는 데 헌신했음을 강조하는 표현이다. 당대의 다른 프린스턴 신학자들처럼, 그는 종종 개혁신학*을 향한 열정과 개인적인 경건*을 서로 결부시켰다.

항론파 Remonstrants #항변파 네덜란드 개신교 내부에 있었던 아르미니우스*의 추종자들. 이 명칭은 1610년 그들이 국회에 제출한 '항론서'Remonstrance에서 유래했다. 그들은 당대의 칼뱅주의* 정통을 거부하면서, 자신들의 견해를 다섯 가지 항목으로 밝혔다. (1) 하나님의 선택*은 누가 신앙*을 받아들일지에 관한 그분의 예지*에 토대를 둔 것이다. (2) 그리스도는 선택된 이들만이 아니라 온 인류를 위해 죽으셨다. (3) 중생*의 은혜*를 얻으려면 성령의 사역이 필요하기는 하지만, 그 은혜 자체는 모든 이에게 열려 있다. (4) 은혜는 불가항력적인 것이 아니다. (5) 성경은 우리가 은혜를 떠나 타락할 수 있는지 여부를 명확히 밝히지 않는다. 이들은 1618년 **도르트 회의***에서 정죄되었으며, 그 주장을 철회하든지, 아니면 투옥 또는 추방을 당하도록 강요되었다. 박해는 결국 잦아들었지만, 1795년이 되기 전까지는 그들의 주장이 공식적으로 용인되지 않았다.

헝가리 종교개혁 Hungarian Reformation 헝가리 왕국에서 개신교*가 교회적이며 정치적인 세력으로 자리 잡게 된 과정. 16세기 초의 헝가리는 로마 가톨릭에 속한 합스부르크 가문이 통치하는 왕국으로, 주로 로마 가톨릭 신자가 많았지만 다양한 구성원들로 이루어진 나라였다. 그곳에는 큰 무리의 그리스 정교회 공동체와 유대교 공동체가 있었으며, 터키인들에 의한 이슬람교의 영향도 일부 있었다. 처음에 이 나라에 개혁파의 교리*가 알려지게 된 것은 스위스의 종교개혁자 하인리히 불링어*와 접촉한 이곳의 종교 지도자들이나 비텐베르크 등지로 유학을 갔던 학생들을 통해서였다. 마르틴 루터*의 가르침과 저술들은 이 나라의 독일어권에 속한 제후들의 통치령 사이에서 빠르게 퍼져 나갔으며, 다만 헝가리 민족에 속한 많은 이들은 루터보다는 칼뱅*의 입장에 더욱 동조했다. 그리고 그 결과로 종교개혁 초기에는 루터파*와 칼뱅파* 회중 모두 성장하면서, 그리스 정교회, 유대교와 로마 가톨릭 공동체들 곁에 공존하게 되었다. 헝가리 개신교*의 한 가지 독특한 양상은 그 혼합된 교회 정치제도*에 있었다. 곧 대부분의 측면에서 장로교* 조직을 따르면서도, 주교의 직분은 존속시켰던 것이다. 개혁파 공동체들은 서로 다른 시기에 가톨릭 측의 합스부르크 가문과 오스만

제국 모두에게 각각 박해를 겪었지만, 16세기 말에는 헝가리 인구의 대부분이 개신교를 따르게 되었다.

헨리, 칼 F. H. Henry, Carl F. H. (1913-2003) 미국의 신학자이며 언론인으로 『크리스채니티 투데이』Christianity Today의 첫 편집장을 맡았던 인물. 휘튼 칼리지(일리노이 주)와 북침례교 신학교를 졸업하고, 북침례교 신학교와 풀러 신학교에서 신학 교수로 봉직했다. 당대의 주도적인 복음주의* 학자였던 그는 자신의 책 『복음주의자의 불편한 양심』The Uneasy Conscience of Modern Fundamentalism, 1948(한국기독학생출판부, 2009)에서, 전도*, 철학적 숙고, 현대 사회에 대한 적극적 참여를 통해 근본주의* 운동의 고립적인 방침에 맞서도록 주류에 속한 복음주의자들을 격려했다. 또 다양한 형태의 자유주의 신학과는 달리, 그는 자신의 책 God, Revelation, and Authority에서 성경의 핵심 권위를 확언하면서 참된 하나님을 아는 지식*은 그분이 주신 계시*에서 나와야만 한다고 결론지었다.

헬베틱 신앙 고백, 제1, 제2 스위스 신앙 고백(문)(서)*를 보라.

협력주의, (신인) synergism #(신인) 협력설 하나님이 은혜*로써 이루시는 중생*의 사역에, 인간이 자신의 자유 의지*로 '협력'한다고 주장하는 모든 형태의 구원론*을 가리키는 표현. 초기의 개신교도들은 종종 그런 견해를 펠라기우스주의*로 간주하고, '오직 은혜'*에 근거하여 독력주의*를 선호하면서 그 견해를 거부했다. 그리고 이에 따라 개혁파 전통은 은혜*의 필요성과 계시*에 적절히 응답할 수 없는 인간 의지의 무능력을 강조하면서, 당시 발흥하던 아르미니우스주의*를 논박했다. 그러나 성령의 사역으로 새롭게 된 인간의 협력적인 의지는 이신칭의*와 성화*에 관한 개혁파적 견해의 중심 요소가 된다.

혼인 marriage #결혼 개신교 종교개혁*자들에게 혼인은 은혜*를 전달하는 성례*가 아니라, 창조 질서에 뿌리를 둔 하나님의 선물이었다. 그리고 그 목적은 정욕을 완화시키며 자녀를 양육하고, 사랑을 체험하며 사회를 유지하는 데 있었다. 루터*는 성직자의 독신 생활을 비판한 최초의 인물 중 하나였으며, 카타리나 폰 보라*와 혼인함으로써 자신의 견해가 옳음을 드러냈다. 칼뱅*은 혼인을 통한 결합의 유익을 강조하면서 좀 더 긍정적이고 언약적인 견해를 표현했다. 개혁파 전통에서는 이같이 혼인을 성례의 체계에서 분리하면서도, 혼인을 여전히 거룩한 부르심으로 간주한다. 그리하여 이혼과 재혼은 간음이나 유기와 같이 특정한 상황에서만 허용된다.

화목 propitiation 죄인들을 향한 하나님의 의로운 진노가 만족되는 일. 이는 예수 그리스도의 희생적인 죽음을 통해 이루어진다. 많은 개혁 신학자들은, 대리 형벌적* 속죄*론에서 그리스도가 죄인들을 대신하여 죽음으로써 그 죄에 대한 화목을 이루는 일이 어떻게 가능한지를 이해하는 데에 이 교리*를 필수 요소로 여긴다. 이 가르침의 의도는 성부 하나님은 진노에 차 있으며, 이에 사랑이 많으신 성자는 그 노한 아버지를 달래신다고 묘사하려는 데 있지 않다. 오히려 성부께서 죄*에 대한 화목 제물로 성자를 보내신 것은 그분이 이 세상을 사랑하셨기 때문이다. 그리고 이렇게 하심으로써, 하나님은 '의로우신 동시에 의롭게 하시는 분'이 되신다. 곧 자신의 성품을 손상시키지 않으면서 그분의 거룩함과 사랑을 모두 보존하시는 것이다.

화체설 transubstantiation #실체 변화(『천주교 용어집』, 한국천주교주교회의, 2017) 미사*를 봉헌하는 동안에 빵과 포도주가 예수 그리스도의 살과 피로 변화된다는 로마 가톨릭의 성찬* 이해. 이는 사제가 기도를 드림으로써 빵과 포도주의 실체 또는 본질이 그리스도의 실제 살과 피로 변화한다는 믿음이며, 다만 이때에도 그 빵과 포도주의 우유성accidents, 또는 물리적 속성 역시 바뀌지 않는다고 여긴다. 종교개혁자들은 실체와 우유성의 구별에 전제된 아리스토텔레스의 형이상학을 거부하고, **사제 중심주의***를 강조하는 것 역시 반대했다. 대신에 그들은 성찬에 관한 다른 이해를 제시했으며, 그 대표적인 것들로는 실재설*과 영적 임재설, 기념설*이 있다.

확신 구원의 확신* 참조.

황금 사슬, 구원의 golden chain of salvation **구원의 순서***를 보라.

회개 repentance 참된 슬픔과 겸손 가운데서 의지적으로 죄*에서 돌이켜 그리스도께 나아가는 일. 회개는 성령님의 사역을 통해서만 이루어질 수 있다. 그분은 우리에게 죄보다 하나님을 더 사랑하는 마음을 주시기 때문이다. 그러므로 회개는 중생*을 일으키시며 신앙*을 선물로 주시는 성령님의 사역에 밀접히 연관되어 있다. 또한 참된 회개는 단순한 뉘우침 이상의 것이다. 그 회개에는 죄 죽임*이 포함되며, 그 결과로 지성과 감정, 행동의 변화가 생겨난다. 루터*는 자신의 **95개 논제***에서, 회개는 일회적인 사건이 아니라 신자들의 삶 전체에 걸쳐 이루어져야 하는 일이라고 언급했다.

회심 conversion #변개 #돌이킴 이는 신앙*과 회개*의 체험으로, 그리
스도인들은 이를 통해 하나님의 은혜로운 선택*과 효력 있는 부르
심*, 중생*의 사역에 반응하며 그분을 섬기는 삶을 살아가게 된다.
복음주의* 내부의 어떤 이들은 단회적인 회심 경험을 강조하는 반
면, 개혁신학*에서는 전통적으로 회심은 칭의*와 연관된 단회적
사건일 뿐 아니라 성화*와 결합된 지속적 과정이기도 하다는 점을
강조해 왔다. 이는 신앙과 회개 모두, 신자의 지속적인 책무이기
때문이다(지속적 회심conversio continuata). 이는 성도의 견인* 교리와 모
순되는 것이 아니라, 신자는 그 시작점뿐 아니라 이후 지속되는 삶
의 과정에서도 늘 신앙과 회개의 특징을 드러내야 한다는 점을 강
조하는 것이다. 구원*의 모든 측면이 그렇듯, 회심은 인간에게 주
어진 책임인 동시에 하나님이 주시는 은혜*의 선물이기도 하다.

회중교회주의 Congregationalism #회중교회파 #회중교회 운동 교단이나
대회synod의 권위보다는 각 지역 교회의 독립적인 통치 구조를 강
조하는 형태의 교회론. 그러나 일부 중요한 회중교회주의자들은
대회의 역할을 인정했으며, 여기에는 이 정치제도에 대한 최초의
주된 옹호자인 로버트 브라운Robert Brown도 포함된다. 17세기 중반
이전까지는 이 교회론이 뚜렷이 드러나지 않았다. 이 교회 정치제
도*는 루터*의 만인 제사장설*에 연관되지만, 루터는 각 지역 회중
이 강력한 자율성을 지닌다는 것을 확언한 일이 없다. 회중교회주
의는 엘리자베스 여왕이 통치하던 잉글랜드에서, 몇몇 청교도*와
분리주의자들의 영향 아래 하나의 운동이 되었다. 그 운동은 또한
프랑스에서도 추종자들을 얻었으나, 칼뱅*의 후계자인 테오도르
베자*의 날카로운 비판에 부딪혔다. 이 프랑스의 회중교회 운동은
성 바르톨로뮤 축일의 대학살 때 그 지도자인 장 모를리Jean Morely
가 사망하면서 막을 내렸다.

효력 있는 부르심 **부르심***, **효력있는**을 보라.

후스, 얀 (존) Hus, Jan (Huss, John) (c. 1372-1415) 종교개혁 시기 이전
에 교회 개혁을 주장하다가 순교한 보헤미아의 사상가. 후스는 사제
로 서품 받은 후 프라하의 베들레헴 성당에서 설교자로 사역했다.
프라하 대학에서 공부한 그는 잠시 그 대학의 학장과 총장으로 재
임했으며, 존 위클리프*에게 영감을 받은 다양한 개혁안을 제시하

여 널리 지지를 얻었다. 그는 대담한 설교*로 비난을 받았으며, 망명 생활 중에 교회 개혁에 관한 그의 주된 저서를 집필했다. 안전을 보장받고 콘스탄츠 공의회에 참석했으나, 곧 체포되어 사제직에서 파면되었다. 그러고는 화형대에 올라 처형될 때, 그는 찬송을 불렀다. 그는 순교자이자 국가적 영웅으로 간주되어 **보헤미아 형제단***과 종교개혁자들에게 영향을 미쳤다. 한편 그의 저서들은 신학적 문제보다는 성직자들의 폐단과 윤리 문제에 초점을 맞춘 것이었다.

후커, 리처드 Hooker, Richard (c. 1554-1600) *Of the Laws of Ecclesiastical Polity*의 저술로 유명한 잉글랜드의 신학자. 그는 이 책에서 엘리자베스 여왕의 조정 정책the Elizabethan Settlement을 옹호하면서, 성경에는 교회 정치제도*에 관해 완벽한 묘사가 없으므로 그 제도의 발전과정에서 이성과 전통*이 작용한 것은 정당한 일이라고 주장했다. 그는 신학적으로 개혁파의 성향을 띠었으나, 당대의 청교도* 교리와는 달리 모든 로마 가톨릭 신자가 유기된 것은 아니며 그들은 그 의미를 온전히 이해하지 못할지라도 이신칭의*를 통해 구원받을 수 있다고 주장했다. 그는 신앙을 고백하는 그리스도인들 사이의 차이점보다는 서로의 공통점에 초점을 맞추어 잉글랜드 교회를 하나로 결합시키려고 노력했으며, 이런 그의 노력은 종종 성공회*의 토대를 놓은 것으로 간주된다.

후천년설 postmillennialism **천년설*** 참조.

휫필드, 조지 Whitefield, George (1714-1770) 식민지 시대 미국의 대각성 운동*에 영향을 미친 잉글랜드의 설교자. 그는 옥스포드 대학 시절에 회심한 후, 요한 웨슬리와 찰스 웨슬리 형제와 친구가 되었다. (다만 결국에는 그들과 신학적으로 다른 입장을 취하게 되었다.) 1738년에 임직된 그는 생동감 넘치는 설교*로 금세 유명해졌으며, 때로는 이만 명이나 되는 인파가 그의 설교를 들으려고 모여들었다. 그리고 1740년 그의 미국 방문을 통해, 미국의 대각성 운동이 촉진되었다. 그는 전문적인 신학자가 아니었으나 기본적인 형태의 칼뱅주의*에 헌신되어 있었으며, 다른 한편으로는 아르미니우스주의*자인 웨슬리 형제와 함께 성령이 일으키시는 중생*과 그리스도를 통한 이신칭의*를 강조했다. 그리고 그는 1770년 뉴잉글랜드 지방에서 설교 여행을 다니던 중에 숨을 거두었다.

휴머니즘 인문주의*, **북부 르네상스** 참조.

참고도서 목록 (Bibliography)

아래에 제시된 것은 독자들이 개혁파 전통에 더 친숙해질 수 있게 돕기 위한 참고도서 목록이다. 이 목록에서 먼저 소개되는 것은 추가적인 배경 지식을 제공하는 일반적인 참고도서와 개혁파 전통의 전반적인 면모를 느끼게 해 주는 개론서들로서, 이 책들은 우리가 이 책을 집필하는 데도 큰 도움을 준 것들이다.

또 우리는 종교개혁 시기부터 현재까지 저술된 일부 개혁신학서들의 목록을 견본으로 제시했으며, 이 단락은 시대별로 구성되어 있다. 여기서 우리는 포괄적인 목록을 제시하는 것이 아니라, 개혁파 전통의 광범위한 성격을 보여줌과 더불어 그 전통의 전반적인 흐름에 걸쳐 가장 중요한 작품 중 일부를 맛보기로 제시하려 한다. 틀림없이 독자들은 이 전통 내에서 자신이 처한 위치에 따라, 저마다 이 목록에 다른 책들을 추가하거나 다른 어떤 책들은 빼기를 바라게 될 것이다. 하지만 우리는 그런 의견들이 있음을 인정하면서도, 지난 다섯 세기 동안 제시되어 온 개혁파 전통 내의 여러 중요한 표현 방식들에 대한 견본을 관심 있는 독자들에게 제공하고, 그들이 원 자료를 탐구해 나가도록 격려하는 것을 이 책의 목표로 삼았다. 그 목적을 이루는 데에 이 목록이 유용한 것으로 입증되기를 희망한다.

엄선된 참고도서 목록 (Select Reference Works)

Benedetto, Robert, and Donald McKim. *Historical Dictionary of the Reformed Churches*. 2nd ed. Lanham, MD: Scarecrow, 2010.

Christian Classics Ethereal Library: www.ccel.org.

Elwell, Walter A. *Evangelical Dictionary of Theology*. Grand Rapids: Baker Books, 1984.

Fahlbusch, Erwin, et al., eds. *The Encyclopedia of Christianity*. Translated by Geoffrey W. Bromiley. 5 vols. Grand Rapids: Eerdmans, 1999-2008.

Grenz, Stanley, David Guretski and Cherith Fee Nordling. *Pocket Dictionary of Theological Terms*. Downers Grove, IL: InterVarsity Press, 1999. (알맹e, 2018년 하반기 출간 예정).

Hart, Daryl G., and Mark A. Noll. *Dictionary of the Presbyterian and Reformed Tradition in America*. Phillipsburg, NJ: P&R, 2005.

Hart, Trevor A., ed. *The Dictionary of Historical Theology*. Grand Rapids: Eerdmans, 2000.

Hillerbrand, Hans J. *The Encyclopedia of Protestantism*. 4 vols. New York: Routledge, 2004.

———. *The Oxford Encyclopedia of the Reformation*. 4 vols. New York: Oxford University Press, 1996.

McKim, Donald. *The Westminster Handbook to Reformed Theology*. Louisville, KY: Westminster John Knox, 2001.

McKim, Donald, and David F. Wright, eds. *Encyclopedia of the Reformed Faith*. Edinburgh: Saint Andrew Press, 1992.

Muller, Richard A. *Dictionary of Latin and Greek Theological Terms: Drawn Principally from Protestant Scholastic Theology*. Grand Rapids: Baker Books,

1985. (2017 개정판 출간; 한국어판은 지평서원 출간 예정).

Picken, Stuart D. B. *Historical Dictionary of Calvinism*. Lanham, MD: Scarecrow, 2012.

유용한 입문서들 (Helpful Introductory Literature)

Allen, Michael R. *Reformed Theology*. London: T & T Clark, 2010.

Alston, Wallace M., Jr., and Michael Welker, eds. *Reformed Theology: Identity and Ecumenicity*. Grand Rapids: Eerdmans, 2003.

Benedict, Philip. *Christ's Churches Purely Reformed: A Social History of Calvinism*. New Haven, CT: Yale University Press, 2002.

Carter, Anthony J. *On Being Black and Reformed: A New Perspective on the African-American Christian Experience*. Phillipsburg, NJ: P&R, 2003.

DeGruchy, John. *Liberating Reformed Theology: A South African Contribution to an Ecumenical Debate*. Grand Rapids: Eerdmans, 1991.

Gerrish, B. A., ed. *Reformed Theology for the Third Christian Millennium: The Sprunt Lectures 2001*. Louisville, KY: Westminster John Knox, 2003.

Guthrie, Shirley C., Jr. *Always Being Reformed: Faith for a Fragmented World*. Louisville, KY: Westminster John Knox, 2008.

Hansen, Collin. *Young, Restless, Reformed: A Journalist's Journey with the New Calvinists*. Wheaton, IL: Crossway, 2008. 『현대미국 개혁주의 부활 : 신세대 개혁주의 새바람』(부흥과개혁사, 2010).

Hyde, Daniel. *Welcome to a Reformed Church: A Guide for Pilgrims*. Sanford, FL: Reformation Trust, 2010. 『개혁교회에 오신 것을 환영합니다』(부흥과개혁사, 2012).

Johnson, William Stacy, and John H. Leith, eds. *Reformed Reader: A Sourcebook in Christian Theology*. Vol. 1, Classical Beginnings, 1519-1799. Louisville, KY: Westminster John Knox, 1993.

Lane, Belden C. *Ravished by Beauty: The Surprising Legacy of Reformed Spirituality*. New York: Oxford University Press, 2011.

Lucas, Sean Michael. *On Being Presbyterian: Our Beliefs, Practices, and Stories*. Phillipsburg, NJ: P&R, 2006. 『장로교회에 오신 것을 환영합니다』(부흥과개혁사, 2012).

McGrath, Alister E. *Reformation Thought: An Introduction* [1988]. 4th ed. Malden, MA: Wiley-Blackwell, 2012. 『종교개혁사상』 제 3증보판 (CLC, 2008).

McKim, Donald K. *Introducing the Reformed Faith: Biblical Revelation, Christian Tradition, Contemporary Significance*. Louisville, KY: Westminster John Knox, 2001.

Mouw, Richard J. *Calvinism in the Las Vegas Airport: Making Connections in Today's World*. Grand Rapids: Zondervan, 2004. 『칼빈주의, 라스베가스 공항을 가다』(SFC 출판부, 2008).

Muller, Richard A. *Post-Reformation Reformed Dogmatics: The Rise and Development of Reformed Orthodoxy, Ca. 1520 to Ca. 1725*. 2nd ed. 4 vols. Grand Rapids: Baker Academic, 2003. 『종교 개혁 후 개혁주의 교의학 : 신학서론』(이레서원, 2002).

Rohls, Jan. *Reformed Confessions: Theology from Zurich to Barmen*. Columbia Series in Reformed Theology. Louisville, KY: Westminster John Knox, 1998.

Smith, James K. A. *Letters to a Young Calvinist: An Invitation to the Reformed Tradition*. Grand Rapids: Brazos, 2010. 『칼빈주의와 사랑에 빠진 젊은이에게 보내는 편지 : 개혁주의 전통으로의 초대』(새물결플러스, 2011).

Stewart, Kenneth J. *Ten Myths About Calvinism: Recovering the Breadth of the Reformed Tradition*. Downers Grove, IL: IVP Academic, 2011.

Stroup, George, ed. *Reformed Reader: A Sourcebook in Christian Theology. Vol. 2, Contemporary Trajectories 1799–Present*. Louisville, KY: Westminster John Knox, 1993.

Torrance, Thomas F., ed. *The School of Faith: The Catechisms of the Reformed Church*. London: James Clarke & Co., 1959.

Wells, David F., ed. *Reformed Theology in America: A History of Its Modern Development*. Grand Rapids: Eerdmans, 1985. 『웨스트민스터 신학과 화란 개혁주의』(엠마오, 1992).

Willis-Watkins, David, and Michael Welker, eds. *Toward the Future of Reformed Theology: Tasks, Topics, Traditions*. Grand Rapids: Eerdmans, 1998.

Wolters, Al. *Creation Regained: Biblical Basis for a Reformational Worldview* [1985]. 2nd ed. Grand Rapids: Eerdmans, 2005. 『창조·타락·구속』(한국기독교 학생회출판부, 2007).

개혁파 전통에 속한 고전적인 작품들의 견본
(A Sampling of Classic Works from the Reformed Tradition)

16세기

Beza, Theodore. *Confession of the Christian Faith* [1558, French]. Translated by James Clark. East Essex: Focus Christian Ministries Trust, 1992.

Bucer, Martin. *The Kingdom of Christ* [1558, Latin]. In *Melancthon and Bucer*, edited by Wilhelm Pauck. Library of Christian Classics 24. Louisville, KY: Westminster John Knox, 1969.

Bullinger, Heinrich. *The Decades of Henry Bullinger* [1552, French]. Edited by Thomas Harding, Parker Society. Cambridge: Cambridge University Press, 1849-1852. Reprint, 4 books in 2, Grand Rapids: Reformation Heritage Books, 2004.

Calvin, John. *Institutes of the Christian Religion* [1536-1559/60, Latin]. 2 vols. Library of Christian Classics. Philadelphia: Westminster, 1960. 『기독교 강요』(생명의말씀사, 1986; 기독교문사, 2006; CH북스, 2015; CH북스, 2016)

Perkins, William. *A Golden Chaine* [1590, Latin]. In The Work of William Perkins, edited by Ian Breward. Courtenay Library of Reformation Classics 3. Abingdon: Sutton Courtenay, 1970.

Ursinus, Zacharias. *Commentary on the Heidelberg Catechism* [1589, German]. Phillipsburg, NJ: P&R, 1992. 『하이델베르크 요리문답 해설』(CH북스, 2016).

Vermigli, Pietro Martire. P*redestination and Justification: Two Theological Loci* [1558, Latin]. Translated by Frank A. James. Sixteenth Century Essays &

Studies 68. Kirksville, MO: Truman State University Press, 2003.

Zwingli, Ulrich. *In Search of True Religion* [1525, German]. In *Huldrych Zwingli: Writings*. 2 vols. Pittsburgh Theological Monographs. Allison Park, PA: Pickwick, 1984. 『츠빙글리 저작 선집 3』(연세대학교출판문화원, 2017).

17세기와 18세기

Ames, William. *The Marrow of Theology* [1623]. Edited by John Dykstra Eusden. Grand Rapids: Baker Books, 1997.

Baxter, Richard. *The Saints' Everlasting Rest* [1654]. Edited by John Thomas Wilkinson. Foreword by J. I. Packer. Vancouver: Regent College Publishing, 2004. 『성도의 영원한 안식』(CH북스, 1996; 세복, 1997; 평단문화사, 2011).

Bunyan, John. *Pilgrim's Progress* [1678]. Edited by Roger Pooley. New York: Penguin Classics, 2009. 『천로역정』(CH북스, 2015).

Edwards, Jonathan. *Freedom of the Will* [1754]. Edited by Paul Ramsey. Vol. 1 of *The Works of Jonathan Edwards*. New Haven, CT: Yale University Press, 1957. 『의지의 자유』(예일문화사, 1987; 부흥과개혁사, 2016).

———. *Original Sin* [1758]. Edited by Clyde A. Holbrook. Vol. 3 of *The Works of Jonathan Edwards*. New Haven, CT: Yale University Press, 1970. 『원죄론』(부흥과개혁사, 2016).

Owen, John. *Communion with the Triune God* [1657]. Edited by Kelly M. Kapic and Justin Taylor. Wheaton, IL: Crossway, 2007.

———. *Overcoming Sin and Temptation* [1656, 1658, 1667]. Edited by Kelly M. Kapic and Justin Taylor. Wheaton, IL: Crossway, 2006. 『죄와 유혹』(은성, 1991)

Rutherford, Samuel. *Letters of Samuel Rutherford* [1664]. Edinburgh: Banner of Truth Trust, 1973. 『새뮤얼 러더퍼드 서한집』(CH북스, 2002).

Turretin, Francis. *Institutes of Elenctic Theology* [1679-1685, Latin]. Translated by George Musgrave Giger. Edited by James T. Dennison. 3 vols. Phillipsburg, NJ: P&R, 1992. 『변증신학 강요』(부흥과개혁사, 2017-).

Voetius, Gisburtus. "Concerning Practical Theology" [1648-1659, Latin]. In *Reformed Dogmatics: J. Wollebius, G. Voetius and F. Turretin*, edited and translated by John W. Beardslee. Library of Protestant Thought. New York: Oxford University Press, 1965.

Witsius, Hermann. *The Economy of the Covenants Between God and Man* [1677, Latin]. Phillipsburg, NJ: P&R, 1990.

Wollebius, Johannes. "Compendium of Christian Theology" [1626, Latin]. In *Reformed Dogmatics: J. Wollebius, G. Voetius and F. Turretin*, edited and translated by John W. Beardslee. Library of Protestant Thought. New York: Oxford University Press, 1965.

19세기부터 20세기 중반까지

Bavinck, Herman. *Reformed Dogmatics* [1895-1899, Dutch]. Translated by John Vriend. Edited by John Bolt. 4 vols. Grand Rapids: Baker Academic, 2003-2008. 『개혁교의학』(부흥과개혁사, 2011).

Berkhof, Louis. *Systematic Theology* [1932]. Grand Rapids: Eerdmans, 1994.
Dabney, Robert Louis. Systematic Theology [1871]. Edinburgh: Banner of Truth Trust, 1985. 『(벌코프)조직신학』(CH북스, 1991; 2001).

Forsyth, P. T. *The Cruciality of the Cross* [1909]. London: Independent Press, 1948.

Heppe, Heinrich. *Reformed Dogmatics* [1861, German]. Translated by G. T. Thomson. Edited by Ernst Bizer. Grand Rapids: Baker Books, 1978. 『개혁파 정통 교의학』(CH북스, 2007).

Hodge, Charles. *Systematic Theology* [1871-1873]. 3 vols. Grand Rapids: Eerdmans, 1952. 『조직신학.1』(CH북스, 2002; 일부만 번역됨).

Machen, J. Gresham. *Christianity and Liberalism*. Grand Rapids: Eerdmans, 1923. 『기독교와 자유주의 : 정통 기독교의 본질을 말하다』(복있는사람, 2013).

Schleiermacher, Friedrich. *The Christian Faith* [1821-1822; 2nd ed. 1830-1831, German]. Edited by H. R. Mackintosh and J. S. Stewart. London: T & T Clark, 1999. 『기독교 신앙』(한길사, 2006).

Shedd, William G. T. *Dogmatic Theology* [1884-1894]. Edited by Alan W. Gomes. Phillipsburg, NJ: P&R, 2003.

Spurgeon, Charles H. *A Defense of Calvinism* [1898]. Edinburgh: Banner of Truth Trust, 2008.

Warfield, Benjamin B. *Biblical Doctrines*. Vol. 2 of *The Works of Benjamin B. Warfield*. New York: Oxford University Press, 1932.

———. *Calvin and Calvinism*. Vol. 5 of *The Works of Benjamin B. Warfield*. New York: Oxford University Press, 1932.

Weber, Otto. *Foundations of Dogmatics* [1895-1901]. 2 vols. Grand Rapids: Eerdmans, 1981-1983.

20세기 중반부터 현재까지

Barth, Karl. *Church Dogmatics* [1932-1967, German]. Translated by G. W. Bromiley. Edited by G. W. Bromiley and T. F. Torrance. 4 vols. Edinburgh: T & T Clark, 1957-1969. 『교회 교의학』(대한기독교서회, 2003-2018).

Berkhof, Hendrikus. *Christian Faith: An Introduction to the Study of the Faith* [1973, Dutch]. Translated by Sierd Woudstra. Grand Rapids: Eerdmans, 1979. 『기독교 신앙론』(CH북스, 1999).

Berkouwer, Gerrit Cornelius. *Studies in Dogmatics* [1949-1972, Dutch]. 14 vols. Grand Rapids: Eerdmans, 1952-1976.

Bloesch, Donald G. *Christian Foundations*. 7 vols. Downers Grove, IL: InterVarsity Press, 1992-2004.

Brunner, Emil. *Dogmatics* [1946-1960, German]. 3 vols. Philadelphia: Westminster Press, 1950-1962.

Frame, John. *The Doctrine of the Knowledge of God*. Theology of Lordship 1. Phillipsburg, NJ: P&R, 1987.

Gunton, Colin E. *The Promise of Trinitarian Theology* [1991]. 2nd ed. London: T & T Clark, 2003.

Henry, Carl F. H. *God, Revelation, and Authority* [1976-1983]. 6 vols. Wheaton,

IL: Crossway, 1999. 『신·계시·권위』(생명의말씀사, 1986).

Hoekema, Anthony. *Saved by Grace*. Grand Rapids: Eerdmans, 1994. 『개혁주의 구원론』(부흥과개혁사, 2012).

Horton, Michael Scott. *The Christian Faith: A Systematic Theology for Pilgrims on the Way*. Grand Rapids: Zondervan, 2011. 『(언약적 관점에서 본) 개혁주의 조직신학』(부흥과개혁사, 2012).

Migliore, Daniel. *Faith Seeking Understanding: An Introduction to Christian Theology* [1991]. 2nd ed. Grand Rapids: Eerdmans, 2004. (2014년 3판 출간; 『기독교 조직신학 개론』 3판, 새물결플러스, 2016).

Moltmann, Jürgen. *Theology of Hope: On the Ground and the Implications of a Christian Eschatology* [1965, German]. Minneapolis: Augsburg Fortress Press, 1993. 『희망의 신학』(대한기독교서회, 1982; 2002; 2017).

Murray, John. *Redemption, Accomplished and Applied* [1955]. Grand Rapids: Eerdmans, 1992. 『존 머레이의 구속 : 구속의 성취와 그 적용』(복있는사람, 2011).

Niebuhr, H. Richard. *Christ and Culture*. New York: Harper & Row, 1951. 『그리스도와 문화』(대한기독교서회, 1958; 한국기독교학생회출판부, 2007).

Niebuhr, Reinhold. *The Nature and Destiny of Man: A Christian Interpretation*. New York: Scribner's Sons, 1949.

Packer, J. I. *Knowing God*. Downers Grove, IL: InterVarsity Press, 1973. 『하나님을 아는 지식』(기독교문서선교회, 1989; 한국기독교학생회출판부, 1996; 2008).

Piper, John. *Desiring God: Meditations of a Christian Hedonist*. Portland, OR: Multnomah Press, 1986. 『하나님을 기뻐하라 : 하나님 안에서 행복을 누리는 법』(생명의말씀사, 2009).

Schaffer, Francis. *How Should We Then Live? The Rise and Decline of Western Thought and Culture* [1976]. 2nd ed. In *The Complete Works of Francis A. Schaeffer*. Wheaton, IL: Crossway, 1985. 『그러면 우리는 어떻게 살 것인가?』(생명의말씀사, 1995).

Sproul, R. C. *The Holiness of God* [1985]. 2nd ed. Carol Stream, IL: Tyndale, 2000. 『하나님의 거룩하심』(생명의말씀사, 1995).

Torrance, James B. *Worship, Community and the Triune God of Grace*. Downers Grove, IL: IVP Academic, 1997.

Torrance, Thomas F. *Atonement: The Person and Work of Christ*. Edited by Robert T. Walker. Downers Grove, IL: IVP Academic, 2009.

———. *Incarnation: The Person and Life of Christ*. Edited by Robert T. Walker. Downers Grove, IL: IVP Academic, 2008.

Vanhoozer, Kevin J. *The Drama of Doctrine: A Canonical-Linguistic Approach to Theology*. Louisville, KY: Westminster John Knox, 2005. 『교리의 드라마』(부흥과개혁사, 2017).

Webster, John. *Holiness*. Grand Rapids: Eerdmans, 2003.

Wolterstorff, Nicholas. *Until Justice and Peace Embrace*. Grand Rapids: Eerdmans, 1983. 『정의와 평화가 입맞출 때까지』(한국기독교학생회출판부, 2007).

표제어 영문 색인

Book of Common Prayer 성공회 기도서
Book of Concord 루터교 신앙 고백서
Bora, Katharina von 보라, 카타리나 폰
Boston, Thomas 보스턴, 토머스
Brakel, Wilhelmus à 브라클, 빌헬무스 아
Brunner, Heinrich Emil 브루너, 하인리히 에밀
Bucer, Martin 부처, 마르틴
Bullinger, Heinrich 불링어, 하인리히
Bunyan, John 버니언, 존
Buswell, J. Oliver 버스웰, J. 올리버

C
Calvin, John 칼뱅, 장
Calvinism 칼뱅주의
Cameronians 캐머런 파
canon, biblical 정경, 성경의
catechism 교리문답
cause, primary and secondary 원인, 일차와 이차
Chalmers, Thomas 차머스, 토머스
Christ and Culture 그리스도와 문화
Christology 기독론
church discipline 권징, 교회의
church, visible and invisible 교회, 가시적/비가시적
clergy 성직자
Cocceius, Johannes 코케이우스, 요하네스
common grace 일반 은혜
compatibilism 양립 가능론
confession of faith 신앙 고백(문)(서)
Congregationalism 회중교회주의
consubstantiation 공재설
conversion 회심
Council of Trent 트렌트 공의회
Counter-Reformation 가톨릭 (종교)개혁, (로마)
covenant theology 언약 신학
Covenanters 언약도
Cranmer, Thomas 크랜머, 토머스
Cromwell, Thomas 크롬웰, 토머스

D
Dabney, Robert Louis 대브니, 로버트 루이스
dialectical theology 변증법(적) 신학
diets (or national councils) 제국 회의
dispensationalism 세대주의
divine decrees 작정, 하나님의
doctrine 교리
doctrines of grace 은혜의 교리들

dogmatic theology 교의신학
Dooyeweerd, Herman 도여베르트, 헤르만
Dort (also Dordrecht), Synod and Canons of 도르트(도르드레흐트), 회의와 신조
Dutch Reformation 네덜란드 종교개혁

E
ecclesiology 교회론
ecumenism 에큐메니즘
education 교육
Edwards, Jonathan 에드워즈, 조나단
effectual calling 부르심, 효력 있는
election 선택
English Reformation 잉글랜드 종교개혁
Episcopalianism 주교제 교회주의
epistemology, Reformed 인식론, 개혁주의
Erasmus, Desiderius 에라스무스, 데시데리위스
eschatology 종말론
ethics 윤리학
evangelicalism 복음주의
evangelism 전도
extra calvinisticum 칼뱅주의의 '밖에서'

F
faith 신앙
Farel, Guillaume (William) 파렐, 기욤 (윌리엄)
federal theology 계약 신학
federal vision 페더럴 비전
five points of Calvinism 칼뱅주의 5대 강령
foreknowledge, divine 예지, 하나님의
Forsyth, P. T. 포사이스, P. T.
Foxe, John 폭스, 존
free will 자유 의지
French Confession 프랑스 신앙 고백(문)(서)
fundamentalism 근본주의

G
general revelation 일반 계시
Geneva Catechism 제네바 교리문답
German Reformation 독일 종교개혁
glorification 영화
golden chain of salvation 황금 사슬, 구원의
good works 선행
government, civil 정부, 세속
grace 은혜
Great Awakenings, First and Second 대각성 운동, 1차와 2차
Grumbach, Argula von 그룸바흐, 아르굴라 폰

H

Heidelberg Catechism 하이델베르크 교리문답(서)
Helvetic Confession, First and Second 스위스 신앙 고백(문)(서), 제1, 제2
Henry, Carl F. H. 헨리, 칼 F. H.
Hodge, Charles 핫지, 찰스
holiness 거룩성
Hooker, Richard 후커, 리처드
Huguenots 위그노
humanism, northern Renaissance 인문주의, 북부 르네상스
Hungarian Reformation 헝가리 종교개혁
Hus, Jan (Huss, John) 후스, 얀(존)
hyper-Calvinism 초칼뱅주의

I

iconoclasm 성상파괴주의, 성상파괴론
idolatry 우상숭배
image of God (*imago dei*) 하나님의 형상(*이마고 데이*)
imputation 전가
indulgences 면벌(부)
infralapsarianism 타락 후 선택설
Irish Articles of Religion 아일랜드 신조
Irish Reformation 아일랜드 종교개혁
irresistible grace 은혜, 불가항력적인

J, K

justification by faith 이신칭의
Karlstadt, Andreas Bodenstein von 칼슈타트, 안드레아스 보덴스타인 폰
kingdom of God 나라, 하나님(의)
knowledge of God 지식, 하나님을 아는
Knox, John 녹스, 존
Kuyper, Abraham 카이퍼, 아브라함

L

Lambeth Articles 램버스 신조
Latimer, Hugh 래티머, 휴
law and gospel 율법과 복음
law, three uses 율법의 세 가지 용법
liturgy 예전
Lloyd-Jones, David Martyn 로이드 존스, 데이비드 마틴
Lord's Supper (Communion) 성찬
Luther, Martin 루터, 마르틴
Lutheranism 루터파

M

Machen, J. Gresham 메이첸, J. 그레스엄

magisterial Reformation 관(료) 주도형 종교개혁
Marburg Colloquy 마르부르크 회담
marks of the church 표지, 교회의
marriage 혼인
mass 미사
Melanchthon, Philipp 멜란히톤, 필립
memorialism 기념설
merit 공로
millennialism 천년설
mission 선교
Moltmann, Jürgen 몰트만, 위르겐
monergism 독력주의
mortification 죄 죽임
Müntzer, Thomas 뮌처, 토마스
music 음악

N
natural theology 자연 신학
neo-Calvinism 신칼뱅주의
neo-orthodoxy 신정통주의
Nevin, John Williamson 네빈, 존 윌리엄슨
New Lights 새로운 빛
New School Presbyterians 장로교, 신학파
Newbigin, Lesslie 뉴비긴, 레슬리
Niebuhr, H. Richard 니버, H. 리처드
Niebuhr, Reinhold 니버, 라인홀드
Ninety-Five Theses 95개 논제
North American Presbyterian and Reformed Council (NAPARC) 북미 장로교 및 개혁교
  회협의회

O
obedience of Christ, active and passive 그리스도의 순종, 능동적이며 수동적인
offices, church 직분, 교회(의)
Old Lights 오래된 빛
Old School Presbyterians 장로교, 구학파
ordination 임직
ordo salutis 구원의 순서(오르도 살루티스)
original sin 원죄
Orr, James 오어, 제임스
orthodoxy, Reformed 정통, 개혁파
Osiander, Andreas 오시안더, 안드레아스
Owen, John 오웬, 존

P
Packer, James Innell 패커, 제임스 인넬
papacy 교황제

Peasants' War 농민 전쟁
Pelagianism 펠라기우스주의
penal substitution 대리 형벌론
Perkins, William 퍼킨스, 윌리엄
perseverance of the saints 성도의 견인
perspicuity of Scripture 성경의 명료성
pietism 경건주의
piety 경건
pneumatology 성령론
polity, church 정치제도, 교회
prayer 기도
preaching 설교
predestination 예정
Presbyterianism 장로교(주의)
presuppositionalism 전제(前提)주의
prevenient grace 은혜, 선행하는
priesthood of all believers 만인 제사장설
Princeton theology 프린스턴 신학
propitiation 화목
Protestant Reformation 개신교 종교개혁
Protestantism 개신교
providence 섭리
purgatory 연옥
Puritanism 청교도 운동

R
radical Reformation 급진 종교개혁
real presence 실제(설)
Reconstructionism, Christian 재건주의, 기독교
redemptive history 구속사
Reformed Ecumenical Council (REC) 개혁에큐메니칼협의회
Reformed theology 개혁신학
regeneration 중생
regulative principle 규정적 원리
Remonstrants 항론파
repentance 회개
revelation 계시
Ridderbos, Herman 리덜보스, 헤르만
righteousness 의
Rutherford, Samuel 러더퍼드, 새뮤얼

S
sacerdotalism 사제 중심주의
sacraments 성례
saints 성도/성인들
sanctification 성화

Scandinavian Reformation 스칸디나비아 종교개혁
Schaeffer, Francis 쉐퍼, 프랜시스
Schaff, Philip 샤프, 필립
Schlatter, Adolf 슐라터, 아돌프
Schleiermacher, Friedrich Daniel Ernst 슐라이어마허, 프리드리히 다니엘 에른스트
Schleitheim Confession 슐라이트하임 신앙 고백(문)(서)
scholasticism, Reformed 스콜라주의, 개혁파
Scots Confession 스코틀랜드 신앙 고백(문)(서)
Scottish Reformation 스코틀랜드 종교개혁
semper reformanda 개혁되는, 늘
Simons, Menno 시몬스, 메노
simul iustus et peccator 의인인 동시에 죄인(시물 유스투스 엣 페카토르)
sin 죄
social action 사회 참여
sola fide 오직 믿음(솔라 피데)
sola gratia 오직 은혜(솔라 그라티아)
sola scriptura 오직 성경(솔라 스크립투라)
soli deo gloria 오직 하나님께 영광(솔리 데오 글로리아)
solus Christus 오직 그리스도(솔루스 크리스투스)
soteriology 구원론
sovereignty of God 하나님의 주권
special revelation 특별 계시
sphere sovereignty 영역 주권
spirituality of the church 영성 (교리), 교회의
Spurgeon, Charles Haddon 스펄전, 찰스 해든
supralapsarianism 타락 전 선택설
Swiss Reformation 스위스 종교개혁
synergism 협력주의, (신인)
systematic theology 조직신학

T
the Smalcald Articles, Schmalkaldic Articles 슈말칼트 신조
theologia crucis 십자가의 신학
theologia gloriae 영광의 신학
theological aesthetics 미학, 신학적
theonomy 신율주의
Thirty-Nine Articles 39개 (신앙) 신조
threefold office of Christ 그리스도의 삼중 직무
Torrance, Thomas Forsyth 토런스, T. F.
total depravity 전적 타락
tradition 전통
translation, biblical 번역, 성경
transubstantiation 화체설
trinitarian theology 삼위일체 신학
TULIP 튤립
Turretin, Francis 튜레틴, 프란시스

two kingdoms 두 왕국
Tyndale, William 틴데일, 윌리엄

U
ubiquity of Christ 그리스도의 편재
union with Christ 그리스도와의 연합
universal calling 부르심, 보편적인
Ursinus, Zacharias 우르지누스, 자카리아스
Ussher, James 어셔, 제임스

V
Van Til, Cornelius 반 틸, 코넬리우스
Vermigli, Pietro Martire (Peter Martyr) 베르미글리, 피에트로 마르티레
via antiqua 비아 안티쿠아
via moderna 비아 모데르나
visual art 시각 예술
vocational calling 소명(론), (직업)
Vos, Geerhardus 보스, 게할더스

W
Waldensians 발도파
Warfield, Benjamin B. 워필드, 벤저민 B.
Watts, Isaac 와츠, 아이작
Westminster Assembly 웨스트민스터 총회
Westminster Standards 웨스트민스터 표준 문서
Whitefield, George 휫필드, 조지
Witherspoon, John 위더스푼, 존
Woosley, Louisa Mariah Layman 우슬리, 루이자 머라이어 레이맨
Word of God 하나님의 말씀
work 일
World Alliance of Reformed Churches (WARC) 세계개혁교회연맹
World Communion of Reformed Churches (WCRC) 세계개혁교회커뮤니언
worldview 세계관
worship 예배
Wyclif, John 위클리프, 존

Z
Zell, Katherina Schütz 젤, 카테리나 쉬츠
Zwingli, Ulrich (Huldrych) 츠빙글리, 울리히(훌드라이히)
Zwinglianism 츠빙글리주의

신행사전 001

개혁신학 용어 사전
Pocket Dictionary of the Reformed Tradition

초판1쇄 발행 2018. 3. 1.
초판2쇄 발행 2020. 6. 20.
ePub 0판 발행 2017. 10. 31.
ePub 1판 발행 2018. 3. 1.

지은이 켈리 M. 캐픽(Kelly M. Kapic), 웨슬리 밴더 럭트(Wesley Vander Lugt)
옮긴이 송동민
편 집 박준혁, 맹호성, 김지호
펴낸이 김지호, 김진실, 맹호성

발행처 도서출판 100
전 화 070-4078-6078
팩 스 050-4373-1873
이메일 100@100book.co.kr
홈페이지 www.100book.co.kr

종이책 가 격 6,000원
종이책 ISBN 97911-959986-9-2
전자책 가 격 3,300원
전자책 ISBN 97911-959773-4-5
CIP제어번호 CIP2018005443

이 도서의 국립중앙도서관 출판예정도서목록(CIP)은 서지정보유통지원시스템 홈페이지(http://seoji.nl.go.kr)와
국가자료공동목록시스템(http://www.nl.go.kr/kolisnet)에서 이용하실 수 있습니다.